LEONAM LIZIERO

Doutor em Teoria e Filosofia do Direito pela UERJ, com Pós-Doutorado em Direito pela UFRJ. Professor do Programa de Pós-graduação em Ciências Jurídicas da UFPB e do DCJ/UFPB.

SOBERANIA E GLOBALIZAÇÃO NO ESTADO CONTEMPORÂNEO

2ª edição, revisada e ampliada

ISBN: 978-65-990-7752-4

Acompanhamento editorial Leonam Liziero
Capa Leonam Liziero

Editora Meraki
Conselho Editorial
Alexandre Walmott Borges (UFU)
Alessandra Silveira (UMinho)
Ari Marcelo Solon (USP)
Dawid Bunikowski (UEF)
Diva Julia Safe Coelho (PNPD-CAPES/UFU)
Felipe Magalhães Bambirra (UniALFA)
Gonçal Mayos (UB)
José Carlos Remotti (UAB)
Osvaldo Alves de Castro Filho (UFMS)
Saulo Pinto Coelho (UFG)

L789 Liziero, Leonam

Soberania e Globalização no Estado Contemporâneo. / Leonam Liziero – 2ed. –. Andradina: Meraki, 2020.

Bibliografia

ISBN 978-65-990-7752-4

1. Soberania 2. Globalização 3. Direito Internacional

1. Título

CDU – 341.2   CDD – 341.2

Ao meu eterno mentor,
Wanderley Andrade da Costa Lima

Sumário

PALAVRAS DO AUTOR

Esse livro é a segunda edição de meu "Soberania no Estado contemporâneo" lançado pela Editora Fi em 2017. Aquela primeira edição foi praticamente o texto defendido de minha dissertação de mestrado em Teoria e Filosofia do Direito na Universidade do Estado do Rio de Janeiro, no já longínquo ano de 2013.

Além da presente edição contar com o Prefácio gentilmente escrito pelo Professor João Paulo Allain Teixeira (jurista de escol a quem aqui rendo homenagens), houve significativa ampliação de textos, trazendo algumas discussões mais atualizadas (em seis anos o mundo mudou muito). Também redividi o texto em seis capítulos, ao invés dos 3 na edição anterior. Os capítulos 1 e 2 permanecem praticamente inalterados em sua divisão; houve neles inclusão de textos provindos de novas reflexões. O antigo capítulo 3 foi dividido em quatro novos capítulos, com ampliação de texto, para melhor entendimento do leitor.

Também decidi alterar o título. A primeira edição foi intitulada por "Soberania no Estado Contemporâneo", como uma adaptação do título original da dissertação "O conceito de Soberania no Estado Contemporâneo e as implicações na dicotomia entre o Direito Interno e o Direito Internacional". Após muito refletir sobre a obra e as reformulações, incluí o termo "Globalização" no título, uma vez que é um elemento significativo para o que o livro se propõe: demonstrar a obsolescência da divisão entre Direito Interno e Direito Internacional frente aos desafios do Século XXI, neste momento já tendo transcorridos vinte por cento de sua duração.

Não estarei vivo ao final deste Século. Aos que estão lendo essas palavras na década inaugurada pelo ano de 2020, é pouco provável que também estejam. Todavia, nossos pensamentos e ações condicionarão a vida dos que viverão quando formos apenas uma remota lembrança. Espero que essa obra possa ser uma pequena contribuição para a construção de um futuro pensamento jurídico para o qual a sociedade internacional deva ter mais pontes que muros.

LEONAM LIZIERO

PREFÁCIO

Uma das ideias mais importantes para a compreensão da institucionalização do poder na Modernidade repousa na ideia de Soberania. O surgimento da noção de Soberania coincide com um processo de transformações políticas ocorridas no contexto europeu a partir das disputas envolvendo a Monarquia, de um lado, contra os interesses dos senhores feudais e de outro lado, em oposição ao Sacro Império Romano-Germânico. A dissolução dos esquemas de fragmentação feudal do poder promoveu assim uma progressiva centralização da autoridade nas mãos do Monarca. Mas foi com a assinatura da Paz de Westfália, encerrando a Guerra dos Trinta Anos que tivemos a definição histórica da importância do conceito de Soberania para a configuração do Estado Moderno. É a partir do estabelecimento do Estado Moderno e de seus elementos constitutivos entrelaçados em síntese estruturante que surgem os principais debates na teoria política contemporânea particularmente no que se refere aos limites e possibilidades de afirmação da jurisdição espacial (territorialidade) e da jurisdição pessoal (nacionalidade).

Trazendo uma relevante contribuição para o desvelamento das transformações pelas quais tem passado o conceito de Soberania e sua função legitimadora do exercício do poder nos últimos séculos, o trabalho do professor Leonam Liziero é estruturado em seis capítulos. O trabalho inicia com a reconstrução histórica da formação do Estado Moderno, destacando a relevância fulcral assumida pela qualificação soberana do poder. As tensões inerentes ao binômio centralização versus fragmentação que costuram a configuração da institucionalidade moderna são trabalhados de forma dialética em um mosaico que contempla diferentes arranjos em um contexto de permanente instabilidade política até chegarmos ao cenário pós-1945. Na sequência, o professor Liziero lança um olhar sobre o fenômeno da globalização, resultado de um processo de progressiva integração entre os Estados, cujos efeitos operam um duplo efeito. De um lado, as novas formas de relacionamento entre os Estados provocam mudanças significativas na percepção do tempo e do espaço; de outro lado, porém, provocam uma profunda alteração no equilíbrio geo-político mundial. O trabalho continua perscrutando os efeitos da globalização sobre os modos de exercício do poder tanto no âmbito interno quanto no âmbito externo, particularmente no que se refere às narrativas inerentes aos Direitos Humanos e à Democracia. Considera, no contexto de uma reconceituação da institucionalidade contemporânea, a insuficiência das tradicionais categorias dualismo versus monismo para a compreensão das relações entre Direito Internacional e Direito Interno, apresentando como alternativa, a contribuição do professor pernambucano Marcelo Neves e o seu modelo de Transconstitucionalismo. Através da construção de Neves, o professor Liziero defende a necessidade de superação das categorias sedimentadas pelo pensamento clássico ante a emergência das demandas contemporâneas. Com isso, a aplicação de uma racionalidade transversal voltada à proteção dos direitos fundamentais é apresentada como uma pauta inafastável para a reconstrução do conceito de Soberania

O trabalho do professor Leonam Liziero é redigido em linguagem clara e precisa, não abandonando o rigor metodológico que orienta o trabalho desde as suas primeiras linhas. Apresenta uma vasta pesquisa bibliográfica, dialogando com as principais referências do pensamento político moderno e contemporâneo. Como é possível perceber, o trabalho de Leonam Liziero constitui leitura indispensável para todos os estudantes e pesquisadores na área da Teoria Política e da Teoria Constitucional. Tenho assim a grata satisfação de prefaciar o trabalho de Leonam Liziero, pesquisador de elevada categoria, cujo texto é agora publicado e disponibilizado para a apreciação de todos.

Recife, janeiro de 2020

João Paulo Allain Teixeira
Bolsista de Produtividade em Pesquisa CNPq. Professor dos Programas de Pós-Graduação em Direito da Universidade Católica de Pernambuco e da Universidade Federal de Pernambuco

INTRODUÇÃO

A soberania é um dos seus elementos basilares do Estado moderno. Independentemente do conceito de Estado entendido, o problema da soberania sempre aparece em qualquer que seja o estudo sobre o Estado. É uma temática comum em Filosofia Política, Sociologia e Direito. Aliás, somente é possível compreender o Direito estudando suas fontes emissoras, como o Estado.

A soberania como um elemento do Estado é particularmente relacionada ao Direito. Seja sob a perspectiva do Direito Internacional, para o qual a soberania tem um caráter mais relativo, seja para o Direito Público Interno em que o elemento da soberania é superestimado, o tema é essencial para uma completa compreensão do Estado e consequentemente do Direito. A concepção de soberania acompanha o entendimento do Estado. Se a concepção do Estado se modifica, o conceito de soberania tende a se modificar também. O Direito Internacional, dentro das limitações dos campos de validade quem impõe aos Estados, também determina tais modificações para atender às demandas contemporâneas. Assim, o Direito Internacional determina novos limites dos domínios de validade do Estado.

Será utilizado o termo soberania, apesar da palavra não ser a ideal para descrever a característica que se procura definir no Estado contemporâneo. Inicialmente se concebe a ideia de que a soberania é um Poder concebido pelo Direito Internacional aos Estados. Este poder é parcial, todavia necessário para a existência do próprio Direito Internacional. Sem a soberania dos Estados, a Ordem Jurídica Internacional seria uma Ordem Jurídica Mundial, constituindo um Estado único. Independentemente da corrente de fundamento do Direito Internacional, seja pelo dualismo, seja pelo monismo, a soberania é um elemento essencial da Ordem Jurídica. Ainda que se entenda por um Ordenamento Jurídico único, em que as Ordens Jurídicas dos Estados são partes específicas daquele, a Soberania é um canal que possibilita a coerência do sistema.

A problemática estudada se inicia com o surgimento da ideia de Estado na Idade Moderna. Será visto então como o conceito de soberania era compreendido e quais os fatores que contribuíam para tal formação deste conceito, inclusive como o Direito se figurava como a face de uma mesma moeda do Estado. Posteriormente será verificado como o conceito de soberania se transformou e como se expressa no Estado Contemporâneo.

O estudo da soberania na contemporaneidade e suas implicações na dicotomia entre o direito interno e o direito internacional será realizado em três capítulos, cada qual com um objetivo.

O Capítulo 1 tratará de descrever como a ideia de soberania surgiu na modernidade e como ela atingiu seu ápice no Século XX para posteriormente se relativizar. Será apresentada a categoria como um marco teórico ao invés de um ou outro autor específico, mas estudada com base no pensamento de alguns deles, conforme uma linha histórica. Ainda assim, será utilizado como linha de raciocínio as três aporias identificadas por Luigi Ferrajoli em sua sucinta obra "A soberania no mundo moderno".

A soberania é estudada nesse primeiro capítulo em sua historicidade, como um conceito que surge filosoficamente na modernidade para legitimar o direito do Estado, seja externamente, seja internamente. Com as revoluções liberais e o desenvolvimento do constitucionalismo, os poderes estatais começam a se fragmentar perante a consolidação do Estado de Direito, mas externamente a soberania toma caminho inverso e inicia um processo de absolutização no Século XIX, que fomentará o desenvolvimento do voluntarismo como fundamento do Direito Internacional. No Século XX, o movimento antiliberal na Europa fomenta em um modelo de Estado inédito na história, o totalitário, que representa um marco na soberania: ao mesmo tempo em que ela continua fortalecida externamente, internamente ela atinge uma ingerência jamais vista nem mesmo no absolutismo moderno. Muito maior que o Leviatã absolutista hobbesiano, o Cthulhu totalitário atinge o ápice da soberania conhecida, baseada num regime de terror e integração total das massas humanas em seu poder.

Com o final da Segunda Guerra Mundial e a derrota do modelo totalitário – apesar de continuar na União Soviética – o sistema internacional passa tratar a soberania como poder relativizado perante as normas internacionais, provocando uma mudança de paradigma na sociedade internacional. Antes baseada no sistema estabelecido em Vestfália em 1648, a sociedade internacional se configura no sistema Nações Unidas de 1945, provocando um forte abalo na soberania Estatal, principalmente no tocante ao *jus ad bellum* e a tendência à centralização do direito internacional pela institucionalização de suas normas.

No Capítulo 2, esse novo paradigma é analisado por um fenômeno peculiar do Século XX, a globalização. A relativização da soberania permitiu uma maior integração entre os Estados e com isso, as relações sociais se modificaram, tornando-se menos distantes e cada vez mais céleres. Ainda assim, a globalização como fenômeno trouxe consequências negativas e possibilitou ainda mais o controle de pequenos Estados por grandes potências.

Além do estudo da globalização, principalmente dentro das tipologias desenvolvidas por Held e MacGrew, será visto como o processo globalizante criou uma desigualdade entre os Estados, criando um paradoxo no princípio da igualdade soberana das Nações Unidas, mas também reforçando as intenções políticas da instituição no tocante ao controle da tomada de decisões nos rumos da sociedade internacional. Neste raciocínio, como as críticas feitas por Milton Santos e Stiglitz, a globalização agravou a desigualdade entre os desiguais, apesar de reforçar a igualdade entre os pequenos e emergentes Estados diante as grandes potências.

No Capítulo 3 será visto os efeitos da globalização na soberania do Estado contemporâneo e como essa nova soberania modificou a dicotomia entre o direito interno e o direito internacional. No início do capítulo é descrito alguns efeitos que a globalização causou na soberania estatal. Apesar de muitos, como o regime econômico e as integrações culturais, foram eleitos três por serem considerados os mais relevantes ao presente trabalho: direitos humanos, democracia e estrutura jurídica.

Posteriormente, no Capítulo 4, será apresentado como as relações entre o direito internacional e o direito interno eram estudados tradicionalmente: o dualismo, o monismo com primazia do direito interno e o monismo com primazia do direito internacional. Essa descrição é importante por permitir visualizar o direito internacional contemporâneo ainda sendo explicado por teorias que se baseavam no Estado conforme suas estruturas modernas e como por isso essas teorias são inadequadas para uma sociedade internacional contemporânea na qual se insere uma soberania diferente daquela moderna.

O Capítulo 5 versará sobre a configuração do direito internacional contemporâneo em um período de transição na segunda metade do Século XX, com o surgimento e consolidação do *jus cogens* como uma categoria de normas que cerceiam a liberdade de ação e normativa dos Estados, tal qual uma categoria de ordem pública internacional. Essa categoria de normas se coaduna com os propósitos do sistema Nações Unidas e com os efeitos dissolutivos na soberania estatal, principalmente na questão da proteção dos direitos humanos e quais direitos seriam esses. Nesse sentido, há um direito do Estado contemporâneo que está em constante transformação de suas sólidas estruturas modernas, conforme teorizado por Jacques Chevallier em sua obra "O Estado Pós-moderno". Ao mesmo tempo, o direito internacional vai se tornando mais centralizado, em uma relação horizontalizada e heterárquica com os diversos direitos internos.

Por fim, no Capítulo 6, como uma proposta alternativa a se compreender as relações entre o direito interno e o direito internacional, será apresentado brevemente o transconstitucionalismo de Marcelo Neves. Esta obra defende esta tese de Neves como um método mais adequado à contemporaneidade de se compreender a integração entre essas duas ordens, que giram em torno de um direito material em assuntos de proteção aos direitos fundamentais, em qualquer dos âmbitos, desprendendo-se do formalismo normativo moderno.

1

CONCEITO DE SOBERANIA: VICISSITUDES A PARTIR DO ESTADO MODERNO

1.1 A soberania no Estado Moderno e sua aporia metafórica

A exposição a respeito da ideia de soberania será inicialmente traçada de acordo com as aporias demonstradas por Luigi Ferrajoli, em sua sintética obra "A soberania no mundo moderno"[1]. O jurista italiano divide o tema de acordo com aporias identificadas, que ao mesmo tempo identificam o momento histórico e as reflexões teóricas em cima da paradoxal concepção de soberania desenvolvida a partir do Estado moderno.

O termo soberania encontra sua origem etimológica na ideia da palavra superior, de origem do latim *superanus*, encontrado no jargão *superiorem non recognoscens* significando que uma ideia de superioridade que não reconhece nenhuma outra acima de si[2].

O recorte histórico da soberania se mostra crucial para a desenvoltura deste trabalho. A soberania é um atributo pertencente ao Estado moderno. Não há o que se falar em soberania pré-

---

[1] FERRAJOLI, Luigi. *A Soberania no Mundo Moderno.* Trad. Carlos Coccioli São Paulo: Martins Fontes, 2003
[2] Ibidem, p.61

5

moderna porque o modelo de Estado era diferente do modelo do Estado moderno. Se o Estado contemporâneo, ou seja, aquele possivelmente pós-moderno, continua com este atributo ou como se modifica com a modificação do modelo de Estado, é algo que será investigado, mas desde o momento pode ser dito que a ideia de soberania como concebida na modernidade inexistia no Estado medieval e na Antiguidade, ainda que uma embrionária ideia pudesse estar presente.

O Estado moderno surge em decorrência da ineficiência da política medieval, com algum resgate de ideias da Antiguidade. Entre os diversos fatores, um que é de fundamental importância é a criação da esfera pública na relação privatista entre senhor e terras. A relação que de domínio anteriormente existente[3] se transforma em um vínculo de império do soberano com seu território e com os habitantes de determinado espaço físico.

O direito concebido como um conjunto de normas postas criadas pela vontade humana é um fenômeno que somente pode ser pensado no final da Idade Média, como resultado da concentração de poder em um ente político, que pode impor sua vontade independentemente sobre um determinado espaço físico e subjugando a população ali existente. Somente na Idade Moderna o direito pode ser pensado como uma criação independentemente da ordem natural física ou divina. O direito não é mais pensado como integrante do cosmos ou de uma razão divina, não é algo inerente ao mundo físico, mas a vontade expressa do poder. Paralelamente às "leis" da natureza, o direito é uma criação de ordem independente

---

[3] As relações políticas medievais possuíam um caráter eminentemente privatista e se baseavam relações de *dominium* sem uma autoridade jurídica secular superior que mantivesse o controle sobre as relações entre suseranos e vassalos. De acordo com Creveld, "no feudalismo, o governo não era 'público' nem se concentrava nas mãos de um único monarca ou imperador; pelo contrário, dividia-se entre um grande número de governantes desiguais que tinham entre si relações de lealdade e que o tratavam como propriedade privada" (CREVELD, Martin van. *Ascensão e declínio do Estado*. Tradução de Jussara Simões. São Paulo: Martins Fontes, 2004, p. 83). Neste sentido, observam-se as palavras de Fleiner-Gerster: "o regime feudal repousava sobre uma ordem hierárquica tradicional constituída de direitos feudais – limitados – conferidos a diferentes senhores feudais. O suserano não possuía um poder de dominação ilimitado em face dos seus súditos, mas tão-somente sobre os direitos decorrentes de sua incumbência de proteção" (FLEINER-GERSTER, Thomas. *Teoria Geral do Estado*. Tradução de Marlene Holzhausen. São Paulo: Martins Fontes, 2006, p. 221).

da ordem do cosmos. O direito natural a ser invocado posteriormente é desvinculado da noção de natureza como *physis*, se coadunando com a natureza humana. Como posteriormente será demonstrado, quando Hugo Grotius invoca o direito natural como produto da reta razão[4], esta razão é humana, produto da natureza humana, e torna presente a ideia de racionalidade do direito natural em uma esfera separada das leis da *physis* e/ou transcendentais.

Portanto, o Estado moderno é um Estado de aspecto artificial, que se destaca da existência como parte integrante da natureza. Apesar da comum identificação entre o Estado e a pessoa que o governa – o príncipe – o Estado é uma pessoa pública instituída. A partir do momento desta identificação, a pessoa natural se incorpora na artificial, personificando em si o Estado. Esta artificialidade do Estado, como produto da razão humana, rompe com uma construção cosmológica dos antigos e com a concepção de decorrência divina da era medieval. Neste breve contexto, a soberania é um conceito jurídico-político moderno.[5]

---

[4] A dicotomia entre direito natural e direito divino como ordens emitidas de fontes diversas é um pressuposto tomado por Grotius para dar sentido à racionalização imutável e absoluta do direito natural. Conforme o jurista holandês, no início de seu "Direito da Guerra e da Paz", "o direito natural nos é ditado pela razão que nos leva a conhecer que uma ação, dependendo se é ou não conforme à natureza racional, é afetada ou não pela deformidade moral ou por e necessidade moral e que, em decorrência, Deus, o autor da natureza, a proíbe ou a ou a ordena". (GROTIUS, Hugo. *O Direito da Guerra e da Paz.* Ijuí: Unijuí, 2007,p. 81). É possível perceber que Grotius identifica duas concepções diferentes de natureza que darão origem a duas ordens distintas que devem ser harmônicas: o direito natural dado pela natureza racional, ou seja, pela razão inerente do ser humano, e a outra natureza, a exterior ao homem, com normas heterônomas à sua razão, cujo autor é Deus. Posteriormente, ao quebrar ó sistema elaborado por Tomás de Aquino (para quem o direito natural é uma das fases do efeito cascata desde a vontade de Deus até o direito positivo dos homens), Grotius defende a imutabilidade do direito natural: "O direito natural é tão imutável que não pode ser mudado nem pelo próprio Deus. Por mais imenso que seja o poder de Dues, podemos dizer que há coisas que ele não abrange porque aquelas de que fazemos alusão não podem ser senão enunciadas, mas que não possuem nenhum sentido que exprima uma realidade e são contraditórias em si. Do mesmo modo, portanto, que Deus não poderia fazer com que dois mais dois não fossem quatro, de igual modo ele não pode impedir que aquilo que é essencialmente mau não seja mau. [...] na realidade não é o direito natural que muda, sendo imutável, mas é a coisa, a respeito da qual o direito natural estatuiu, que sofre mudança". (Idem)

[5] "La soberanía es la cualidad de la independencia absoluta de uma unidad de voluntad frente a cualquiera outra voluntad decisoria universal efectiva. Este

A criação da esfera pública se dá em uma relação externa entre os diversos príncipes. De forma a se evitar que um ente político imperasse sobre outro, houve a necessidade do surgimento de um atributo teórico que pudesse representar o poder político ou jurídico público do Estado, a soberania. Em um mundo moderno em que diversos Estados estavam na mesma situação de expansão do poder de império sobre as terras do Novo Mundo recém-descoberto, ao mesmo tempo em que precisavam se proteger contra invasões e consolidar seu poder político-jurídico interno, a soberania surge como este poder que seria capaz de estabilizar o Estado e que permitisse sua continuidade temporal.

Nesse cenário Luigi Ferrajoli trabalha sua primeira aporia, que marca o início da construção teórica da soberania, que se refere ao significado filosófico: "Como categoria filosófico-jurídica, que tem servido de base à concepção juspositivista do Estado e ao paradigma do direito internacional moderno; logo um resquício pré-moderno que está na origem da modernidade jurídica e, simultaneamente, em virtual contraste com ela"[6]

A principal ideia nesta proposição é que há um paradoxal liame em entre o Estado moderno, dotado de soberania, o poder supremo, fonte do direito positivo legítimo, e sua justificação filosófica no direito natural, buscando elementos inclusive da pré-modernidade, como uma divinização do príncipe do Estado, ainda que o secularismo[7] seja uma característica do Estado moderno.

---

concepto, en su aspecto positivo, significa que la unidad de la voluntad a la que corresponde la soberania ES la unidad decisoria universal suprema dentro del orden de pode que se trate[...] Pero detras de esta máscara juridica – persona quiere decir originariamente máscara, según los precedentes griegos – , el estudioso del derecho tiene que contemplar la totalidad irracional de la unidad de coluntad viva. Conviene decir em este acto que ele substrato real de la perna posee la misma relevancia jurírica específica en el derecho privado que em el derecho público, pues ES todas las esferas jurídicas, la unidad de voluntad de la persona no sólo es el titular, sino también el creador de los derechos y obrigaciones." (HELLER, Hermann. *La Soberania*. Trad. Mario de la Cueva. México D.F.: UNAM, 1965. p. 197.)

[6] FERRAJOLI, Luigi. *A Soberania no Mundo Moderno*, p.2

[7] Ainda que não inédito, o secularismo está presente de forma bem consistente no pensamento de Averróis, para o qual haveria duplicidade de verdades: a verdade da fé, a teológica, e a verdade da razão, a filosófica, concebendo uma autonomia da razão e da fé. Esta cisão se torna mais forte com a reforma protestante iniciada por Lutero, retirando o intermediário na revelação divina e humana. Fomentou a libertação do poder político do poder espiritual da Igreja Católica, na qual não

O recurso de legitimação do Estado está apoiado em uma matriz jusnaturalista, resultando em um direito positivo, que originalmente não deveria se subordinar a um poder maior como pressuposto da própria soberania, mas que precisa se subordinar para poder atingir a legitimação teórica necessária.

Esse paradoxo atinge os dois campos da soberania: a externa e a interna. Nesses dois âmbitos, há o recurso para a legitimação jusnaturalista do Estado, tanto para afirmar o direito das gentes como mantedor da coordenação entre os soberanos, identificando a soberania com um direito natural dos povos; quanto internamente, para fundamentar o monopólio na produção jurídica do Estado.

A segunda aporia na construção teoria da soberania aparece na história da afirmação da soberania como poder supremo acima do qual nenhum outro está. Novamente atingindo os dois âmbitos, o interno e o externo, Ferrajoli[8] identifica que há um movimento contrário do poder nesses dois âmbitos: enquanto há um processo de limitação da soberania interna, em razão do surgimento do Estado de Direito e o fenômeno do constitucionalismo[9], no âmbito externo há uma reafirmação de seu poder, principalmente com o desenvolvimento do nacionalismo e do voluntarismo novecentistas, concepção em que externamente a soberania apenas se limitava pela própria vontade do Estado, dependendo de sua discricionariedade.

Já a terceira aporia se observa na ideia de soberania para a teoria

---

haveria a obrigatoriedade de subserviência dos príncipes à Santa Sé. Com esta separação entre o poder político e o espiritual, o príncipe não estaria sujeito ao direito da Igreja Católica, evitando a interferência direta desta esfera jurídica na criada pela sua vontade. Com o adesão de muitos Estados europeus a este movimento, as tensões religiosas tornaram-se constantes no Século XVI até a eclosão da Guerra dos Trinta Anos (1618-1648).

[8] "Essa história corresponde a dois eventos paralelos e divergentes: aquele da soberania interna, que é a história de sua progressiva limitação e dissolução paralelamente à formação dos Estados constitucionais e democráticos de direito; e aquele de soberania externa, que é a história de sua progressiva absolutização, que alcançou seu ápice na primeira metade do século XX com as catástrofes das duas guerras mundiais." (FERRAJOLI, Luigi. *A Soberania no Mundo Moderno*, p3.)

[9] "Essa foi a conquista mais importante do direito contemporâneo: a regulação não só das formas de produção jurídicas, mas também dos conteúdos normativos produzidos,e portanto, de uma ampliação e de um comportamento do próprio princípio do Estado de Direito, através da subordinação do poder legislativo, antes absoluto, à lei.". (FERRAJOLI, Luigi. O Estado de Direito entre o passado e o futuro. (ZOLO, Danilo (org.) *O Estado de Direito: História, Teoria, Crítica*. Trad. Carlos Alberto Dastoli. São Paulo: Martins Fontes, 2006, p.429.)

do Direito. Ferrajoli concebe a soberania como um conceito antagônico ao conceito de Direito. Neste ponto também essa aporia envolvendo soberania e direito precisa ser analisada sob os aspectos internos e externos.

Internamente a soberania aparece como força oposta na concretização do Estado de Direito. Ao mesmo tempo em que o Estado de Direito surge teoricamente e historicamente, a soberania internamente se enfraquece, pois é estabelecido um limite à atuação do Estado. O limite foi sendo imposto progressivamente conforme o poder de atuação do Estado internamente foi diminuindo, passando pelas fases do constitucionalismo e do estado de legalidade, se completando com um reconhecimento internacional de um núcleo de direitos fundamentais. Neste sentido, internamente, quanto mais forte for o Estado de Direito, mais fraca é a soberania, ainda que ela nunca deixe de existir[10].

O constitucionalismo como fenômeno jurídico que permite o direito além da mera legalidade e da atividade de subsunção, é essencial para a imposição do limite à soberania. Sem a rigidez constitucional, ou mesmo a ideia de normas com valores jurídicos superiores a outras, os mecanismos de contenção da soberania – como a tripartição do poder, o princípio da legalidade, o regime democrático, o controle de constitucionalidade, entre outros – teriam dificuldades maiores ainda de se firmar.

No aspecto externo, o primitivo progresso rumo a um constitucionalismo mundial observado no século XX, sobretudo com a institucionalização da Organização das Nações Unidas e com o surgimento do *jus cogens* como normas limitadoras da liberdade convencional dos Estados, provoca uma ruptura no modelo de Vestfália, fundado na vontade soberana dos Estados[11]. A soberania

---

[10] O poder constituinte originário do Estado não é abolido em razão das limitações constitucionais. Ainda que possa ser limitado por questões globais, o poder constituinte é o que dota o Estado da possibilidade de inaugurar outro Direito, de se auto-transformar. Isto caracteriza o Estado como soberano, por mais que a soberania se sofre vicissitudes para se adequar à ideia do Estado no mundo contemporâneo, rompendo com seu modelo moderno.

[11] "A essa altura – e chegamos assim à nossa terceira hipótese de trabalho -, caem todos os pressupostos e todas as características da soberania, seja interna, seja externa. A soberania, que já se havia esvaziado até o ponto de dissolver-se na sua dimensão interna com o desenvolvimento do estado constitucional de direito, se esvanece também em sua dimensão externa na presença de um sistema de normas

como opositora do Direito Internacional é enfraquecida com este processo de centralização e constitucionalização da Sociedade Internacional. Neste cenário, para o autor, é necessário que a concepção de soberania seja repensada para se adequar aos anseios do mundo contemporâneo[12], uma vez que o próprio Estado se encontra em outro estágio, além de sua concepção moderna.

Compreende-se o Estado Moderno, em ideias gerais, como a organização pública político-jurídica, resultante de um exercício de racionalidade, caracterizado pela especificidade da coação[13], reconhecida no Direito Internacional após a Paz de Vestfália como um ente dotado de um poder que é exercido em um determinado território sobre um determinado conjunto de pessoas.

A compreensão de Estado Moderno corresponde aos elementos identificados por Max Weber, para quem:

> O Estado é aquela comunidade humana que, dentro de determinado território – este, o 'território', faz parte da qualidade característica – , reclama para si (com êxito) o monopólio da coação física legítima, pois o específico da atualidade é que a todas as demais associações ou pessoas individuais somente se atribui o direito de exercer coação física na medida em que o Estado permita.[14]

Conforme ainda a posição de Cueva, que o Estado moderno se diferencia das organizações políticas anteriores por ser territorial, nacional, monárquico, centralizador de todos os poderes públicos e

---

internacionais caracterizáveis como ius cogens, ou seja, comodireito imediatamente vinculador para os Estados-membros."(FERRAJOLI, Luigi. *A Soberania no Mundo Moderno.* p. 41).

[12] "É este, portanto o constitucionalismo mundial que hoje impõe aos juristas como horizonte axiológico do seu trabalho.[...] Acrescentamos que essa tarefa é hoje muito mais urgente e ineludível, porquanto a verdadeira alternativa que temos à frente não é entre realismo e utopia normativista, mas sim entre realismo a curto prazo e realismo a longo prazo." (Ibidem, pp. 61-62).

[13] Em sua definição sociológica, Weber define que entre as diversas associações políticas, o Estado se distingue pela especificidade de seu meio, que é a coação. Essa especificidade é que faz o Estado ser uma razão de existir. Em suas palavras, "somente se pode definir o Estado moderno por um meio específico que lhe é próprio, como também a toda associação política: o da coação física. "Todo Estado se fundamenta na coação", disse em seu tempo Trotski, em Brest-Litovsk. Isto é de fato correto". (WEBER, Max. *Economia e Sociedade.* p. 52.)

[14] Ibidem, p. 526.

soberano nas dimensões interna e externa.[15]

Nessa primeira ideia, a soberania é uma característica do Estado que dá a este a possibilidade de estabelecer o império de seu governo e de suas normas dentro de um espaço físico delimitado e tendo como destinatários as pessoas que estão neste território, assim como o possibilita de entrar em relações com outros Estados.

A soberania possui assim tanto um aspecto interno como um aspecto externo. Ser soberano significa deter autoridade para estabilizar a ordem interna e deter a autoridade perante outros em mesma situação em uma relação de autonomia de independência[16].

Neste sentido, quando se fala em soberania interna, há uma relação vertical de poder e sociedade. Na soberania externa, a relação é em grande parte horizontal entre autoridades soberanas, caracterizando a sociedade internacional por sua descentralização do direito. Estas ideias serão desenvolvidas de forma mais abrangente com as aporias teóricas aqui demonstradas.

Inicialmente será trabalhado de forma compreender o tema dentro das três aporias identificadas por Luigi Ferrajoli a respeito do desenvolvimento da soberania. A aporia inicial é a de que a soberania se construiu pelo jusnaturalismo como uma metáfora do Estado moderno.

O início da construção soberana do poder político se dá externamente. Neste prisma em relação a outros Estados, ser detentor de soberania é não se submeter ao poder de outra organização política com características semelhantes, ou seja, não se submeter ao poder de outro Estado. A inicial necessidade da construção da metáfora soberana se verifica pela independência do

---

[15] "Este *nuevo aparato de poder* se vistió comum cierto numero de caracteres, que lo diferenciaron claramente de las organizaciones politicas del pasado, la mayor parte de los quales subsiste hasta nuestros dias: *el Estado moderno,* anunciamos em el capítulo anterior, *es territorial, nacional, monárquico, centralizador de todos los poderes público, y soberano en la doble dimensión externa e interna."* (CUEVA, Mario de la. *La idéia Del Estado.* México, D.F: UNAM, 1994, p. 54.).

[16] "Sovereign authority describes two sets of relationships, between the state and society domestically and between sovereign states internationally, which are governed by different normative frameworks and involve different recognition processes. Sovereignty delineates authority horizontally between states internationally, and vertically between state and society domestically." (ZAUM, Dominik. *The Sovereignty Pradox: The Norms and the Politics of International Statebuilding.*New York: Oxford University Press, 2007, p.35).

Estado em relação a outro.

Ferrajoli destaca que havia uma motivação política e econômica por trás da construção teórica de um direito natural da soberania do Estado[17]. Neste caso, dizer que o Estado era soberano significava dizer que ele tinha a legitimidade de realizar a conquistas. Se um determinado povo em conjunto era detentor de direitos naturais, um destes direitos era justamente o de realizar a conquista nas terras descobertas no novo continente além do Atlântico pelos europeus a partir do Século XV.

1.1.1 Teoria da soberania na emergência da modernidade

Não é possível uma definição exata do início da concepção teórica da soberania. Ainda com uma apuração cronológica, tal exatidão é de difícil consenso. A transição até a modernidade política foi lenta e gradual, tanto no campo teórico quanto nos acontecimentos. A ruptura com o estágio político pré-Estatal se deu com alguns fatores no campo empírico que refletem diretamente na elaboração de uma teoria política moderna. A posição aqui adotada é que apenas em Hobbes, já no Século XVII, houve uma efetiva e moderna teoria do Estado[18].

Francisco de Vitória, jesuíta espanhol, teorizou direitos naturais dos povos. Se um desses direitos era do de conquista, Estados como o espanhol estavam exercendo um direito natural de seu povo ao colonizar as terras bárbaras do novo mundo.[19] Ter o direito de

---

[17] "Revelam-se aqui, bem antes das grandes teorizações jusnaturalistas dos séculos XVII e XVIII, as origens não luminosas dos direitos naturais e o seu papel na legitimação não só dos valores, mas também dos interesses políticos e econômicos do mundo ocidental" (FERRAJOLI, Luigi. *A Soberania no Mundo Moderno*, p.10.).

[18] Neste sentido, observam-se as palavras de Creveld: "Hobbes merece o crédito pela invenção do 'Estado' (ou para usar seu próprio sinônimo, 'República [Commonwealth]') como entidade abstrata, separada tanto do soberano (que se diz 'conduzi-lo') como dos governados, os quais, por meio de um contrato entre si, transferem a ele seus direitos" (CREVELD, Martin van. *Ascensão e declínio do Estado*. Tradução de Jussara Simões. São Paulo: Martins Fontes, 2004, p. 254).

[19] "É nessa imposição que se baseia a legitimidade da guerra que os europeus podem travar contra os índios, abordada na segunda preleção sobre os índios. Os príncipes exercem autoridade não só sobre seus súditos, mas também sobre estrangeiros para impedi-los de cometer erros. E esse poder decorre da autoridade de todo o orbe. Além da defesa do colonialismo espanhol, para o presente propósito, deve extrair-se outra conseqüência. Nas duas lições sobre os índios, o orbe parece mesmo

conquista significava dizer que o Estado era detentor da soberania.

A construção da soberania nesse sentido não era motivada somente pela necessidade de defesa do Estado contra outro Estado, mas também havia a preocupação em se justificar a colonização das novas terras para que outro Estado não as tomasse[20]. O raciocínio neste caso se completa. Se a soberania externa impede que outro Estado domine o território, a colônia, como extensão do território da metrópole não poderia ser invadida, pois a metrópole estaria em pleno exercício de um direito natural de seu povo.

Vitória também destaca a guerra como uma retribuição a uma agressão sofrida por uma soberania[21]. Como o direito das gentes era formado por uma comunhão de povos, guerrear para assegurar esta comunhão era lutar por uma causa justa. Era o procedimento para que este direito fosse respeitado. A guerra era a sanção a uma violação ao direito das gentes. Não havia outra forma de se assegurar a comunhão se não a guerra quando houvesse uma violação ao direito natural de um povo por outro.

É umbilical a relação entre a legitimação da guerra e a soberania. Sendo o direito à guerra um direito natural de um povo, mas de exercício consequente da soberania, somente o detentor da soberania seria um Estado. Assim, o Estado seria o único ente capaz de fazer a guerra. Este é um raciocínio embrionário para a estabilização interna da soberania, uma vez que aqueles grupos que não constituíam um Estado não eram legítimos para a guerra. A justificação se coaduna perfeitamente com um dos direitos divinos decorrentes da soberania desenhados por Vitória, a conquista dos cristãos se necessários pela força aos povos que viviam na barbárie (os ameríndios), uma vez que não sendo um Estado, não eram ao menos legítimos para pegar em armas e resistir.

Ao transferir a ideia de poder a um núcleo dentro de uma

---

constituir uma fonte legislativa, por vezes de todo o *jus gentium*, por vezes apenas do poder vindicativo dos soberanos." (MACEDO, Paulo Emílio Vauthier Borges de. A Genealogia da Noção de Direito Internacional. *Revista da Faculdade de Direito da UERJ*. Rio de Janeiro, vol. 2, nº 21, jan-jun 2010, p. 27.)

[20]VITORIA, Francisco de. *De Iuri Belli.* Trad. Carlo Galli. Roma: Laterza, 2005, p. 11

[21] "In quarto luogo, ciò si può dimostrare vero anche a proposito della guerra offensiva, cioè diquella guerra nellaquale non soltano si subisceoffesa, ma si persegue anchelapunizionediun'offesa in precedenzaricevuta.". (Ibidem, p. 10.).

organização política, não há como consequência somente a defesa do Estado como o reflexo externo da soberania, mas também a estabilização do próprio corpo político como manifestação da soberania em seu aspecto interno.

A construção do Estado Moderno não se dá somente pela soberania refutando outras soberanias, mas também pelo seu fortalecimento interno que resultaria em uma estabilidade. Neste sentido, a teorização do poder do Estado reproduzia e identificava a soberania com a figura do detentor deste poder.

Em seu "Seis Livros sobre a República", Jean Bodin trabalha com a soberania como um suporte que justifica o poder do monarca. Para ele é um poder supremo, acima de todos os outros, que em princípio não se sujeita a nenhum outro poder e que não é suscetível à divisão[22]. O Poder soberano neste sentido está acima do Direito. Com isso se pode conceber a ideia de que o detentor do poder soberano, o monarca, não está adstrito às normas jurídicas por ele estabelecidas. Não há desta forma responsabilidade.

A obra de Bodin representa uma questão interessante acerca da definição daquele novo ente político, que posteriormente ficou sendo conhecido como Estado. A palavra "Estado" não havia ainda tomado a amplitude dos tempos posteriores para designar aquele modo de organização política baseado na identificação da soberania. Ao escrever os seus "Seis Livros sobre a República", não conseguiu encontrar outra palavra que não fosse a antiga designação latina de *res publica*.

É encontrada também na obra de Bodin a concepção do príncipe como pessoa pública. Diferentemente das relações políticas de cunho privatista do medievo, nos teóricos do Estado Moderno, o detentor do poder soberano exerce uma função temporal, pois a atemporalidade pertence à soberania e não ao soberano. O poder soberano é necessariamente um poder público, inerente à *res publica*, pois é uma potência somente daquele que pode comandar, ou seja, o próprio Estado.

---

[22] "El poder absoluto y perpetuo del Rey, de la nobleza o del pueblo, según sea la forma de gobierno; así como también que la soberanía es poder absoluto que no puede dividirse, porque perdería su naturaleza, y que es perpetuo, porque si se concedira temporalmente a um Rey la postetad absoluta de mando, El soberano sería quien otorgó la facultad." (CUEVA, Mario de la. *La idéia Del Estado*. p.60.).

A separação entre público e privado na pessoa do governante foi um passo que Maquiavel, o início do Século XVI, ainda não havia concebido. Como escritor de obras da época dentro de uma categoria que pode ser entendida como manuais para Príncipes, Maquiavel "era incapaz de distinguir entre a vida pessoal do príncipe e seu papel político"[23].

A ideia de poder público e sua separação do caráter privado são essenciais para o entendimento do Estado Moderno. Não há como conceber o Estado e logo a soberania em um caráter privatista. Rompendo com a tradição medieval, o território do Estado não pertence ao domínio privado de seu monarca. O Estado se identifica com próprio o monarca, exercendo este a autoridade sobre aquele determinado território não por ser sua propriedade, mas por ser possuidor do direito de comandar. O Estado é a organização política e jurídica que rege uma determinada sociedade e dentro da qual ela se encontra. Este poder que o monarca exerceria é a soberania do Estado, não havendo poder além dele, a não ser o próprio poder divino.

Tal formulação já perfaz uma certa desvinculação do poder estatal em relação à Igreja, uma vez que o Pontífice não poderia exercer um poder temporal em um Estado que por sua soberania se torna independente e, portanto, não submisso a poder mundano algum, nem ao seu próprio. Uma das características essenciais de formação do Estado foi justamente "o triunfo dos Monarcas" na Europa, em contraposição aos poderes tanto do Imperador quanto da Igreja[24]. Neste sentido, destaca Jean-Jacques Chevallier que "o feudalismo, cascata de suseranias e de homenagens, de laços hierárquicos pessoais, dissociação ao infinito da autoridade pública, confusão dos poderes privados, desfazia-se em pó ao embate dessa soberania absoluta, armada do monopólio de promulgar e suprimir a lei"[25].

No sistema formulado por Bodin, em pleno Século XVI, Deus seria o titular da soberania primordial que lhe daria o poder de emitir as leis naturais. O poder atemporal da república, que é perpétuo no tempo, seria exercido em vida pelo príncipe, mas não se restringe à

---

[23] CREVELD, Martin von. *Ascenção e declínio do Estado*, p. 247

[24] CREVELD, Martin von. *Ascenção e declínio do Estado*, p. 166.

[25] CHEVALLIER, Jean-Jacques. *As Grandes Obras Políticas de Maquiavel a Nossos Dias*. 4 ed. Trad.Lydia Christina. Rio de Janeiro: Agir, 1989, p.56.

sua pessoa[26].

A vontade do príncipe nesse contexto é a vontade do Estado, não a sua vontade privada, pois se de forma contrária fosse, não seria possível conceber o príncipe como o detentor do absoluto poder soberano a ponto de identificá-lo com o próprio poder. Também permite reforçar o caráter perpétuo da soberania do Estado, pois independentemente do monarca, a soberania continua.

O monarca, como todo ser humano, ainda que possua um direito divino de comandar, tem a força vital finita. Por sua vez, a soberania do Estado existe independentemente daquele monarca que exerça esse poder, se perpetuando no decurso do tempo. De modo a justificar a continuidade do Poder político, concebe-se, ainda no medievo, a teoria dos dois corpos do rei: o corpo físico do rei, mortal como qualquer ser humano, e o *corpus mysticum*[27].

Na leitura de Bodin, a soberania é um poder atemporal, imprescritível e indivisível, limitado apenas pelo direito natural e pelo direito das gentes[28], que adquirem muito mais um caráter simbólico de legitimação do poder que necessariamente uma limitação jurídica. Nesse raciocínio, o poder soberano não é temporal nem divisível, uma vez que se tal fosse não seria soberano em si. Tal ideia não seria de forma alguma concebível no Século XXI, mas no Século XVI, no florescimento do absolutismo e consolidação do Estado Moderno, seria inconcebível que o poder fosse temporal e divisível.

Nenhuma lei humana pode limitar a soberania segundo a concepção de Bodin. Este poder ilimitado não significa uma arbitrariedade do poder, e sim que ele não se submete ao direito, ainda que por ele emitido, detendo um poder essencial de decisão. Estando acima de seu próprio direito criado, "a independência da

---

[26] Ibidem, p. 54.

[27] "The expression *corpus mysticum* as a designation of che ecclesiological body corporate was found only sporadically. Nevertheless, it was then that both theologians and canonists began to distinguish between che " Lord's two Bodies"- one, the individual corpus verunt on the altar, the host; and the other, the collective corpus mysticum, the Church" (KANTOROWICZ, Ernst H. *The King's Two Bodies: A Study in Mediaeval Political Theology.*Princeton: Princeton University Press, 1957, p. 198)

[28] CHEVALLIER, Jean-Jacques. *As Grandes Obras Políticas de Maquiavel a Nossos Dias.* 4 ed. Trad.Lydia Christina. Rio de Janeiro: Agir, 1989, p.60.

potência soberana exclui consultas e dispensas"[29], o que acaba se coadunando também com sua característica de indivisibilidade, estando este poder único nas mãos de um único poder. Não havendo juízes com competência para julgar qualquer violação que o soberano pudesse cometer contra o direito natural ou mesmo contra o direito divino, essa suposta limitação é "puramente moral, eventualmente político, se sua ação viesse a provocar revolta nos seus súditos, mas não político"[30].

Se o Estado Moderno era personificado na figura do governante, então a soberania não era somente um poder do Estado, mas também daquele que o governa. Ilustra-se dessa forma o "soberano", aquele que rege o poder do Estado, que no contexto da Idade Moderna era hodiernamente o monarca. Assim, quando se fala que Luís XIV era o soberano da França no início do Século XVII, significa dizer que este rei francês era o detentor da soberania e, portanto, poderia ser a personificação do Estado. Vattel destaca em sua obra "O Direito das Gentes" essa identificação de soberania com a pessoa do governante, que constitui a autoridade pública necessária para a formação de uma sociedade.[31]

A ideia construída de autoridade foi fundamental para o exercício do poder legitimado em uma sociedade. O governante era o soberano porque era investido na autoridade necessária para emitir o direito positivo: "a afirmação de que a soberania é uma qualidade essencial do Estado significa que o Estado é uma autoridade suprema. A 'autoridade' costuma ser definida como o direito ou poder de emitir comandos obrigatórios"[32]. Neste sentido, ser soberano é ter autoridade.

Apesar de não ser exclusiva das teorias contratualistas, a ideia de autoridade pública que incorporava a soberania, conforme

---

[29] GOYARD-FABRE, Simone. *Os Princípios Filosóficos do Direito Político Moderno.* Trad. Irene Paternot. São Paulo: Martins Fontes, 199, p. 135.

[30] PERELMAN, Chaim. *Ética e Direito*. São Paulo: Martins Fontes, 1996, p. 450.

[31] "Pelo fato de que esses homens formam uma sociedade que tem interesses comuns e deve agir em harmonia, necessário é que ela constitua uma autoridade pública que determine e oriente o que cada qual deve fazer em relação ao fim dessa associação. Essa autoridade pública é a soberania, e aquele ou aqueles que a possuem são o soberano." (VATTEL, Emer de. *O Direito das Gentes*. Trad. Vicente Marotta Rangel. Brasília: UnB – IPRI, 2004, p. 15.).

[32] KELSEN, Hans. *Teoria Geral do Direito e do Estado*. Trad. Luiz Carlos Borges. São Paulo: Martins Fontes, 2005, p. 544.

anteriormente desenvolvido por Bodin, foi crucial para a consolidação teórica do Estado moderno[33]. Ao estabelecer uma ordem em uma sociedade, a autoridade pública – o governante – era detentora do poder soberano do Estado.

Thomas Hobbes, ao elaborar sua teoria do pacto de submissão, chama de soberano aquele que recebe todos os poderes provenientes do pacto em troca da garantia da vida do cidadão. A ideia de identificação da pessoa do governante ou do pequeno grupo de pessoas que regiam o Estado era tamanha que sendo um ou poucos sujeitos, o Leviatã estava ali manifestado.

A justiça em Hobbes se vincula ao cumprimento do pacto de submissão. Divergindo cabalmente das concepções anteriores de justiça, o homem justo hobbesiano é o que cumpre o pacto, ou seja, o que se comporta conforme a conduta desejada pelo Estado-Leviatã[34]. O Estado é o resultado dos pactos recíprocos entre as pessoas com o propósito de assegurar a segurança do indivíduo. Para cumprir tal propósito, a pessoa do Estado não pode estar limitada ao pacto, uma vez que se tal limitação ocorresse, sua finalidade estaria comprometida.

Por isso na hipótese de Hobbes, o soberano, portador do Estado-Leviatã, não assina o pacto, pois é seu resultado. Não há a obrigação de cumprir seu estrito dever, pois não há estrito dever se o Estado é a fonte do direito positivo. Ao mesmo tempo, como a instituição do poder soberano é resultado de um pacto recíproco entre os súditos. Cada ato do soberano é um ato de todos os súditos, pois cada um desses indivíduos é o autor da soberania. Ao instituir o Estado, ao soberano é conferido o direito de representar a pessoa de todos os seus súditos, mas não estabelece uma relação obrigacional com eles. O soberano não comete injustiça em relação aos súditos.

É possível observar que a formulação teórica de Hobbes se

---

[33] "A ideia de autoridade foi, portanto, elaborada teoricamente em função da evolução da sociedade primitiva, até a sociedade e o Estado contemporâneo. [...] O fato é que, independentemente das perspectivas teóricas, o surgimento do poder na sociedade resultou no estabelecimento de uma ordem social que substituiria o estado de guerra próprio do estado de natureza, assim chamado o estágio primitivo da sociedade humana," (BARRETTO, Vicente. *As Máscaras do Poder*. São Leopoldo: Editora Unisinos, 2012, p. 74.).

[34] "As noções de bem e de mal, de justiça e injustiça, não podem aí ter lugar. Onde não há poder comum não há lei, e onde á lei não há injustiça" (HOBBES, Thomas. *Leviatã*. Tradução de João Paulo Monteiro. São Paulo: Abril Cultural, 1983, p. 77).

coaduna com a ideia do Estado absolutista como um todo, porque nesses casos o poder político do Estado não se limita ao direito e não mantém relações jurídicas diretas com os súditos, pois manter tal vínculo significaria o surgimento da bilateralidade característica do direito das obrigações, o débito e a responsabilidade. O soberano de Hobbes não era dotado de responsabilidade com qualquer súdito individual, portanto nunca cometeria injustiça porque não haveria como romper um pacto de submissão pelo qual ele não se obrigou[35].

Se para Hobbes o Estado é "uma pessoa de cujos atos uma grande multidão, mediante pactos recíprocos uns com os outros, foi instituída por cada um como autora, de modo a ela poder usar a força e os recursos de todos, da maneira que considerar conveniente, para assegurar a paz e a defesa comum"[36], o soberano é o portador dessa pessoa[37].

O portador dessa soberania hobbesiana era titular de direitos inerentes à soberana entre os quais o direito de representação da pessoa de todos, o direito a ser juiz, de prescrever regras e de organizar a administração do Estado. Ainda era o detentor de fazer guerra e celebrar a paz com outros Estados. Considera-se em Hobbes uma soberania ilimitada, uma vez que o soberano ainda não poderia cometer injustiça. Neste raciocínio, "o Soberano criado por meio do pacto adquire as características do homem natural e de seu direito. O Leviatã possui poder irrestrito, sua soberania não pode ser perdida; ele é o único legislador"[38].

Há aqui um novo paradigma em que o Estado construído por meio artificial se torna única fonte emissora do Direito positivo

---

[35] Sobre esse aspecto, Hobbes, ao discorrer sobre os direitos da soberania por instituição, escreve que: "dado o direito de representar a pessoa de todos é conferido ao que é tornado soberano mediante um pacto celebrado apenas entre cada um e cada um, e não entre o soberano e cada um dos outros, não pode haver quebra do pacto da parte do soberano, portanto nenhum dos súditos pode libertar-se da sujeição, sob qualquer pretexto de infração [...] dado que todo súdito é por instituição autor de todos os atos e decisões do soberano instituído, segue-se que nada do que este faça pode ser considerado injuria para qualquer de seus súditos, e que nenhum deles pode acusá-lo de injustiça". (HOBBES, Thomas. *Leviatã*. Trad. de João Paulo Monteiro. São Paulo: Abril Cultural, 1983, p.109.).

[36] HOBBES, Thomas. *Leviatã*. Trad. de João Paulo Monteiro. São Paulo: Abril Cultural, 1983., p.106.

[37] Idem.

[38] DOUZINAS, Costas. *O Fim dos Direitos Humanos*. Trad. Luzia Araujo. São Leopoldo: Unisinos, 2009, p. 90.

como expressão da soberania, que diferentemente de concepções da Idade Antiga e da Idade Medieval, o Direito natural teria um sentido muito mais teleológico do que propriamente de fundamento do direito emitido pelo soberano.[39]

O aparecimento da noção de soberania se coaduna com o regime absolutista, uma vez que este não se sustentaria sem a justificação do poder. O absolutismo assim é a expressão política da soberania naquele tempo. Desta forma, é essencial considerar a Sociedade Internacional da Idade Moderna como uma sociedade de vários soberanos. Seja por uma relação de propósitos comuns derivada de múltiplos pactos defendida por Grotius[40], seja por uma relação mútua de desconfiança entendida por Hobbes[41], a soberania surgiu naquele tempo como um elemento que proporcionava uma noção de Estado e de Direito Internacional. E ao mesmo tempo, necessitava da existência jurídica de sociedade internacional para ter sentido. Celso Mello observa essa relação de interdependência entre soberania e Direito Internacional na Idade Moderna: "A noção de soberania é indispensável para a formação da sociedade internacional, mas também reforça a noção de soberania. É uma relação simbiótica entre o mundo jurídico interno e o mundo jurídico internacional".[42]

Por sua vez, a justificação no direito da soberania era um artifício construído pelo jusnaturalismo de forma que pudesse ser legitimado o poder. Assim, o jusnaturalismo, em seu caráter transcendental,

---

[39] "O Direito, para Hobbes, não tem nem pode ter senão uma fonte: o Estado, isto é, o Poder a odem, a expressão da Vontade. Direito natural, direito racional, reflexos da Razão, não são, aos olhos de Hobbes, Direito." (CHEVALLIER, Jean-Jacques. *As Grandes Obras Políticas de Maquiavel a Nossos Dias*, p. 74)

[40] Grotius tratava a relação de confiança entre os detentores do poder do Estado como decorrente à obrigação natural do cumprimento de promessas perfeitas. "O dever de cumprir as promessas decorre da natureza da justiça imutável que é comum em sua maneira a Deus e a todos os seres dotados de razão". (GROTIUS, Hugo. *O Direito da Guerra e da Paz*, pp. 551-552.)

[41] "Cada Estado (e não cada indivíduo) tem a absoluta liberdade de fazer tudo o que considerar (isto é, aquilo que o homem ou assembléia que os representa considerar) mais favorável aos seus interesses. Além disso, vivem numa condição de guerra perpétua, e sempre na iminência da batalha, com as fronteiras em armas e canhões apontados contra seus vizinhos a toda volta" (HOBBES, Thomas. *Leviatã.*. p.132.)

[42] MELLO, Celso D. de Albuquerque. A Soberania através da História.In: MELLO, Celso D. de Albuquerque. (org.) *Anuário: Direito e Globalização 1: A Soberania.* Rio de Janeiro: Forense, 1999. p. 12.

servia como instrumento da política. A afirmação de Bodin que o poder soberano é limitado pelo direito natural é um exemplo de como o jusnaturalismo podia legitimar tal poder. Hobbes, ao escrever sobre os direitos da soberania, defende que alguns direitos são ilimitados e acima da própria lei do Estado[43].

Há nesse caso, uma submissão do Direito do Estado hobbesiano à política como resultado de um direito natural do detentor do poder soberano. Assim o direito natural era um recurso utilizado para legitimar o poder. Marcelo Neves observa que "a invocação aos princípios metajurídicos do jusnaturalismo (considerados imutáveis), na prática política das monarquias absolutistas, servia antes para legitimar um espaço juridicamente livre para o soberano, no âmbito do qual ele tinha o poder de estabelecer, aplicar e impor o direito"[44].

Essa primeira ideia de soberania era um poder absoluto e independente que pertence ao Estado. Maquiavel usa o termo Estado em seu "O Príncipe" para diferenciar a organização política de que estava se referindo das organizações políticas medievais. Bodin destaca que além de um sentido político, o Estado tem uma definição jurídica. Bodin planta a semente das doutrinas voluntaristas sobre o fundamento do Direito Internacional do século XIX, quando escreve que há uma vontade do Estado, que é a vontade do monarca[45]. Assim, o Direito de um Estado seria produto da vontade de seu soberano.

Percebe-se que falar em soberania no Estado Moderno é falar em poder absoluto inerente do Estado, ou em melhores palavras, inerente daquele que o governa. E não somente no âmbito interno,

---

[43] "Dado que todo súdito é por instituição autor de todos os atos e decisões do soberano instituído, segue-se que nada do que este faça pode ser considerado injúria para com qualquer de seus súditos, e que nenhum deles pode acusá-lo de injustiça. [...] Por esta instituição de um Estado, cada indivíduo é autor de tudo quanto o Soberano fizer, por conseqüência aquele que se queixar de uma injúria feita por seu soberano estar-se-á queixando daquilo de que ele próprio é autor". (HOBBES, Thomas. *Leviatã*. p.108.)

[44] NEVES, Marcelo. *Transconstitucionalismo*. São Paulo: Martins Fontes, 2009. pp. 17-18.

[45] "La idea de la soberanía sigue la suerte del poder político, lo que implica que tiene que encarnar emuma voluntad real, porque solamente ella puede expedir y hacer cumplir la ley, una conclusión que se infiere, entre otros, del capítulo primero del libro segundo, en cuyo inicio se dice que después de hablar de la soberanía y sus atributos, "es necesario ver quién tiene la em cada república, a fin de saber cuál es su estado". (CUEVA, Mario de la. *La idéia Del Estado*. p.71).

mas também no externo, a soberania era a expressão da vontade daquele que governava o Estado.

O elemento volitivo é inerente à ideia de soberania. Nas relações entre os Estados daquela época, o que justificava a força de qualquer direito internacional era a vontade do soberano de se obrigar ou não. Alain Pellet neste sentido leciona que "não se pode impor nada aos monarcas sem o seu consentimento. Nas relações mútuas, não aceitam outro limite à soberania senão o que decorre exclusivamente de sua vontade"[46]. Então, na amplitude do alcance de sua vontade no aspecto externo, um dos mais emblemáticos direitos inerentes à soberania para cumprir a finalidade para a qual o Estado é criado é o declarar a guerra[47].

A guerra, como um fato social, está intrinsecamente relacionada ao direito, sejam a quais forem os entendimentos da natureza da relação entre os dois[48]. E se infere que o choque dos direitos de soberania resultava na guerra entre os soberanos dos Séculos XVI, XVII e XVIII.

Quando Hobbes justifica no jusnaturalismo a declaração de guerra pelo soberano como um direito[49], há a legitimação do *jus ad bellum* do Estado[50], conceito este que desaparecerá do mundo

---

[46]DINH, Nguyen Quoc; DAILLIER, Patrick; PELLET, Alain.*Direito Internacional Público*. 2ªed. Trad. de Vítor Marques Coelho. Lisboa: Fundação CalousteGulbenkian, 2003. p. 54.

[47] HOBBES, Thomas. *Leviatã.*p. 110.

[48] "A guerra é principalmente concebida como negação do direito; o direito, por sua vez, como afirmação e reafirmação da paz". (BOBBIO, Norberto. *Teoria Geral da Política*. Rio de Janeiro: Elsevier, 2000, p. 564).

[49] "Pertence à soberania o direito de fazer a guerra e a paz com outras nações e Estados" (HOBBES, Thomas. *Leviatã.*. p.110.).

[50] O uso da força por meio da guerra era para Clausewitz uma decorrência do exercício do poder político, sendo um direito inerente à própria condição de ente político do Estado. Conformeeste general prussiano, "war is not merely an act of policy but a true political instrument, a continuation of political intercourse, carried on with other means. What remains peculiar to war is simply the peculiar nature of its means. War in general, and the commander in any specific instance, is entitled to require that the trend and designs of policy shall not be inconsistent with these means. That, of course, is no small demand; but however much it may affect political aims in a given case, it will never do more than modify them. The political object is the goal, war is the means of reaching it, and means can never be considered in isolation from their purpose." (CLAUSEWITZ, Carls Von. *On War.*translated by Michael Howard and Peter Paret. Oxford University Press, 2007, pp.28-29).

jurídico somente com a proibição do uso da força nas relações internacionais em 1945 com a Carta das Nações Unidas.

Mancini critica posteriormente esta concepção hobbesiana, afirmando que "o paradoxal absurdo que o Direito natural entre os homens e entre as nações não é e não pode ser outra coisa senão a própria força e a vontade que a move e a dirige, corrompendo assim uma imoralidade pestilenta"[51]. O direito de fazer a guerra com isso era inerente à soberania e uma consequência do absolutismo. Completa o raciocínio Pellet[52] dizendo ser a guerra e o direito produtos do absolutismo daquele tempo. No caso especial do monarca identificado como a personificação do poder soberano, esta personificação fundamentava e legitimava também a manutenção da monarquia, conforme Anderson Teixeira[53].

Hobbes desta forma entende que a unidade do poder do soberano é essencial para a manutenção da ordem. Tal unidade é uma característica que se coaduna com a teoria de Bodin. O titular da soberania é o monarca, ou em outro plano, uma assembleia que mesmo sendo um coletivo, mantém a unidade do poder concentrado na personificação do Leviatã.

Neste último sentido, o jusnaturalismo hobbesiano se caracteriza por um pensamento inovador na relação até então entre Direito natural e o Direito positivo, em que o último seria uma decorrência do primeiro, para uma concepção finalística: O Direito positivo do Estado, cuja autoridade pertence ao soberano, tem como a principal finalidade a conservação da vida e da segurança do cidadão, para que este possa ser livre para o exercício de direitos como se no estado de natureza estivesse. O Estado e o Direito positivo seriam uma construção artificial da razão humana para que seja possível alcançar "a paz que a razão pode representar na lei da natureza. As leis

---

[51] MANCINI, Pasquale Stanislao. *Direito Internacional*. Trad.de Tito Ballarino. Ijuí: Unijuí, 2003, pp. 197-198.

[52] DINH, Nguyen Quoc; DAILLIER, Patrick; PELLET, Alain. *Direito Internacional Público*. p. 54.

[53] "A racionalidade hobbesiana via o monarca como o argumento central para remover a fundamentação meramente hereditária do poder monárquico – até então vigente – e encontrar na absolutização do poder soberano a melhor forma de encerrar o estado de guerra próprio da condição natural do homem." (TEIXEIRA, André Vichinkeski. *Teoria Pluriversalista do Direito Internacional*. São Paulo: Martins Fontes, 2011, p. 92.)

positivas não têm sentido sem estar relacionadas à lei da natureza"[54].

De modo similar a Hobbes, o homem é a questão central a ser trabalhada por John Locke. Como cediço do método contratualista, o político tem suas bases com um debate acerca sobre as ações do homem primal, na hipótese do estado de natureza. Neste estado preexistente à sociedade civil e ao corpo político o homem vive em harmonia e paz, exercendo de forma pacífica seus direitos naturais perceptíveis por meio de sua atividade racional[55].

O homem inicia sua atividade em um primeiro núcleo social, a família, na qual manterá suas primeiras relações sociais[56]. Posteriormente, a sociedade se formará com a união dessas famílias e em um estágio anterior ao governo. Há uma sequência gradativa da construção do Estado, primeiramente se formando o corpo social para depois se formar o corpo político. Neste ponto o autor se difere de seu clássico predecessor opositor, Thomas Hobbes, que conferia a formação do Estado como resultado de um único ato.

O Estado é formado em dois pactos, inicialmente o da sociedade e depois o político[57], e é justificado com base na compreensão de uma categoria de direito natural como um plano ôntico conjunto de condições subjetivas de exigência racional, que guiaria as condutas humanas em relações pacíficas que correspondessem com tais comandos inerentes à sua racionalidade, ainda que haja uma negação do inatismo como categoria do entendimento.

Figura central da modernidade, o homem na antropologia lockeana tem seu potencial de construtor da realidade maximizado com a possibilidade de criação de uma normatividade em uma metafisica deslocada para sua razão construída com a comunicação sensitiva no ambiente de sua realidade. A construção de seu entendimento reafirma o potencial de especificação e

---

[54]BILLIER, Jean-Cassien; MARYIOLI, Aglaé.*História da Filosofia do Direito*. Trad. Maurício de Andrade. Barueri: Manole, 2005, p. 141.

[55] "O estado de natureza tem uma lei de natureza para governa-lo, que a todos obriga; e a razão, que é essa lei, ensina a todos os homens que tão-só a consultem, sendo todos idetuais e independentes, que nenhum deles deve prejudicar a outrem na vida, na saúde, na liberdade ou nas posses" (LOCKE, John. *Segundo Tratado sobre o Governo*. Trad. Anoar Aiex. São Paulo: Abril Cultural, 1979, p. 36)

[56] LOCKE, John. *Segundo Tratado sobre o Governo*. Trad. Anoar Aiex. São Paulo: Abril Cultural, 1979, p. 64-66.

[57] LOCKE, John. *Segundo Tratado sobre o Governo*. Trad. Anoar Aiex. São Paulo: Abril Cultural, 1979, p. 121.

individualização, elevada em patamar ainda superior no criticismo kantiano.

O homem nasce com a mente tal qual uma tabula rasa e todo seu conhecimento é resultado de sua experiência; rejeita-se a noção de ideias inatas provenientes da razão. De acordo com Locke, não haveria um conhecimento verdadeiro senão aquele que o homem adquire de forma sensorial, com o passar do tempo e que forma toda a base de ideias em sua mente. Todos os conceitos não poderiam ser puramente os mesmos em cada homem porque somente podem ser formados de acordo com a ação empírica de cada qual[58] e caso o seja, não é porque o conceito em si é inato, mas o modo de aprendizagem dele foi idêntico.

A determinação de que o homem somente consegue ter seu conhecimento pela experiência nega a universalidade dos conceitos. Todavia, há um ponto que permite a conciliação entre essa epistemologia lockeana e sua teoria política, que em um primeiro momento pode parecer contraditória. Se o homem não tem ideias inatas, como poderia ele nascer com direitos naturais que são universais e comuns a todos, se a própria ideia dessa condição estaria condicionada ao subjetivismo empírico não aplicável uniformemente a todos?

Locke argumenta ser a finalidade do governo civil a preservação da propriedade do indivíduo, pois no estado de natureza os homens não seriam capazes de aplicar a lei natural aos seus casos particulares[59]. Quando o governo, seja por meio do poder legislativo, seja por meio do poder executivo, não cumpre a finalidade para a

---

[58] "Os sentidos inicialmente tratam ideias particulares, preenchendo o gabinete ainda vazio, e a mente se familiariza gradativamente com algumas delas, depositando-as na memória e designando-as por nomes. Mais tarde, a mente, prosseguindo em sua marcha, as vai abstraindo, apreendendo gradualmente o uso dos nomes gerais. Por este meio, a mente vai se enriquecendo com ideias e linguagem, materiais com que exercita sua faculdade discursiva" (LOCKE, John. *Ensaio acerca do entendimento humano.* Trad. Anoar Aiex A São Paulo: Abril Cultural, 1979, p. 148).

[59] "O objetivo grande e principal, portanto, da união dos homens em comunidade, colocando eles sob o governo, é a preservação da propriedade [...] porque, embora a lei da natureza seja evidente e inteligível para todas as criaturas racionais, entretanto os homens, sendo desviados pelo interesse bem como ignorantes dela porque não a estudam, não são capazes de reconhecê-la como lei que os obrigue nos seus casos particulares" (LOCKE, John. *Segundo Tratado sobre o Governo.* Trad. AnoarAiex. São Paulo: Abril Cultural, 1979, p. 82.).

qual ele foi estabelecido, atentando contra a propriedade do povo, seu poder se tornaria ilegítimo. Há nessa situação um estado de guerra permitida pela lei da natureza, com a violação da finalidade do Estado pelo poder político, em que "os homens que se encontram em 'estado de guerra' com seus governantes têm o direito de se livrar deles como se livrariam de um assaltante armado"[60]. Nesta situação, o poder soberano retornaria diretamente ao povo, que poderia dissolver o governo e instituir um novo legislativo para que atinja o fim da sociedade.

Essa oposição é muito mais ampla que a prevista em Hobbes, para qual a única situação em que o súdito poderia de forma legítima se rebelar contra o soberano seria quando este o obrigasse a atentar contra a própria vida. Mesmo assim, este súdito teria apenas a legitimidade de desobedecer, não recebendo de volta seus direitos conferidos pela natureza que por meio do pacto delegou ao soberano.

O poder inerente ao povo no governo civil delineado por Locke representa um verdadeiro limite teórico de poder do governante, fincando as bases para a soberania popular desenvolvidas no século seguinte por Rousseau, para quem definitivamente a soberania era um poder inerente do povo.

Em contraponto, uma concepção diferente de titular da soberania se encontra em meados do Século XVIII com Jean Jaques Rousseau. O filósofo suíço, em sua teoria contratualista, transfere a titularidade da soberania para o povo. A soberania seria assim uma característica do Estado, mas este poder emanava do povo e não da pessoa do governante, porque "o soberano é constituído pelo conjunto dos cidadãos na medida e que possam fazer valer uma vontade política"[61].

Rousseau concebe como soberano não aquele que governa o Estado, e sim o coletivo, uma vez que o governante está investido dos poderes a ele conferidos pelo povo. O corpo coletivo político é o Estado em uma representação passiva e o soberano em uma representação ativa. A diferença aqui é que o poder não é originário da vontade do governante e sim da vontade geral que objetiva um

---

[60] MACFARLANE. L.J. *Teoria Política Moderna*. Trad. Jório Dauster M. e Silva. Brasília: Editora Universidade de Brasília, 1970, p. 25.
[61] Ibidem, p. 148.

bem comum, que se expressa formalmente na Lei. A Lei é tem um objeto geral, considerando os súditos do Estado como um corpo e não como indivíduos particulares.[62] Uma vez que é a expressão da vontade popular, uma lei deve ser abstrata, e dirigida a de forma semelhante a todos do povo. O ato formal carece do caráter abstrato e universal, não seria uma lei e sim um decreto[63], uma vez que "o que ordena, mesmo o soberano, sobre um objeto particular não é uma lei, mas um decreto, não é um ato de soberania e sim de magistratura".[64]

Somente constituiria um ato de soberania uma fonte que expressasse essa vontade geral. Este é o motivo pelo qual a primeira característica que Rousseau aponta da soberania é a inalienabilidade, uma vez que a vontade geral não pode ser transmitida, pois esta vontade é coletiva. Assim, "só a vontade geral pode dirigir as forças do Estado em conformidade com o objetivo de sua instituição, que é o bem comum [...] a soberania, sendo apenas o exercício da vontade geral, nunca pode alienar-se, e que o soberano, não passando de um ser coletivo, só pode ser representado por si mesmo; pode transmitir-se o poder – não, porém, a vontade"[65].

Ainda sobre o a transferência da titularidade da soberania para o corpo coletivo político da metade final do Século XVIII, no fim da Idade Moderna, Hermann Heller[66] observa que "la Restauración francesa intentó justificar la monarquia en contra de las tendencias democráticas del derecho natural y del origen contractual del estado

---

[62] "Quando digo que o objeto das leis é sempre geral, por isso entendo que a Lei considera os súditos como corpo e as ações como abstratas, e jamais um homem como um indivíduo ou uma ação particular". (ROUSSEAU, Jean Jaques. *Do Contrato Social.* São Paulo. Abril Cultural, 1979, p. 74.)

[63] "For first-time readers of the Social Contract the two categories "Laws" and "decrees" may appear to be similar but their differences are germane to any coherent understanding of its author's political theory. Significantly, the most salient distinction between the two types of legal acts is their relative measure of authority:only an act that is ratified by the people as a whole has the authority of a sovereign Law (with a capital "L") and any measure that is issued by the government is subordinate to it; such an ancillary measure cannot be contrary to either the word or spirit of the general will as it is expressed in the Laws." (PUTTERMAN, Ethan. *Rousseau, Law and Sovereignty of the People.* New York: Cambridge University Press, 2010, p. 25).

[64] ROUSSEAU, Jean Jaques. *Do Contrato Social.* p. 55.

[65] Ibidem, p .33.

[66] HELLER, Hermann. *La Soberania.* Trad. Mario de la Cueva. México D.F.:UNAM, 1965, p. 159.

reafirmando la tesis de que el monarca era el sujeito de la totalidad del poder estatal, por la gracia de dios". Há um antagonismo entre a concepção da titularidade da soberania entre este entendimento rousseauniano e os anteriores, como o de Hobbes. Tanto Rousseau quanto Hobbes identificam um estado de natureza, com diferenças, mas ainda sim sendo uma situação inicial natural, em que utilizam a abordagem contratualista e propõem a instituição de um ente político posterior resultante do contrato. Entre as inúmeras divergências, destaca-se que a soberania popular poderia resultar de um contrato, rompendo com a ideia de delegação total dos direitos conferidos pela natureza presentes que constituiriam o Leviatã.

Emer de Vattel, um dos maiores internacionalistas do Século XVIII, que recebeu influências de Leibniz e Wolff, conceituava a soberania como sendo a autoridade pública que recebia poderes dos membros da sociedade e que agia em prol da finalidade desta.[67] O soberano não era personificação da soberania, mas tinha sua titularidade enquanto houvesse o exercício da autoridade adstrita aos fins da sociedade.

Há no pensamento de Vattel um elo com a doutrina contratualista da filosofia política. A autoridade, não é originária daquele que a exerce e sim do povo, do coletivo, lembrando a doutrina rousseauniana. Este coletivo se submete a esta autoridade que é dele originada, cedendo certos direitos naturais, se coadunando com o pensamento de Locke e de Hobbes.

Mais uma vez, é possível perceber como o Estado na Idade Moderna substitui a busca de legitimação no transcendental pela legitimação racional do jusnaturalismo. O Direito Natural seria capaz dar respostas específicas a problemas concretos, o que resultou em uma grande sistematização de normas, provindas da reta razão humana, como principalmente teorizado por Grotius, desvinculando a fonte jurígena do poder divino[68]. Assim, o "princípio da

---

[67] "A autoridade pública que comanda, que determina e que dirige o que cada membro deve fazer para atingir a finalidade dessa sociedade. Esta autoridade pertence originária e essencialmente ao próprio corpo da sociedade, ao qual cada membro está submetido e pelo qual cedeu os direitos recebidos da natureza, de conduzir-se em todas as cousas segundo seu entendimento e sua própria vontade e de fazer justiça por si mesmo." (VATTEL, Emer de. *O Direito das Gentes*. p. 32.)

[68] "Essa concepção do Direito Natural é muito diversa da dominante a partir do Renascimento, desde Hugo Grócio e seus continuadores, os quais converteram o Direito Natural em verdadeiro *código da razão*, capaz de conter *a priori* soluções

'transcendência', que erigia uma instância exterior e superior ao corpo social como depositário de todo saber e de todo poder, dá lugar a um princípio de 'imanência', que torna os homens donos de seus próprios destinos"[69]. Em última instância, a soberania do Estado era produto da razão dos homens que o compunham, detentores estes de direitos naturais como a liberdade e a propriedade, alicerces sobre os quais o ente político era erguido.

Vattel relaciona a soberania à figura da autoridade, ainda não em uma construção tão abstrata quanto será construída no Século XIX, mas já se verifica que alguém dotado de autoridade do Estado terá o exercício da soberania. Este poder é estabelecido em um contrato social hipotético, uma vez que segundo o autor, "corpo da sociedade não retém sempre para si essa autoridade soberana; ele frequentemente toma a decisão de confiá-la a um senado ou a uma única pessoa. Este senado ou esta pessoa então se torna o soberano"[70]. Esta autoridade como o órgão centralizador que exerce o poder de criar o Direito positivo se coaduna com a artificialidade hobbesiana, rompendo com a concepção medieval de direito emitido pela comunidade[71].

Destaca-se ainda a empírica e breve constatação de Hume, ao

---

adequadas para todos os problemas jurídicos emergentes da experiência concreta". (REALE, Miguel. *Filosofia do Direito*. Vol. 2. 7ª ed. São Paulo: Saraiva, 1976, p. 552.).

[69] CHEVALLIER, Jacques. *O Estado Pós-Moderno*. Trad. de Marçal Justen Filho. Belo Horizonte: Fórum, 2009, p. 14.

[70] VATTEL, Emer de. *O Direito das Gentes*. p. 32.

[71] Alceu Amoroso de Lima fornece interessante observação sobre esta questão: "O conceito de soberania, típico dos tempos modernos, o preparador da cisão entre a ordem jurídica e a ordem moral e religiosa era estranho ao espírito medieval. Quando ele surgiu, nos séculos XII e XIII, já trazia consigo uma nova concepção do direito, que representava certa revivescência do conceito romano e anunciava a idéia moderna do direito, como fruto de uma autoridade determinada, dentro do Estado e da comunidade. O conceito medieval de Direito considerava a comunidadecomo fonte jurídica por excelência. A maior e mais rica fonte do direito era o costume. O costume tinha força de lei. Da natureza da sociedade emanava a sua própria lei. Se esta dominava a vida social, se o direito regulava todas as suas faces, se coordenava todas as atividades, desde o âmbito da família e da vida biológica, até os mais altos interesses do Estado e do bem comum – se a supremacia do direito não lhe era a base da sociedade medieval, é que o direito não lhe era imposto e sim dela nascia. E o direito era tudo menos essa expressão de individualidade, que nele enxergam até hoje os próceres modernos do materialismo jurídico." (LIMA, Alceu Amoroso. *Introdução ao Direito Moderno*. 4. ed. Rio de Janeiro: Loyola, 2001, p. 85.).

criticar a abordagem contratualista que levaria a um resultado de que a soberania seria fruto da vontade popular, resultando em uma igualdade política entre os indivíduos[72]. Para este filósofo escocês, os direitos inerentes ao homem que estaria em condição de romper o pacto caso o soberano não cumprisse sua parte no acordo seria absurda, desta forma, o súdito não teria qualquer direito de resistência.

Nesse contexto, o pensamento dos autores apresentados forma o que Ferrajoli identifica como a primeira aporia da história da soberania: o seu fundamento jusfilosófico legitima o direito positivo, que ao mesmo tempo nega o fundamento na prática. Em Hobbes, apesar de o Estado ser uma criação com bases em um direito natural, o naturalismo é negado na instituição do soberano, uma vez que todo o direito por ele emitido não tem sua validade questionada por atender ou não a um direito natural anterior à sociedade civil. Da mesma forma, tanto as doutrinas do liberalismo de Locke e Rousseau formam um Estado que tem sua finalidade na preservação dos direitos naturais, pois respectivamente, podem legitimar um poder político existente, já que não atendem a todos de forma equânime, ou ainda serem limitados em nome de uma vontade geral.

1.2 Soberania e constitucionalismo: mitigação interna

A soberania no final do Século XVIII continuou como um elemento componente do Estado para as teorias políticas. Todavia, sua origem gradativamente se modificou e os ideais da Revolução Francesa de 1789 consolidaram a ascensão do poder político do povo em substituição ao poder político do monarca. É inegável que a burguesia teve um papel fundamental na transferência da titularidade da soberania. Agora sendo a soberania um poder do coletivo, a burguesia teria um efetivo controle sobre os mecanismos

---

[72] "Segundo esses filósofos, o fundamento da autoridade de todo e qualquer governo; e tal é o direito à resistênciaque pertence a todo e qualquer súdito. Mas se os que assim argumentam passeassem seu olhar pelo mundo inteiro, nada encontrariam que tivesse menor relação com suas idéias, ou pudesse justificar sistema tão apurado e filosófico. Pelo contrário, em toda parte encontramos príncipes que consideram seus súditos como sua propriedade, e afirmam seu direito independente à soberania, baseado na conquista ou na sucessão". (HUME, David. *Ensaios Morais, Políticos e Literários*. São Paulo: Abril Cultural, 1973, p. 226)

de poder do Estado. Este controle não era somente pelo exercício dos direitos políticos, mas também pela oposição de direitos individuais, que limitavam a expressão da soberania interna.

Importante observação faz André Maurois que "o sufrágio não era universal; só votavam os cidadãos ativos, isto é, os contribuintes. A revolução se apoiava na força popular, mas a Constituição era burguesa"[73]. France Farago neste mesmo raciocínio considera que "a Revolução Francesa modificará o curso da doutrina da soberania atribuindo-a a nação representada no Parlamento por deputados isentos de qualquer mandato imperativo, todo deputado representando o conjunto da nação"[74]. Jorge Reis Novais[75] destaca a racionalidade justificadora deste poder político do povo, de forma que o governante do Estado deveria exercer seu poder em função da garantia a certos direitos fundamentais.

A ideia de transferência do poder da soberania do governante para o povo é observável na França no fim do Século XVIII, ainda que, na análise de Tocqueville[76], a Revolução tenha fracassado em abolir a desigualdade na liberdade política. Ainda que a história dos anos posteriores à Revolução mostrasse que o germe do autoritarismo não estava totalmente abolido, a justificativa para a consolidação e manutenção do poder já estava modificada.

O Comitê do Terror dos anos de 90 daquele século, comandado por Maximilien Robespierre, o senhor da França naquele tempo[77] e,

---

[73]MAUROIS, André. *História da França.*Trad. Godofredo Rangel. São Paulo: Cia Editora Nacional, 1950, p. 292.

[74] FARAGO, France. *A Justiça.* Trad. de Maria José Pontieri. Barueri: Manole, 2004. p. 174.

[75] "As Revoluções liberais opunham agora o governo da Razão, a soberania da vontade geral expressa no Parlamento através de normas gerais e abstratas,ou seja, a racionalização do Estado em função da garantia dos direitos fundamentais do homem". (NOVAIS, Jorge Reis. *Contributo para uma Teoria do Estado de Direito.* Lisboa: Almedina, 2006, p.44.)

[76] Em seu discurso na Assembleia Constituinte em 12 de setembro de 1848, Tocqueville, como deputado, observou que: "A Revolução Francesa quis que os cargos públicos fossem iguais, realmente iguais para todos os cidadãos, mas fracassou; os cargos públicos continuam sendo, em muitos aspectos, desiguais". (TOCQUEVILLE. Alexis. *Igualdade Social e Liberdade Política.* Trad. Cícero Araujo. São Paulo: Nerman, 1988, p. 103.).

[77] "Robespierre era capaz de comandar e organizar. A obstinação de seu caráter, funesta na paz, fazia dele um bom chefe de guerra. Ao assumir o poder, encontrara toda a Europa voltada contra a França e dois terços da França contra a Junta, e em seis meses restabelecera a ordem.[...] Robespierre tornou-se o senhor da França.Os

posteriormente, a ditadura e império de Napoleão Bonaparte nos quinze primeiros anos do Século XIX demonstram que as garantias constitucionais da soberania popular na prática sofriam oscilações.

Está presente também em Immanuel Kant a titularidade da soberania no elemento humano do Estado. Kant entendia o Estado como a união das pessoas[78] que compunham o corpo político sob a égide do direito por este emitido. Já estava no pensador a ideia de que o fundamento de legitimidade do Estado estava no coletivo[79] e deste o poder era emanado, não mais da pessoa do governante.

Ferrajoli explica esta variação da soberania e sua relação com a identidade do Estado, em que a soberania sempre representou um símbolo absolutista, desde a personificação na pessoa do governante até a construção do Estado como pessoa abstrata que se reconhecia como o próprio poder soberano[80].

O surgimento do Estado-pessoa e o processo de abstração da pessoa do Estado surgida no século XIX são fundamentais para compreender o Direito Internacional em um mesmo sistema que o

---

técnicos da Junta desapareciam em face do ditador, em quem triunfavam o terror e a virtude". (MAUROIS, André. *História da França.*Trad. Godofredo Rangel. São Paulo: Cia Editora Nacional, 1950,pp. 320-321.).

[78]Sobre a comunhão das vontadesindividuais, observa Balogunque "An alternative to realism is a frame of mind that acknowledges the interdependence,if not the communality (or "common destiny") of the human race. In Kant's theory of reason, everything is connected with everything else in the observable world. On the face of it, Kantian rationalism provides the individual an opportunity to evade restrictions that the sovereign state places on his/her liberty." (BALOGUN, J.M. *Hegemony and Sovereign Equality: the Interest Contiguity in International Relations Springer.* p.32).

[79] "A State (civitas) is the union of a number of men under judicial Laws. These Laws, as such, are to be resgarded as necessary à priori, – that is, a following of themselves from the conceptions of external rights generally, – and not a merely established by Statute. The form of the State is thus involved in the Idea of the State, viewed as it ought to be according to pure principles of Right; and this ideal form furnished the normal criterion of every real union that constitutes a Commonwealth." (KANT, Immanuel. *The Philosophy of Law.* Trad. W. Hastie. Edinburgh: T&T. Clark, 38 Georg Street, 1887.p. 165.).

[80] "Esta sempre foi uma metáfora antropomórfica de cunho absolutista, mesmo na mudançadas imagens de Estado, à qual de tempos em tempos foi associada e que ela mesma gerou: desde a idéia da soberania como atributo do princeps (príncipe) às concepções jacobinas, organicistas e democráticas antes da soberania nacional e depois da soberania popular, até a doutrina juspublicista, vigente no Século XIX, do Estado-pessoa e da soberania como atributo ou sinônimo do Estado" (FERRAJOLI, Luigi. *A Soberania no Mundo Moderno,* p. 2.)

Direito Interno, o que culminaria com o desenvolvimento da doutrina voluntarista que fundamentava o Direito Internacional como resultado de um produto da vontade comum dos Estados.

A primeira aporia de Ferrajoli, filosófica, se demonstra com o caráter de personificação que a soberania representava na Idade Moderna como uma forma de justificar o poder. A soberania assim seria uma consequência do Direito Natural, provenientes de uma concepção transcendental e imutável que estaria acima do Direito Positivo do Estado. Assim, se o governante era o soberano, esta característica era proveniente do Direito Natural que conferia a tal pessoa do direito de reger o Estado. A concepção de soberania na Idade Moderna foi sofrendo transmutações até se vir transferida do regente ao povo no fim do Século XVIII.

Esta transferência de titularidade da soberania, ou conforme a análise de Luhmann[81], o aumento da complexidade que fez surgir novas formas de organização da soberania, se observa em decorrência da oposição de direitos ao poder do Estado, estabelecendo limites à sua atuação. Nas revoluções liberais do final do Século XVIII[82], o constitucionalismo representa não somente uma garantia de tais direitos, mas também a fragmentação da soberania interna.

O termo constitucionalismo, no sentido destacado por Francis Hamon, é "a ideologia que almeja organizar o poder para preservar a liberdade, notadamente por meio da separação dos poderes e da

---

[81] LUHMANN, Niklas. *Legitimação pelo Procedimento*. Trad. Maria da Conceição Côrte-Real. Brasília, Editora da Universidade de Brasília, 1980, p. 128.

[82] Tanto a Independência norte-americana quanto a Revolução Francesa proporcionaram o fortalecimento do constitucionalismo como o fenômeno normativo que era capaz de proteger os direitos individuais. Estes direitos correspondiam aos direitos naturais do plano filosófico liberal, sobretudo defendidos por John Locke. Apesar das diferentes motivações e resultados, as duas revoluções apresentavam semelhantes características. Conforme identifica Douzinas, "a Declaração Francesa e a Declaração de Direitos norte-americana possuem muitas semelhanças, que podem ser atribuídas às influências filosóficas comuns nos dois lados do Atlântico. Os dois documentos proclamam seus direitos como sendo universais e inalienáveis. Ambos afirmam que limitações e restrições ao exercício dos direitos devem ser introduzidas por meio de leis elavoradas por entidades democraticamente eleitas. [...] As revoluções estavam unidas em seu compromisso retórico (pelo menos) a um sistema político que garante liberdade e igualdade" (DOUZINAS, Costas. *O fim dos direitos humanos...*, p. 100.).

representação"[83]. A Constituição do século XVIII para este autor poderia ser vista assim por um caráter político, legitimando e organizando o poder, e um caráter jurídico, fundamentando a ordem jurídica, enunciando diretrizes e definindo competências por meio da instituição de órgãos de Estado. A vontade do governante não seria necessariamente uma vontade sua, mas sim uma vontade do Estado enquanto no exercício de sua função.

A título de comparação, não se pode afirmar que nas organizações políticas da Antiguidade, a concepção de separação do poder existia, conforme o constitucionalismo moderno inaugura[84]. Apesar de exercido por pessoas separadas, como na Roma Antiga, as funções não eram tão bem delimitadas a ponto de se evitar suas funções cumulativas. Em outras palavras, apesar do compartilhamento do poder antes do constitucionalismo, não havia uma distribuição de competências de forma se almejar um equilíbrio de poder.

O caráter jurídico da soberania se forma separado do político, provocando uma profunda transformação na estruturação social por meio da normatividade de direitos fundamentais a todos que compõem a sociedade, impondo à soberania interna uma obrigação negativa, possibilitando com isso uma vinculação entre o poder político e o Direito. Nesse sentido, o fenômeno constitucional provocou um abalo no poder soberano em âmbito interno.

Esse abalo se dá principalmente pela limitação imposta à atuação do governante que não sendo mais o titular da soberania, ainda detinha seu direito de exercício. Estes limites não são apenas políticos como também jurídicos, constituindo um Estado de legalidade no qual os procedimentos de criação do direito estariam submetidos à forma determinada pela Constituição ou algum documento jurídico que cumprisse tal função.

A justificativa para esta limitação do poder soberano em relação aos direitos individuais encontrava respaldo no jusnaturalismo[85],

---

[83] HAMON, Francis; TROPER, Michel; BURDEAU, George. *Direito Constitucional.* 27ª ed. Trad. Carlos Souza. Barueri: Manole, 2005, p. 42.

[84] CREVELD, Martin von. *Ascensão e Declínio do Estado...,* p. 35.

[85] "Quando as Constituições do liberalismo e as respectivas Declarações de Direitos consagram as liberdades individuais tal não significa que o poder soberano concede direitos aos particulares, mas tão só que reconhece juridicamente os direitos

constituindo ideologia do liberalismo. A substância teórica é encontrada principalmente John Locke, para o qual a única razão de ser do Estado seria a preservação do seu direito natural de propriedade, e por consequência à própria liberdade do indivíduo.[86]

O direito natural assim poderia ser invocado como uma oposição à tirania, condicionando a licitude da atuação do poder soberano ao respeito aos direitos naturais.

O clamor por esta não violação destes direitos era novamente o uso do jusnaturalismo para justifica uma exigência política. Ao mesmo tempo em que servia para legitimar o absolutismo como resultado do exercício da soberania em Bodin e Hobbes, o jusnaturalismo era invocado para combater este regime político, como em Locke e em Rousseau. Mesmo com o caráter revolucionário e opositor que o caracterizava, este direito natural transforma-se regularmente em conservador uma vez que tenham prevalecido as classes sociais cujo interesse sustenta. Conforme apontado por Ross, "não há ideologia que não possa ser defendida recorrendo-se à lei natural"[87]. Neste sentido, a limitação do poder soberano interno do Estado era também uma exigência política de determinada classe, que também se apropriavam do jusnaturalismo para tal defesa. Michel Miaille, ao desmistificar o direito natural, explica o direito esta concepção é meramente um produto de convenções culturais humana, não sendo nada além de uma retórica legitimadora do poder posto.[88]

É possível perceber a demonstração da primeira aporia em que a

---

originários dos homens e os proclama solenemente com a finalidade de melhor os garantir" (NOVAIS, Jorge Reis. *Contributo para uma Teoria do Estado de Direito*, p. 77.).

[86] "O motivo quer leva os homens a entrarem em sociedade é a preservação da propriedade; e o objetivo para o qual escolhem e autorizam um poder legislativo é tornar possível a existência de leis e regras estabelecidas como guarda e proteção às propriedades de todos os membros da sociedade" (LOCKE, John. *Segundo Tratado Sobre o Governo*. São Paulo: Abril Cultural, 1979, p. 121.)

[87] ROSS, Alf. *Direito e Justiça*. São Paulo: Edipro, 2005, p. 304.

[88] "Nesse sentido, a expressão direito natural já não é de todo exacta. Pela contrário, mesmo, o direito, mal designado por natural, é resultado de convenções humanas, uma produção cultural, portanto. O direito como a moral ou a religião são justamente o que separa o homem da natureza, o que o faz passar do universo natural (o estado de natureza) ao universo cultural (o estado civil segundo a linguagem do século XVIII, quer dizer, o estado político)" (MIAILLE, Michel. *Introdução Crítica ao Direito*. 3 ed. Trad. Ana Prata. Lisboa, Editorial Estampa, 2005, p. 259)

soberania se construiu pelo jusnaturalismo como uma metáfora do Estado moderno. A construção teórica do direito natural tinha uma intenção de legitimar determinado regime político ou uma ideologia com o poder soberano. Em concordância com a busca metafórica para o Estado moderno, "o nobre manto do direito natural foi utilizado no decorrer do tempo para defender todo tipo concebível de exigências, que surgem, evidentemente, de uma situação vital específica ou que são determinadas por interesses de classe econômico-políticos"[89].

Apesar do distúrbio teórico do direito natural, o mito construído serviu ao menos para fomentar o constitucionalismo no Século XVIII, representando importante avanço para combater o uso da força indiscriminada pelo Estado em seu âmbito interno, uma vez que a proteção aos direitos fundamentais o que legitimava uma soberania popular, ou ao menos, desvinculada da personificação do Leviatã.

Uma vez que o homem era detentor de direitos naturais, uma intervenção abusiva do Estado seria um ilícito natural. As Constituições neste sentido expressavam o direito positivo que protegia estes direitos naturais individuais. A soberania manifestada no Estado Moderno se transformou de uma concepção absolutista a um poder coletivo que culminou no regime democrático[90] e consequentemente no Estado de Direito. E a noção de Estado de Direito, ao menos em sua manifestação inicial, é vinculada à emergência do constitucionalismo.

O surgimento do constitucionalismo está intrinsicamente relacionado ao aumento da complexidade das relações sociais na modernidade; todavia, como anteriormente mencionado, não é de um momento teórico (e empírico, porque não) ao Estado moderno. A modernidade, em conformidade com os estudos de Luhmann, é

---

[89] ROSS, Alf. *Direito e Justiça...*, p. 302.

[90] "Cada forma histórica do Estado Moderno é uma pausa no processo incessante da soberania – o que quer dizer das aspirações coletivas – gravitando constantemente no sentido de uma satisfação cada vez mais completa de interesses e aspirações, tendendo indefinidamente a realizar o tipo ideal da Democracia pura que é aquela na qual a sociedade se realiza como ordem jurídica, com perfeita correspondência entre o sistema dos processos sociais e o sistema das normas jurídicas, com funcionalidade cada vez mais acentuada entre o poder e a regra jurídica, a soberania e a positividade do Direito" (REALE, Miguel. *Teoria do Direito e do Estado*. 5ª Ed. São Paulo: Saraiva, 2000, p. 137.)

caracterizada pela autonomia da linguagem nos sistemas funcionais. Todavia, a autonomia do direito é tardia; apenas no final do Século XVIII é possível observar a diferenciação funcional entre Direito e Política[91].

Segundo Marcelo Neves, "a Constituição em sentido moderno pressupõe precisamente a distinção clara entre o normativo e o cognitivo no contexto da positivação do direito"[92]. Deste modo, o Direito deve ser autonomamente capaz se transformar por meio de decisão, o que somente é possível com a diferenciação funcional entre Direito e Política.

Nesse aspecto, a Constituição moderna pode ser caracterizada normalmente como normativa (mas não em todos os países em razão e algumas insuficiências, como o Brasil). As Constituições são normativas em razão da conjugação de três fatores: (i) composição por normas jurídicas que indicam a diferenciação funcional entre Direito e Política; (ii) vinculação jurídica do poder e; (iii) controle da Política pelo Direito[93].

Tais características são importantes no pensamento de Neves e se coaduna com sua reinterpretação da classificação das Constituições de Loewenstein[94]. Em um caráter moderno, a Constituição pode ser compreendida em um conceito sistêmico-teórico, segundo o qual as normas que a compõe funcionam como "expectativas de comportamento congruentemente generalizadas e estabilizadas em termos contrafáticos"[95].

Do mesmo modo, a positivação do Direito – e sua possível diferenciação funcional da Política – está associada à emergência da Constituição em sentido moderno. Na teoria dos sistemas, Neves explica que a Constituição tem a função, no sistema jurídico, de impedir seu bloqueio pela a ingerência de expectativas de comportamento geradas fora de si próprio. Neves caracteriza então esta função como "princípio da não-identificação" (*Prinzips der Nicht-*

---

[91] NEVES, Marcelo. *Transconstitucionalismo*. São Paulo: Martins Fontes, 2009, p. 23

[92] NEVES, Marcelo. *Transconstitucionalismo*. São Paulo: Martins Fontes, 2009, p. 21.

[93] NEVES, Marcelo. *Transconstitucionalismo*. São Paulo: Martins Fontes, 2009, p. 21.

[94] LOEWENSTEIN, Karl. *Teoría de la Constitución*. Traducción por Alfredo Gallego Anabitarte. Barcelona: Editorial Ariel, 1979, p. 216-222.

[95] NEVES, Marcelo. *Constituição e Direito na Modernidade Periférica*: uma abordagem teórica e uma inrepretação do caso brasileiro. Tradução de Antonio Luz Costa. São Paulo: Martins Fontes, 2018, p.66.

Identifikation), com base na ideia de "não-identificação (do Estado) " de Herbert Krüger[96]. Este princípio da não-identificação, para a Constituição, "significa a não identificação com concepções abrangentes de natureza religiosa, moral, filosófica ou ideológica"[97].

Neves relaciona três aspectos ao princípio da não-identificação na Constituição moderna: (i) direitos fundamentais; (ii) divisão de poderes e; (iii) eleições democráticas[98]. A não-identificação, todavia, depende da devida funcionalidade sistêmica. Neste aspecto, é preciso uma devida positivação do Direito para a autonomia funcional e, portanto, para uma Constituição que devidamente sirva como acoplamento estrutural entre Direito e Política[99].

A Constituição moderna, que pode ser caracterizada por normativa, é presente na realidade de Estados constitucionais da América do Norte e da Europa Ocidental[100]. Nos países da modernidade periférica[101], como o Brasil, a Constituição tem uma funcionalização deficiente no sistema jurídico, o que acaba impactando na reflexão acerca da segunda aporia de Ferrajoli. Assim, apesar da transformação da soberania no âmbito interno pelo constitucionalismo, esta transformação se deu de modo altamente diferente (e deficitária) em países de modernidade tardia.

É preciso compreender a reinterpretação que Marcelo Neves faz de Karl Loewenstein para entender a diferença da fragmentação (ou não) da soberania política no âmbito interno com o constitucionalismo moderno.

Segundo Neves, as Constituições podem ser compreendidas em três espécies, a depender da função de bloqueio de expectativas de fora do sistema jurídico que elas desempenham: (i) Constituição normativa (*normative Verfassung*); (ii) Constituição nominalista

---

[96] Ibidem, p.70. Ver também nota de rodapé 54.

[97] Idem.

[98] Ibidem, p. 71.

[99] "Esse acoplamento estrutural concretiza-se e realiza-se mediante procedimentos constitucionalmente instituídos, a saber, os judiciais, os administrativos, os legislativos-parlamentares, os eleitorais e os democráticos diretos [...] Dessa maneira, há uma legitimação política (democrática) do direito e e uma legitimação política (rule of law) da política" (NEVES, Marcelo. *Transconstitucionalismo...*, p. 57).

[100] NEVES, Marcelo. *Constituição e Direito na Modernidade Periférica...*, p. 75.

[101] Segundo Neves, "a modernização periférica pode ser compreendida como integração subordinada de um país na sociedade mundial, sob a proteção do respectivo sistema político-jurídico regional" (Ibidem, p. 104-105).

(*nominalistischen Verfassung*) e; (iii) Constituição instrumentalista (*instrumentalistischen Verfassung*).

A Constituição normativa é caracterizada por ter seu texto constitucional (*Verfassungstext*) correspondente à uma normatividade constitucional específica (*spezifische Verfassungsnormativität*). Sua principal característica "é que ela atua de forma efetiva como um subsistema internamente diferenciado no sistema jurídico já socialmente diferenciado"[102]. A Constituição normativa, como característica de reflexividade do sistema jurídico, impede a determinação deste por outros sistemas sociais, sobretudo a Política. Deste modo, a Política somente influencia o Direito por meio de normas jurídicas. Assim, a Constituição normativa é condição necessária para a autodeterminação do Direito por meio da positividade[103].

A Constituição normativa, segundo Neves, é a que corresponde ao modelo presente geralmente nas democracias da Europa Ocidental e da América do Norte, em razão dos pressupostos de sua concretização[104], ou seja, onde é possível a positividade do Direito como fator para sua autodeterminação. A positividade do Direito, com base na teoria dos sistemas de Luhmann, significa que "a manutenção/alteração do sistema jurídico não resulta diretamente das determinações do ambiente, mas de seus próprios critérios, operações e elementos"[105]. A grande diferença entre a Constituição normativa em relação às outras duas espécies é justamente a função de positividade do sistema jurídico.

A Constituição nominalista é caracterizada sobretudo pela função simbólica de seu texto constitucional. Apesar do simbolismo ser também uma característica da Constituição normativa, em Constituições nominalistas falta normatividade ao texto constitucional de modo tão amplo que é sua função simbólica que se destaca em comparação à sua função normativa[106]. Algumas Constituições brasileiras, como a de 1988, são Constituições nominalistas.

Diferentemente do que Loewenstein compreende pelo

---

[102] NEVES, Marcelo. *Constituição e Direito na Modernidade Periférica...*, p. 89.
[103] Ibidem, p. 90.
[104] Idem.
[105] Ibidem, p. 41.
[106] Ibidem, p. 91.

significado de Constituição nominalista, como uma função educativa para o povo do Estado, Neves entende que na verdade esta espécie de Constituição "cumpre uma função ideológico-legitimadora (quer dizer, aqui, uma função-álibi) –, à obstrução da via de transformação da sociedade"[107]. Não é uma pretensão de gradativa transformação social; é sim, antes de tudo, a manutenção do atual estado de desigualdade e atraso promovida por grupos de privilegiados, revestida de um retórico discurso de promoção democrática.

De modo semelhante às Constituições normativas, as Constituições nominalistas também contêm aqueles três aspectos inerentes ao princípio da não-identificação: direitos fundamentais, divisão dos poderes e previsão de eleições democráticas. Do mesmo modo, o projeto constitucional pode ser o da promoção de um Estado de Bem-Estar Social[108]. A diferença está nas precondições normativas para a positivação, que devido à enorme discrepância entre o texto constitucional e sua aplicação (*Anwendung*) ou observância (*Befolgung*) no processo de concretização[109].

A caracterização de uma Constituição como nominalista indica que há insuficiência de condições para que a Constituição, funcionalmente, exerça o acoplamento estrutural entre Direito e Política e consiga bloquear a reprodução de expectativas produzidas fora do Direito dentro do sistema jurídico. Há, portanto, o impedimento da reprodução autopoiética no sistema jurídico. Assim, o sistema jurídico de países com Constituição nominalista é caracterizado por ser alopoiético: "o texto constitucional tem, primariamente, função político-ideológica"[110].

A terceira espécie é a Constituição instrumentalista. Nesta categoria, as Constituições são usadas como mero instrumento. Aqui também cabe a ressalva de que as Constituições normativas são também um instrumento da política. Todavia, as Constituições normativas são um meio de controlar a atividade política. O que é bastante diferente do sentido que Neves denomina por Constituição instrumentalista. Nestas, "os detentores do poder utilizam os textos ou leis constitucionais como puros meios de imposição da dominação, sem estarem vinculados normativamente a esses

---

[107] Ibidem, p. 92.
[108] Idem.
[109] Ibidem, p. 93. Ver também Capítulo III.
[110] Ibidem, p. 93.

dispositivos"[111].

Essas Constituições denominadas como instrumentalistas são típicas de Estados autoritários ou totalitários. Não desempenham função alguma de reflexividade no sistema jurídico. Assim, a Constituição não transforma os processos decisórios da Política para o Direito.

Neste sentido, o Direito não controla a política por meio da Constituição; ao contrário: a Constituição é instrumentalizada para reafirmar o controle da Política sobre o Direito, não importando a diferenciação funcional. Conforme observa Neves, a consequência imediata da Constituição instrumentalista é a ausência de positividade do direito, o que leva a um elevado grau de insegurança jurídica[112].

Evidentemente, como mesmo menciona Neves, a classificação não é estanque. São tipos ideais. Na caracterização de cada Constituição é possível mensurar graus de normatividade, nominalismo e instrumentalismo[113]. Ao se analisar em cada caso, é possível caracterizar cada uma das Constituições, nesta classificação de Neves, de acordo com a amplitude de uma característica em relação às outras. Por exemplo, ao se pensar a Constituição de 1988 do Brasil, país da Modernidade Periférica, sua característica nominalista, enquanto Constituição-álibi, predomina sobre sua normatividade e seu instrumentalismo.

Essas considerações gerais acerca da mitigação da soberania pelo Constitucionalismo servem para levar à ideia de que o Constitucionalismo sim pode ser um movimento antagônico ao fortalecimento interno da soberania enquanto categoria política. Todavia, a visão de Ferrajoli precisa ser observada com alguns pormenores, como a proposta de se pensar que em nem todos os países a Constituição (e porque não, seu constitucionalismo) tem a função de bloquear as interferências externas no sistema jurídico. Mesmo com tal finalidade, o constitucionalismo nos países da chamada Modernidade Periférica precisa ser analisado de modo cuidadoso, uma vez que a segunda aporia funcionará diferentemente com eles.

---

[111] Ibidem, p. 93-94.
[112] Ibidem, p. 96.
[113] Idem.

1.3 Soberania e voluntarismo: fortalecimento do âmbito externo

Ao mesmo tempo em que a soberania em seu caráter interno era enfraquecida por um suposto limite à atuação do governante, se submetendo ao Direito[114], externamente a soberania progredia em seu fortalecimento, já que a ideia de titularidade do poder pelo povo desempenhava uma função de enaltecer o Estado perante outros Estados, o que iniciaria o processo de nacionalismo no Século XIX.

É difícil precisar o início e o fim do arcabouço cultural Século XIX. Assim como os últimos três séculos anteriores, o XIX foi um caldeirão no qual fervilhavam novas ideias e novos conceitos, desenvolvimento de novas tecnologias. Foi o século em que certas tecnologias revolucionárias mudariam para sempre o mundo e consequentemente o que se concebe por Estado e sociedade[115].

O aprimoramento das telecomunicações modificou a comunicação entre pessoas e entre Estados, agilizando a troca de informações; a descoberta da manipulação da eletricidade determinou o desenvolvimento de novas tecnologias e a invenção da lâmpada possibilitou que o ser humano vencesse a noite e estendesse suas atividades.

O voluntarismo foi amplamente divulgado neste século como consequência da cultura de fortalecimento do Estado. As doutrinas que enaltecem o Estado e a lei surgem como resposta aos acontecimentos turbulentos do final do Século XVIII. Seja na forma

---

[114] "O impulso para a legislação nasce da dupla exigência de pôr ordem no caos do direito primitivo e de fornecer ao Estado um instrumento eficaz para a intervenção na vida social". (BOBBIO, Norberto. *O positivismo jurídico*. São Paulo: Ícone, 1995, p. 120.)

[115] "From the beginning, though, much of modern – meaning, in this context, post-1800 – technologybore a Janus face. On the one hand, it enabled governments to cast the net of sovereignty farther, and more tightly, than ever before and thus helped them to control everything within their national borders. On the other, it tended to transcend those borders, crossing the mand turning the mintoobstacles to progress. This was because, unlike its pre-1800 predecessors, much of âmodern technology can only operate when and to the extent that, it is grouped in to systems". (CREVELD, Martin van. *The Rise and the Decline of State*. Cambridge: Cambridge: CambridgeUniversity Press, 2003, p. 378.).

em que são desenvolvidas, no Estado como resultado da mais perfeita coesão social de Hegel, do *Volksgeist* de Savigny[116] ou mesmo do nacionalismo unificador de Mancini, o Estado aparece como a mais perfeita forma de organização social que serve modelo para a forma que as demais instituições foram pensadas.

Nesse ponto se destaca a segunda aporia identificada por Ferrajoli, que diz respeito às contrárias direções tomadas pelo poder soberano no âmbito interno e no externo. Enquanto nas relações internas a soberania se enfraquece, uma vez que existe a oposição de direitos inerentes dos cidadãos ao Estado, nas relações exteriores o Estado torna-se cada vez mais soberano, no intuito de oferecer a mesma proteção aos seus cidadãos.

A soberania interna entra em colapso com o fenômeno dos direitos dos cidadãos protegidos pela legalidade do Estado, submetendo o governante à lei e a lei aos direitos fundamentais. Neste sentido, "o modelo do estado de direito, por força do qual todos os poderes ficam subordinados à lei, equivale à negação da soberania"[117]. O Estado assim se legitima com a sua personificação independente da figura do detentor do poder.

Uma decorrência da submissão do governante ao império da lei é a personalização jurídica do Estado, uma vez que a relação interna não se trata mais de súditos e soberano e sim de cidadãos e um órgão do Estado. A personalização do Estado e sua consequente partição do Poder possibilitavam a garantia dos direitos fundamentais na medida em que o Direito era produto do exercício da soberania popular por meio do Parlamento, limitando o alcance do poder do Monarca.[118] Desta forma, a soberania popular representava o início da fragmentação da soberania no sentido de atuação, mas há o seu reforço no sentido de reprodutora do Direito.

Um dos pontos mais importantes a serem destacados é que a

---

[116] "O romantismo de Savigny rejeita passo a passo a teoria de um direito natural imutável, como a de um direito positivo construído racionalmente. Se a 'consciência jurídica popular' remete ao conceito romântico de *Volksgeist* (o 'espírito do povo'), o verdadeiro 'direito natural' (do qual Savigny tona preciso que ele não tem mais, evidentemente, nenhuma relação com o sentido habitual da expressão) não é nada mais que a via histórica e espontânea do direito, que se manifesta em atos simbólicos coletivos e nos costumes." (BILLIER, Jean-Cassien; MARYIOLI, Aglaé. *História da Filosofia do Direito.* p. 191)

[117] FERRAJOLI, Luigi. *A Soberania no Mundo Moderno.*, p. 28.

[118] NOVAIS, Jorge Reis. *Contributo para uma Teoria do Estado de Direito* p. 44.

ideia de Estado se modificou após a transição entre os dois séculos. O Estado do Século XIX é ainda o Estado construído no modelo de Vestfália, porém a soberania, antes uma característica do "príncipe", ou um direito do soberano, agora é pertencente à coletividade das pessoas na melhor perspectiva de Rousseau e como um fatível resultado de insurgência da burguesia contra a monarquia absoluta.

Nas grandes guerras que dominaram o continente Europeu na segunda metade deste século consolidaram a afirmação da soberania popular e transformaram o Estado em uma pessoa abstrata que representava o coletivo e que se fechava neste mesmo coletivo. Há aqui a identificação do Estado com a nação que o constituía. O elemento político e cultural era determinante para a construção do Estado, por exemplo, nas guerras de unificação da Itália em 1850 e da Alemanha em 1870.

Isso não significa que o regime autoritário não existisse, mas a justificativa do poder era agora que o poder do governante era delegado do povo. O governante era o representante da vontade popular, que era a vontade do Estado. Pode-se justificar a legitimidade do Estado então na vontade. A vontade inclusive é o elemento determinante que fundamenta o Direito Internacional para muitas doutrinas no Século XIX. Esta doutrina seria alvo de inúmeras críticas no Século XX por autores objetivistas, como Hans Kelsen em seu curso ministrado em 1926 na Haia. Kelsen aponta desta forma um dos erros metodológicos do voluntarismo:

> Estas afirmações não são positivas, pois se a vontade é involta por essa misteriosa "vontade do Estado" é uma realidade psíquica - psicologicamente falando, como a vontade dos indivíduos - em posição contrária, se considerarmos como maleável "vontade dos Estados" como uma expressão metafórica da validade objetiva da ordem normativa que nós chamamos Estado. A existência do Estado é propriamente de um domínio dessa validade do direito.[119]

Apesar das contundentes críticas realizadas por Kelsen e os

---

[119]KELSEN, Hans. Les Rapports de Système entre droit interne et le droit international public. *RCADI*, v. 14, 1926. p. 235. No original em francês: "Ces assertions qui n'ont aucun seus positif, si l'onvoit dans cette mystérieuse "volonté de l'État" une réalité psychique – psychologiquement parlant, Il n'y a de volontés qu'individuelles – em ont au contraire un, si on considere ces mols "volonté de l'État" comme une expression métaphorique de la validité objective de l'ordre normatif quew nous appelons État. L'existence de l'État est proprement Du domaine de cette validité de droit (Soll-Geltung)".

demais objetivistas, a ideia de Estado construída no Século XIX e defendida até o meio do Século XX correspondia ao contexto da época, a formação do Estado-nação.

A soberania assim aparecia como o fator que consolidava o poder do Estado. A concepção jurídica de uma forte soberania era essencial para atender a uma política de exacerbação do nacionalismo. Os valores nacionais tanto defendidos poderiam ser somente resguardados com um Estado que detivesse um poder supremo, sem limitação alguma externa. Este poder era a soberania.

A soberania atendia assim ao princípio de que dentro de um espaço físico, o Direito do Estado imperava sobre o povo que ali estivesse. Além disso, mesmo quando os nacionais do Estado se encontravam fora deste, continuavam sob seu domínio em razão de seu vínculo de nacionalidade. Essas situações formavam algumas regras especiais de império do direito nacional para estrangeiros, mas ainda expressavam o simbolismo da soberania. Teixeira observa que "da soberania da nação resulta que um único ente resuma *in abstracto* toda a pluralidade de vontades e direitos existentes no território, permitindo, inclusive, que se estabeleça uma hierarquia qualitativa em relação àquela pluralidade de vontades e direitos"[120].

Apesar da mudança de titularidade da soberania, seu conceito de poder superior continuava em voga. O Estado ainda continuava como o detentor da soberania, independentemente da origem deste poder. As guerras napoleônicas, que abalaram a ordem europeia no início do Século XIX demonstraram como o uso da soberania nas relações internacionais poderia justificar a legitimidade do Estado francês. Há um interessante paradoxo, uma vez que a soberania francesa exaltada contribuía para a fragmentação da soberania dos Estados invadidos.

Paul Kennedy aponta este paradoxo da soberania popular da França pós-revolução. Em suas palavras:

> Com efeito, o sistema napoleônico na Europa repousava sobre uma contradição. Independentemente dos méritos ou deméritos da Revolução na França por si, uma nação proclamando liberdade, fraternidade e igualdade estavam agora - sob o comando de seu imperador - conquistando populações não francas, impondo seus

---

[120] TEIXEIRA, Anderson Vichinkeski. *Teoria Pluriversalista do Direito Internacional.*São Paulo: Martins Fontes, 2011.p. 110.

exércitos sobre elas, sequestrando seus bens, prejudicando seu comércio, exigindo elevadas indenizações e tributos, e recrutando seus jovens[121].

A percepção de que a soberania é um poder supremo do Estado passa a ser utilizado neste contexto para justificar que o poder do soberano ilimitado pode inclusive sobrepujar a soberania dos outros. Neste contexto, há um desequilíbrio entre o direito e a política, tomando esta novamente um caráter superior.

Uma das preocupações principais no Congresso de Viena de 1815 foi de estabelecer um equilíbrio entre as potências europeias. Longe ainda de constituir um caráter de igualdade entre os Estados em razão da soberania, as cinco grandes potências da época procuraram instituir uma política de equilíbrio e tal equilíbrio seria alcançado por meio do direito, no chamado Plano Pitt.[122]

Caracteriza-se assim a soberania no Século XIX como um elemento do Estado que além de reafirmar uma ideia de independência das diversas ordens jurídicas, é uma busca simbólica um equilíbrio entre as potências europeias[123].

O poder que a soberania representava no momento se coadunava

---

[121] KENNEDY, Paul. *The Rise and Fall of the Great Powers*. New York: First Vintage Books, 1989, p. 135. No original em ingles: "In effect, the Napoleonic system in Europe rested upon a contraction. Whatever the merits or demerits of the Revolution within France itself, a nation proclaiming liberty, fraternity, and equality was now – at the direction of its emperor – conquering non-French populations, stationing armies upon them, sequestering their goods, distorting their trade, raising enormous indemnities and taxes, and conscripting their youth."

[122] Segundo Magnoli, este plano "inspirava-se no método da Paz de Wesfália, mas, pela primeira vez na história, fazia do princípio do equilíbrio uma meta diplomática explícita (...). Pela primeira vez na história, esse princípio, antes de ser um resultado das circunstâncias da guerra e da diplomacia, foi transferido em programa de política externa." (MAGNOLI, Demétrio. Congresso de Viena (1814-1815). In: MAGNOLI, Demétrio (org.). *História da Paz*. São `Paulo: Contexto, 2008. pp. 96-97.).

[123] Conforme comenta José Flávio Sombra Saraiva, "Por volta de 1850, uma nova geração de estadistas europeus, sem compromissos diretos com a ordem de Viena, quis redistribuir o poder e estabelecer um novo equilíbrio: Cavour queria a Itália pesando no concerto, Napoleão III reanimou a vocação desafiadora e imperial da França, Bismark encarnou o nacionalismo alemão, enquanto a Inglaterra de Disraeli e Gladstone exerceu vigilância sobre o equilíbrio de poderes no continente". (SARAIVA, José Flávio Sombra (org.). *História das Relações Internacionais Contemporânea:* da Sociedade Internacional do Século XIX à era da Globalização. 2ª ed. São Paulo: Saraiva, 2008, pp. 49-50.)

com noção de Estado construída naquele século. Sendo que o titular da soberania era o povo, o indivíduo foi colocado como ser basilar da organização política. As liberdades clássicas reafirmavam direitos dos indivíduos perante o Estado, como uma forma de limitação à atuação este, reconhecidos nas Declarações de Direitos ou nas Constituições[124]. O Estado do Século XIX poderia se caracterizar principalmente pela possibilidade de indivíduos serem titulares de direitos fundamentais positivados e assegurados por um direito natural fundado na razão. Ou pelo menos esse era o aparate filosófico.

O movimento que irrigou as mentes europeias foi a exaltação ao Estado, desenvolvida principalmente por Hegel, que aliado à consolidação da ideia de nação como um conjunto homogêneo de culturas, culminou no fortíssimo nacionalismo. "A própria filosofia política influenciada pelo hegelianismo conduz a um verdadeiro endeusamento do Estado, vez que ele é a encarnação do espírito universal, e a mais importante das realizações do homem"[125]. Se antes havia o culto ao Estado na figura da pessoa do soberano, no Século XIX há o culto ao Estado-nação.

Uma característica importante que fundamenta o Estado do Século XIX é a racionalidade. O Estado anteriormente visto como um poder supremo decorrente de um direito transcendental do governante agora é produto de uma racionalidade que nas lições de Hegel se coaduna perfeitamente com a soberania do povo, caso seja entendido como a totalidade do Estado regido por um monarca[126].

---

[124] "Através das Declarações de Direito ou mediante consagração constitucional directa, os direitos e liberdades individuais recebem aqui (especialmente na França e nos Estados Unidos) uma protecção reforçada, na medida em que a Constituição, mais que limite dirigido ao poder executivo ou judicial – como era o caso nas concepções restritivas do primado da lei –, seimpõe globalmente a todas as funções do Estado". (NOVAIS, Jorge Reis. *Contributo para uma Teoria do Estado de Direito*. p. 51)

[125] MELLO, Celso D. de Albuquerque. *Op. cit.* p. 13.

[126] "Poder-se-á também dizer que a soberania interna reside no povo, caso se fale do todo como um absoluto, tal como antes (§§ 277 e 278) dissemos que a soberania pertence ao Estado. Mas o sentido habitual que se deu nos tempos modernos à soberania do povo é a de que ela se opõe à soberania que reside no monarca.[...] Num povo que não seja uma tribo patriarcal nem se encontre no estado de primitivismo em que as formas de democracia ou de aristocracia são possíveis, num povo que não seja um estado arbitrário e inorgânico mas esteja concebido como uma verdadeira totalidade orgânica em si mesmo desenvolvida, a soberania como

Há uma oposição de ideias entre a soberania popular do Estado liberal e a soberania popular defendida por Hegel, como pertencente ao Estado, representado na figura do príncipe. O povo somente será detentor da soberania quando governado por um monarca, pois somente com a monarquia a soberania encontra sua plenitude. A soberania pertence ao Estado e por consequência ao povo somente se houver a convergência racional da realidade na pessoa do monarca.

A própria definição de Estado em *Princípios da Filosofia do Direito* deixa muito evidente a dependência entre o conceito de Estado e a racionalidade: "O Estado, como realidade em ato de vontade que esta adquire na consciência particular de si universalizada, é o racional em si e para si: esta unidade substancial é um fim próprio absoluto"[127].

O Estado hegeliano é a mais perfeita forma de organização social, o perfeito encontro da racionalidade conjunta dos cidadãos e que desta coletividade racional, por meio de um processo de abstração, há uma transmutação em uma unidade racional, uma única consciência, um único espírito. Somente dentro deste Estado, o indivíduo consegue ter a consciência e um sentido.

Mais que uma emanação parcial de poder do indivíduo para formar o Estado, o indivíduo necessita do Estado para existir, como final do processo dialético das consciências[128].

Verifica-se na filosofia hegeliana uma dependência de um

---

personalidade do todo e na realidade conforme ao seu conceito existe como pessoa do monarca." (HEGEL, Georg. W. F. *Princípios da Filosofia do Direito*. Trad. Orlando Vitorino. São Paulo: Martins Fontes, 1997, pp 257-258)

[127] HEGEL, Georg. W. F. *Princípios da Filosofia do Direito*. Trad. Orlando Vitorino. São Paulo: Martins Fontes, 1997, p. 217.

[128] Nesse sentido, discorre Kojève sobre a dialética do processo do desdobramento da consciência em si, ou seja, o reconhecimento: "1º estágio: Ser por e para um outro (ser negativo). O Ser-para-si nega os outros; mas Ser para si é também Ser para os outros. Logo, ele nega a si ao negar o outro. 2º estágio: Ser em e para si. Negação do outro. (Ela não é absoluta. Não é o outro que é negado, mas a posição do outro no início do movimento dialético, no qual ele é puro Ser-para-si.). O homem, sendo livre e autônomo, reconhece que os outros são igualmente livres e autônomos. E, de modo inverso, ele só é livre e autônomo se for livremente reconhecido como tal pelos outros. O movimento dialético é duplo, é uma interação. É o homem social, histórico." (KOJÈVE, Alexandre. *Introdução à Leitura de Hegel*. Trad. Estela dos Santos Abreu. Rio de Janeiro: Contraponto – EDUERJ, 2002, pp.49-50.).

segundo sujeito – o outro – para que a consciência do indivíduo se forme. Dentro deste processo dialético de há uma consolidação de grupos até o final, o Estado. Por isso, não há como o indivíduo ter consciência de si fora deste processo. A liberdade individual é vinculada com a vida ética do todo orgânico, o Estado.

A soberania do Estado é decorrente desta unidade, em que os indivíduos são indivíduos por pertencerem a um Estado e um Estado é Estado por ser uma abstração construída decorrente da racionalidade total dos indivíduos. Estado e indivíduo tem uma relação de interdependência de todo e parte.

Hegel, em sua Filosofia do Direito, entende que:

> Se o Estado é o espírito objetivo, então só como membro é que o indivíduo tem objetividade, verdade e moralidade. A associação como tal é o verdadeiro conteúdo e o verdadeiro fim, e o destino dos indivíduos está em participarem numa vida coletiva[129].

O Estado formado pela vontade geral dos indivíduos adquire uma vontade própria. Esta vontade é suprema e inabalável, não se sujeitando a nenhuma outra. A própria cultura de direitos do homem e de liberdades individuais Hegel entende como dependentes do Estado.

Para Hegel, a sujeição do indivíduo ao Estado não é uma supressão de liberdade e sim a reafirmação e garantia desta, pois a liberdade sem que o fim último não seja o Estado não teria sentido algum.[130] Os direitos individuais ainda são produto da razão humana, mas esta razão é unificada pelo Estado, logo a razão de liberdades decorre da razão do Estado. Sobre isso Hegel observa que:

> A liberdade concreta consiste em a individualidade pessoal, com os seus particulares, de tal modo possuir o seu pleno desenvolvimento e o reconhecimento dos seus direitos para si (nos sistemas da família

---

[129] HEGEL, Georg. W. F. *Princípios da Filosofia do Direito*. Trad. Orlando Vitorino. São Paulo: Martins Fontes, 1997, pp. 216-217

[130] "A realização do conceito de liberdade significa que o sujeito deixa de existir como um indivíduo que se vê distinto e separado do mundo. O sujeito compreenderá o mundo objetivo em sua inteireza ao abandonar sua própria subjetividade no processo de superar a objetividade do mundo exterior. É a realização dessa condição que constitui para Hegel a efetivação final da liberdade – ao recolher o mundo em sua mente, o observador o anula como força restritiva a ele." (MACFARLANE. L.J. *Teoria Política Moderna*. Trad. Jório Dauster M. e Silva. Brasília: Editora Universidade de Brasília, 1970, p. 163.).

e da sociedade civil) que, em parte, se integram por si mesmos no interesse universal e, em parte, consciente e voluntariamente o reconhecem como seu particular espírito substancial e para ele agem como seu último fim[131].

Assim, diferentemente de Kant, Hegel submete a liberdade do cidadão ao Estado. O cidadão não forma o Estado; ao contrário, o cidadão é formado pelo Estado. A formação da cidadania assim é dada pelo Estado como expressão de sua vontade racional e de seu poder soberano absoluto; "de acordo com essa maneira de pensar, a soberania não pode deixar de ser um absoluto, pondo-se como supremacia, tanto na ordem interna como na ordem internacional"[132].

Para Dallari, "as discriminações não desapareceram na prática, mas, afirmando o princípio, iniciou-se um esforço doutrinário no sentido de efetivar, em termos jurídicos, a extensão plena da cidadania"[133]. Mesmo que ainda as liberdades fundamentais não se aplicassem ao povo, à massa popular, ainda sim as ordens jurídicas asseguravam tais direitos subjetivos à burguesia. O poder popular era um potente ópio para intensificar a justificação de soberania.

1.4 Soberania e nacionalidades

A ideia de nação se associou à de soberania. Assim, forma-se a nação soberana após um período de idas e vindas na busca pelo fundamento da titularidade da soberania. O conjunto das pessoas, identificadas como uma nação, agora era a detentora do poder soberano e assim o Estado dos Séculos XVIII e XIX estava constituído, mesmo com a monarquia ainda sendo a principal forma de governo.

E não somente na Europa. O Brasil, um dos dois únicos Estados a continuar como monarquia após o processo de independência, tinha o fundamento do seu poder na soberania[134]. Esta soberania do

---

[131] HEGEL, Georg. W. F. *Princípios da Filosofia do Direito.* Trad. Orlando Vitorino. São Paulo: Martins Fontes, 1997, p. 225

[132] Idem.

[133] DALLARI, Dalmo de Abreu. *Elementos de Teoria Geral do Estado.* pp. 78-79.

[134] O texto da Constituição de 1824, ao iniciar a descrição do Estado brasileiro, dispunha que "Art. 1. O Império do Brazil é a associação Politica de todos os Cidadãos Brazileiros. Elles formam uma Nação livre, e independente, que não

Império era engrandecida nas relações exteriores, entendida como um poder supremo do Estado. Mesmo que o Imperador não estivesse sujeito à responsabilidade de forma alguma, contra o restante dos Poderes do Estado, a Constituição garantia um núcleo de direitos e garantias civis e políticas. A presença desses direitos individuais decorrentes da cidadania que fundamentava este Estado-nação demonstra a forte influência jurídica e política das declarações de direito na Europa e da Constituição da Philadelphia de 1787.

Interessante notar como a Constituição norte-americana reflete o espírito da soberania popular e a inspiração nas obras de Montesquieu e dos Federalistas. Os três primeiros artigos tratam de descrever a estruturação e as competências dos poderes Legislativo, Executivo e Judiciário. O Estado se institucionaliza com o estabelecimento constitucional destes três poderes. Antecedendo estes três primeiros artigos, o preâmbulo[135] consolida a vontade dos

---

admitte com qualquer outra laço algum de união, ou federação, que se opponha á sua Independencia.". Vejam como o Estado-nação está presente. O Brasil era uma monarquia constitucional, cujo fundamento do Estado era a associação política de todos dos cidadãos brasileiros. Evidentemente a cidadania era restrita, mas assim mesmo já há a desvinculação do poder da pessoa do soberano e a conseqüente vinculação conjunto de cidadãos, o povo. Assim a soberania do Império do Brazil era fechada em uma ideia de totalidade de pessoas que possuíam o direito à cidadania. O poder era uma delegação da nação ao Imperador e ao Poder Legislativo, conforme os termos dos Artigos 11: "Os Representantes da Nação Brazileira são o Imperador, e a Assembléa Geral", e 12: "Todos estes Poderes no Imperio do Brazil são delegações da Nação." Mas ainda temos um resquício do absolutismo e um indício que a soberania popular do Império brasileiro servia como uma ficção jurídica para justificar o poder do Imperador no Artigo 99: "A Pessoa do Imperador é inviolavel, e Sagrada: Elle não está sujeito a responsabilidade alguma." Tal poder do Imperador era concedido pelo Poder Moderador para que zelasse pelo equilíbrio entre os outros poderes. Comenta Silvério Pinheiro Ferreira sobre o significado de delegação da nação presente no artigo 12, ressaltando sua função simbólica de controle social: "O que pretenderam alguns soberanos que o seo poder não he de legação nacional, prova a ignorância dos povos que os acreditam; mas também prova que, se os povos não os acreditassem, ou elles não governariam ou reconheceriam que para ser imperante não basta querer imperar, mas he preciso que aquelles, sobre quem se pretende imperar, queiram obedecer. Consiste pois a soberania do povo em querer ou não obedecer". (FERREIRA, Silvestre Pinheiro. *Observações sobre a Constituição do Imperio do Brazil e sobre a Carta Constitucional de Portugal.* 2 ed. Paris: Rey e Gravier, 1835, p. 207).

135 "Nós, o povo dos Estados Unidos, a fim de formar uma União mais perfeita, estabelecer a justiça, assegurar a tranqüilidade interna, prover a defesa comum, promover o bem-estar geral, e garantir para nós e para os nossos descendentes os benefícios da Liberdade, promulgamos e estabelecemos esta Constituição para os

constituintes, inaugurando juridicamente o Estado. Ao manter a correspondência entre a sociedade e seu texto, a Constituição norte-americana, mesmo sendo formal, recebeu fortíssimos elementos materiais no decorrer de sua história, permitindo a manutenção deste sistema constitucional.[136]

O preâmbulo transmite a ideia de um Estado com fundamento na liberdade do cidadão ao mesmo tempo em que se encontra a soberania popular[137] no campo interno, com a finalidade de promoção da justiça e de segurança interna, e de soberania externa na finalidade da defesa comum do Estado. A soberania popular é intrinsecamente relacionada à igualdade na participação política do governo, ou seja, a igualdade na liberdade política que legitima a própria soberania popular[138], condição esta inerente a uma

---

Estados Unidos da América"(tradução livre do autor). Texto original em ingles: "We the People of the United States, in Order to form a more perfect Union, establish Justice, insure domestic Tranquility, provide for the common defense, promote the general Welfare, and secure the Blessings of Liberty to ourselves and our Posterity, do ordain and establish this Constitution for the United States of America." Disponível   em <http://www.senate.gov/civics/constitution_item/constitution.htm#preamble> Acesso em 30 de julho de 2012.

[136] "O Direito Constitucional americano progrediu, de modo que a Constituição americana, embora formalmente rígida, pôde tornar-se pelo aspecto material a mais flexível das constituições escritas, escoradas no espírito orgânico e vital da sociedade. Afastou-se, assim, da rigidez formal, dos fantasmas do staredecises, do imobilismo lógico-jurídico, cuja vitória jurisprudencial teria gravemente tolhido o curso da evolução constitucional americana" (BONAVIDES, Paulo. *Curso de Direito Constitucional.* 17 ed. São Paulo: Malheiros, 2005, pp. 102-103.).

[137] "A nação americana procurava assentar sua base jurídica na idéia de representatividade popular, ainda que o conceito de povo fosse, nesse momento extremamente limitado. Já no início da Constituição encontramos a expressão: 'Nós, o povo dos Estados Unidos...'.Quem eram 'nós'? Certamente não todos os habitantes das colônias. A maior parte dos 'americanos' estava excluída da participação política. O processo de independência fora liderado por comerciantes, latifundiários e intelectuais urbanos. Com a Constituição, cada estado, por exemplo, tinha a liberdade de organizar suas próprias eleições". (KAMAL, Leandro. [et al.]. *História dos Estados Unidos.* 2 ed. São Paulo: Contexto, 2007, p. 93.).

[138] "Não é de admirar que o princípio de igualdade seja proclamado na política como valor de legitimação. A igualdade não é um valor que possa ser realizado, mas sim um princípio estrutural que procura realizar algo de duas formas: a separação dos papeis perante o meio e uma grande sinceridade e variabilidade das probabilidades de consenso no sistema". (LUHMANN, Niklas. *Legitimação pelo Procedimento...*, p. 160-161.)

democracia[139].

Conforme a explicação do significado do preâmbulo no sítio eletrônico do Senado norte americano, "o Preâmbulo explana os propósitos da Constituição e define os poderes do novo governo como originado do povo dos Estados Unidos"[140]. Neste sentido, perfaz-se a velha ideia de soberania no sentido de que nenhuma ordem jurídica a não ser a dos Estados Unidos imperará em seu território, buscando esta inspiração no modelo de Vestfália. Ao mesmo tempo, também por uma questão territorial, a soberania se manifesta de forma diferente que usualmente se manifestou na Europa.

Enquanto a soberania europeia era o produto da afirmação do poder político dentro de um território de forma que não houvesse invasão de poder além do espaço delimitado por um equilíbrio de forças, a soberania construída teoricamente pelos colonos norte-americanos era pautada em uma libertação da metrópole, construída e consolidada na prática com a guerra de independência e demais conflitos ocorridos dentro de seu território.

Nesse raciocínio, eram "modificações teóricas que, ao mesmo tempo em que defendiam ideais próprios do iluminismo francês, representavam a perda da matriz eminentemente europeia que até então sustentava a essência do conceito de soberania"[141].

A ideia de soberania decorrente do povo já era inerente ao próprio sentido do Estado que surgia naquele momento. E o instrumento que legitimava tal poder era a Constituição, responsável pela garantia dos direitos fundamentais dos cidadãos e pela

---

[139] "Pode-se imaginar que todos os cidadãos participam do governo e que cada um deles tem igual direito de participar. Ao não diferir em absoluto dos demais, ninguém pode exercer um poder tirânico; os homens serão perfeitamente livres porque são completamente iguais, e serão perfeitamente iguais porque são completamente livres. Pois bem, tal é o ideal a que tendem os povos democráticos" (TOCQUEVILLE. Alexis. *Igualdade Social e Liberdade Política...*, p. 103.).

[140] KILLIAM, Johnny H. *Constitution of the United States*. United States Preamble. 2012. Disponível em: http://www.senate.gov/civics/constitution_item/constitution.htm>. Acesso em: 11 ago. 2012. Original em inglês: "The Preamble explains the purposes of the Constitution, and defines the powers of the new government as originating from the people of the United States".

[141] TEIXEIRA, Anderson Vichinkeski. *Teoria Pluriversalista do Direito Internacional.* p. 114.

prescrição do Estado, limitando seu poder.

Essa característica de construção do Direito subordinando a atuação da autoridade pública é comum às Constituições modernas, que "são 'normativas', não simplesmente porque se compões de normas jurídicas, mas especificamente, por apontarem para a diferenciação funcional entre direito e política, implicando a vinculação jurídica do poder"[142]. Em relação à vinculação da soberania com o território, não havia ameaça de perda de espaço por outro Estado vizinho, diferentemente do que sempre ocorreu na Europa, onde o fortalecimento do poder soberano foi uma construção teórica necessária para a consolidação do poder político estatal.

A consolidação do Estado contemporâneo resultou da emanação de seu poder político e jurídico da totalidade de cidadãos e os laços de identidade entre eles serviam para completar essa relação de totalidade-identidade que é característico do nacionalismo.

Uma importante análise desta passagem faz Alain Pellet, explicando como o Estado com a soberania fundamentada na nação se coadunava com as monarquias europeias:

> Em si mesmo, o princípio das nacionalidades, que comanda a passagem do Estado senhorial para o Estado nacional, podia parecer uma ameaça para a sociedade interestatal, cujo fundamento monárquico tradicional parecia garantir sua estabilidade. Todavia, embora revolucionária, a nova ideologia da soberania nacional, nascida das revoluções americana e francesa do fim do século XVIII, não põe em causa nem o Estado soberano, nem o sistema interestatal[143].

A soberania popular não afetava o poder do Estado nas relações internacionais. Se internamente, o poder do monarca era agora originado do povo, este mesmo povo solidificava o Estado e o fortalecia perante os outros. A relação entre soberania, Estado e nação era algo muito sólido no pensamento do Século XIX. A nação, construída por uma identidade, compõe o Estado e emana o poder soberano. Se a soberania como supremacia era um poder coletivo, este coletivo formava um todo poder supremo nas relações

---

[142] NEVES, Marcelo. *Transconstitucionalismo.*p. 21.
[143]DINH, NguyenQuoc; DAILLIER, Patrick; PELLET, Alain. *Direito Internacional Público...,* p. 54.

internacionais.

Esse elemento pessoal do Estado se confunde com a ideia de nação construída. De forma servir de referencial de identidade da relação entre Estado e pessoa, a nação surge como impreciso conceito que ao mesmo tempo concebe o Estado como o conjunto de indivíduos unidos por características comuns entre eles. Além de uma demarcação territorial ou simplesmente administrativa, a ideia de nação foi determinante para a formação do ente político.

Pasquale Stanislao Mancini, jurista italiano do Século XIX, foi um grande defensor da teoria das nacionalidades. Sendo um teórico de Direito Internacional, Mancini defendia que não o Estado propriamente, mas a nação em si era o único sujeito de Direito Internacional. O fundamento de um Direito Universal seria na vontade coletiva de uma determinada nação. Mancini entendia que "o Direito não pode jamais ser um produto da nua vontade humana. Ele é sempre uma necessidade da natureza moral, a força aplicada de um princípio da ordem moral que procede de uma região superior daquela em que os homens vivem e querem"[144].

A nação era assim o conjunto de elementos naturais (raça, território, língua) e elementos históricos (tradições, leis, religião e costumes) que geravam uma determinada "intimidade peculiar de relações materiais e morais que como legítimo efeito, decorre ainda entre eles de uma comunhão de direito criada de modo mais íntimo, impossível de existir entre indivíduos de nações diferentes"[145]

Se a nação, o conjunto humano formado por tais elementos, era a espinha dorsal de uma sociedade, então os verdadeiros sujeitos de direito internacional eram as nações e não os Estados. Neste contexto, o Estado somente teria a personalidade jurídica se fosse associado à nação. A teoria das nacionalidades dizia ser correto que cada Estado correspondesse à uma nação, ou seja, para cada nação, um Estado, o que no mundo contemporâneo pouco se observa.[146]

---

144 MANCINI, Pasquale Stanislao. *Direito Internacional.* p, 52.

145Ibidem, p. 54.

146 "A pretensão de caracterizar o Estado moderno como Estado nacional baseou-se na relativa estabilidade obtida pela Europa no século XIX, com as fronteiras bem delimitadas e a nítida predominância de certas características nacionais em cada Estado. Daí a afirmação do princípio das nacionalidades, segundo a qual cada Nação deveria constituir um Estado." (DALLARI, Dalmo de Abreu. *Elementos de Teoria Geral do Estado*, p.135).

Esta construção teórica acaba incorporando à soberania a nação. Se a nação era o que determinava o Estado, era também a fonte de seu poder, ou seja, a soberania. Quem verdadeiramente detinha o poder soberano era a Nação e não o Estado sem si. Para tal concepção, a nação era indissociável da soberania. A soberania era indissociável do conjunto humano, o povo. O Estado serviria como ponto de referência simbólico[147] (como hoje ainda o é), reunindo a sociedade em uma determinada convergência de referências, ou como entende Heller, "assegura, como instância última e dentro de um território determinado, a coordenação de todos os atos sociais"[148].

Mancini ainda em suas aulas professava sobre a soberania popular, o poder do povo, que é uma decorrência conforme seu entendimento dos elos estabelecidos pela nacionalidade. Na aula inaugural na Real Universidade de Turim em 1858, comentando sobre as transformações do mundo no último século, inclusive as causadas em decorrência da Revolução Francesa, discursou que "os poderes públicos são distintos e o povo tem ampla participação na administração do Estado. Todos os privilégios foram destruídos, até o mais elevado e por séculos intacto, consagrado pelo respeito de uma grande nação". [149]

Para Alain Pellet, o princípio das nacionalidades defendido por Mancini é aquele em que "todos os indivíduos que pertencem a uma mesma nação tem o direito – mas não a obrigação – de viver no interior de um Estado, que lhes seja próprio. O Estado coincide então com uma nação e é um Estado Nacional"[150].

---

[147] "Simbolicamente, o Estado constitui mais que nunca um ponto de referência, indispensável para que os indivíduos possam se situar no tempo e no espaço [...] O Estado aparece como o guardião e o garante da perenidade de um conjunto de tradições e de valores em torno dos quais cada um pode se reconhecer e identificar" (CHEVALLIER, Jacques. *O Estado Pós-Moderno*. p. 62.)

[148]HELLER, Hermann. *La Soberania*. Trad. Mario de la Cueva. México D.F: UNAM, 1965. p. 203. No original em espanhol: "La institución estado asegura, como instancia última y dentro de un território determinado, la coordinación de todo los actos sociales".

[149] MANCINI, Pasquale Stanislao. *Direito Internacional,* p. 155.

[150]DINH, Nguyen Quoc; DAILLIER, Patrick; PELLET, Alain.*Direito Internacional Público*. p.420

1.5 A suprassoberania do Estado totalitário: o apogeu do poder político absoluto contra os direitos fundamentais

O Estado no início do Século XX chega ao seu auge de seu poderio soberano. Como consequência de uma doutrina filosófica de enaltecimento da soberania, formada pelo movimento nacionalista e de unificação que predominou a política do final do Século XIX, as relações internacionais foram caracterizadas por um solipsismo do até então único sujeito de direito internacional.

No período entre guerras as políticas nacionalistas se tornaram mais sólidas apoiadas pelas correntes filosóficas herdadas do século anterior e aprimoradas naquele início de século. Mesmo após uma tentativa de estabelecer uma organização internacional com fins de segurança geral, a Liga das Nações, a soberania ainda era tida como o fator determinante do poder externo.

O Estado enaltecido e a consequente racionalidade desenvolvida por Hegel culminaram no enlaçamento da Ética à soberania absoluta. Assim se estabelece o Estado ético do início do Século XX. Este Estado não reconhecia a separação de uma Ética do sujeito e Ética do Estado, compreendendo que apenas este último poderia ser o possuidor da Ética. Assim o Estado é um fim em si e suas ações são destinadas a um valor ético. É a eticidade do Estado como resultado do exercício de sua soberania.[151]

Não há uma pluralidade de conceitos éticos neste Estado. A ética deixa de ser formada pela razão dos indivíduos e passa a ser um comando do poder estatal. É evidente a vinculação da ética estatal ao totalitarismo. Em um regime jurídico no qual a ética é imposta, o indivíduo comum perde gradativamente sua condição humana, sua autonomia e passa a ser um produto da rotina social, uma engrenagem do grande relojoeiro, o governante do Estado.

Há um duplo caminho jusfilosófico do Estado ético. Se por um ponto de vista é um Estado de legalidade, em razão do culto à lei,

---

[151] "What Hegel gives here is a rather underdeveloped account of state regulation of the economy, but it at least serves to show that Hegel sees the solutions to the structural contradictions of civil society not in the communitarian ideals of ancient 'ethicality,' but in the regulative resources of the modern state as a distinctly modern form of 'ethicality." (ROSS, Nathan. *On Mechanism in Hegel's Social and Political Philosophy.* New York: Routledge – Taylor & Francis e-Library, 2008, p. 50).

produto da vontade do Estado na qual a lei serve como garantia única para os cidadãos, por outro ponto de vista, é um Estado fundado no direito natural, uma vez que utilizam de uma justificativa de validade do Estado em um direito além do positivo. Assim, o Estado era uma ideia suprema, que não se limitava ao direto positivo, sendo deste o senhor, transcendendo a um direito natural de uma imposição axiológica.

Observa Jorge Reis Novais que:

> Neste contexto, e mesmo quando não se perspectivava em oposição ao Estado de Direito (obviamente entendido como Estado de Legalidade ou, como era corrente na terminologia italiana da época, como "stato guirídico"), o "Estado ético" constituía-se, na teoria do Estado fascista, como conceito prioritário, susceptível de comprimir, à medida de uma natural expansibilidade determinada pela coexistência de fins próprios, qualquer ideal de limitação, ainda que apenas jurídico-formal, do Estado[152].

Verifica-se a forte influência hegeliana na ideia do Estado ético[153]. Ao atrelar a ética ao Estado, sendo este o senhor daquela, há o primeiro passo para compreender o despertar viral do totalitarismo[154], regime político posteriormente escarafunchado na

---

[152]NOVAIS, Jorge Reis. *Contributo para umaTeoria do Estado de Direito.* p. 143.

[153]Nestesentido, Nathan Ross dissertaque "The result of this text is the realization on Hegel's part that the form of ethicality represented by the modern state, with the free development of civil society, is more organic, or more pervasively integrated than the organism of ancient ethicality. Paradoxically, modern ethicality is more organic precisely to the degree that it includes the mechanism of work, explicated up to now, within its ethical structure." (ROSS, Nathan. *On Mechanism in Hegel's Social and Political Philosophy…,* p. 47).

[154] Em profunda análise sobre o tema, Hannah Arendt destaca uma concepção de movimentos totalitários, na qual está sendo geralmente baseada a ideia de totalitarismo trabalhada daqui em diante. De acordo com a autora: "Os movimentos totalitários são organizações maciças de indivíduos atomizados e isolados. Distinguem-se dos outros partidos e movimentos pela exigência de lealdade total, irrestrita, incondicional e inalterável de cada membro individual. Essa exigência é feita pelos líderes dos movimentos totalitários mesmo antes de tomarem o poder e decorre da alegação, já contida em sua ideologia, de que a organização abrangerá, no devido tempo, toda a raça humana.[...] A lealdade total só é possível quando a fidelidade é esvaziada de todo o seu conteúdo concreto, que poderia dar azo a mudanças de opinião. Os movimentos totalitários, cada um ao seu modo, fizeram o possível para se livrarem de programas que especificassem um conteúdo concreto, herdados de estágios anteriores e não-totalitários da sua evolução. Por mais radical que seja, todo objetivo político que não inclua o domínio mundial, todo programa político definido que trate de assuntos específicos em vez de referir-se a "questões

obra de Hannah Arendt. Chama-se de despertar viral do totalitarismo porque deter o pensamento ético é uma invasão mental que o Espírito do Estado realiza no Espírito humano. O Estado retira esta faculdade humana e a toma para si, destruindo a carioteca do núcleo privado do indivíduo. O Estado nesse sentido pode se transformar num monstro muito maior que o Leviatã imaginado por Hobbes.

O Estado Totalitário "pretende, com efeito, abarcar a integralidade do campo social e exercer um poder total sobre os indivíduos"[155]. O individualismo do Estado clássico perde seu sentido, uma vez que o Estado totalitário inverte a lógica do Estado Moderno, que é construído em torno da figura do indivíduo.

O totalitarismo retira a necessidade de uma concepção individual e subjetiva de indivíduo. O indivíduo apenas pode ser explicado se for concebido dentro da ideia de um organismo. De modo semelhante a uma célula que existe apenas para compor o corpo humano, o homem somente encontra sua razão de ser na vida para o Estado. A parte só é parte para compor o todo. O Estado sendo este todo, é a extensão da autonomia humana[156].

Mesmo no absolutismo hobbesiano, o homem conserva a sua individualidade[157], sendo um signatário do pacto de submissão. No

---

ideológicas que serão importantes durante séculos" é um entrave para o totalitarismo." (ARENDT. Hannah. *As Origens do Totalitarismo*. Trad. Roberto Raposo. São Paulo: Companhia das Letras, 1989. pp. 376-377.).

[155] CHEVALLIER, Jacques. *O Estado Pós-Moderno*, p. 26.

[156] "In such an ethical bond, Hegel writes, the individual has no need for individual immortality, since the on-going life of the state-organism to which he belongs gives him a true image of eternity. This passage demonstrates the particular way in which Hegel connects the political virtues of courage and self-sacrifice to an ethics of autonomy: in that the members of a organism perceive the whole as an extension of their own autonomy, the sacrifice of the self to this whole is an act of self-expression in a more complete way than the atomistic self-interests of modern individuals" (ROSS, Nathan. *On Mechanism in Hegel's Social and Political Philosophy...*, p 38).

[157] No Estado hobbesiano o indivíduo não abdica de sua noção de individualidade em favor do Estado. Ele abdica sim de direitos naturais, mas conserva minimamente alguns aspectos de sua liberdade. Hobbes explica ao escrever sobre a verdadeira liberdade dos súditos, sendo "as coisas que , embora ordenadas pelo soberano, não obstante sem injustiça recusar-se a fazer, é preciso examinar quais são os direitos que transferimos no momento em que criamos o Estado.(...) Porque do nosso ato de submissão fazem parte tanto nossa obrigação quanto nossa liberdade, as quais portanto devem ser inferidas por argumentos daí tirados, pois ninguém tem

Estado totalitário, há esta perda: o ser humano é fagocitado pela ética do Estado, estando por este limitado em sua subjetividade.

Seu próprio acreditar passa a ser o acreditar do Estado, o início da perda da característica do ser humano como ser dotado de subjetividade. A autonomia kantiana é substituída pelo homem como mera parte de um todo. Na lição de Macfarlane, o indivíduo hegeliano deve se elevar aos seus próprios interesses, devendo viver em e para a comunidade; desta forma, "o sacrifício pessoal para manter a existência independente da comunidade é, para Hegel, não apenas o dever supremo de cada cidadão, mas seu direito mais fundamental e sua mais alta distinção".[158] Não sendo mais o fim em si mesmo, o fim do homem agora é a unidade do Estado. Observa Ferrajoli que:

> As duas figuras da soberania popular e da soberania nacional, que ambiguamente ladeiam a da soberania estatal e lhe fornecem uma legitimação política ainda mais forte que as antigas fontes teológicas e contratualistas. Embora muito diferentes entre si, são expressões desta concepção, no pensamento filosófico-político, a doutrina rousseauniana e da "vontade geral" e a hegeliana do "Estado ético", que permitem conferir um valor totalitário ao antigo princípio da soberania absoluta. [159]

E continua o jurista italiano observando o culminar da legitimação desta super entidade, na qual "o povo e os indivíduos de carne e osso, que mesmo nas doutrinas contratualista liberais, e até mesmo em Hobbes, sempre mantinham uma subjetividade autônoma como partes contraentes do *pactum subiectionis*, anulam-se no Estado"[160].

Assim, como a sociedade civil organiza o indivíduo, o Estado,

---

qualquer obrigação que não derive de algum de seus próprios atos, visto que todos os homens são por natureza, igualmente livres". Hobbes esclarece sobre conservação da individualidade do súdito por meio da liberdade não ter que abdicar do mais vital direito que o soberano deve garantir: o de permanecer vivo e conservar a si mesmo. Nas palavras de Hobbes, "se o soberano ordenar a alguém (mesmo que justamente condenado) que se mate, se fira ou se mutile a si mesmo, ou que não resista aos que o atacarem, ou que se abstenha de usar os alimentos, o ar, os medicamentos, ou qualquer outra coisa sem a qual não poderá viver, esse alguém tem a liberdade de obedecer". (HOBBES, Thomas. *Leviatã.*. pp. 132-133.).

[158] MACFARLANE. L.J. *Teoria Política Moderna...*, p. 129.

[159] FERRAJOLI, Luigi. *A Soberania no Mundo Moderno.* p 29.

[160] Idem.

produto último da história humana, é a finalidade da sociedade. O indivíduo vive para o Estado, pois de outra forma não haveria razão de existir. Somente se pode pensar ser humano como ser do Estado, pois é a essência total da racionalidade humana e de sua organização racional. Em uma cadeia dialética, o Estado aparece como a racionalidade da sociedade, sendo "em sua forma e conteúdo, a instância suprema: O Estado é a verdade da sociedade"[161], a realização da razão humana na história. Na filosofia hegeliana, "o Estado outra coisa não é senão a 'síntese' lógico-ontológica da atividade estética e da atitude religiosa"[162].

O Estado ético é a forma de se conceber a unidade, conforme Hegel. Neste raciocínio, Heller leciona que o Estado hegeliano é a unidade resultante de uma vontade[163]. Heller vincula assim a supremacia da soberania de um Estado com sua característica de ser o único capaz de emanar a ordem jurídica positiva. O Estado como uma unidade, no caminho da perfeição da organização política de Hegel, utiliza o Direito como um instrumento para manter a unidade, não se identificando com a própria ordem jurídica.[164]

Nada impede que o Estado não possa decidir sobre questões éticas. Evidentemente o Estado pode e isto é uma decorrência de sua soberania. O Estado, quaisquer que sejam os entendimentos, é visto geralmente como uma organização política que objetiva

---

[161] CHÂTELET, François (org.). *História da Filosofia*: Ideias, Doutrinas. Vol.5. Rio de Janeiro: Zahar, 1974, p. 198.

[162] CHATELET, François (org.). *História da Filosofia*: Ideias, Doutrinas. Vol.5..., p. 195.

[163] "La idea de que el estado soberano debe entenderse como una unidad inmanente de voluntad, la tomo Hegel, según el mismo afirma, de Juan Jacobo Rousseau. El racionalismo jurídico no puede concebir que el estado, como unidad decisoria universal, cuyas decisiones no se fundan exclusivamentem el derecho positivo, tenga que ser soberano" (HELLER, Hermann. *La Soberania*. p .208.)

[164] Esta dualidade posteriormente seria criticada por Kelsen , para o qual a dualidade entre Direito e Estado era um erro metodológico de identificação do objeto resultante de uma tendência humana de personificação, defendendo assim a unidade e equivalência entre Direito e Estado. Em suas palavras, "o poder político é a eficácia da ordem reconhecida como Direito. Descrever o Estado como 'o poder por trás do Direito' é incorreto, já que sugere a existência de duas entidades distintas, onde existe apenas uma: a ordem jurídica. O dualismo de Direito e Estado é uma duplicação supérflua do objeto de nossa cognição, um resultado de nossa tendência a personificar e então hipostatizar nossas personificações". (KELSEN, Hans. *Teoria Geral do Direito e do Estado*. Trad. Luiz Carlos Borges. São Paulo: Martins Fontes, 2005, p. 275.).

assegurar alguma ordem à sociedade que nele vive. Se isto é bom ou ruim cabe refletir sobre tal aspecto neste momento. O que importa é perceber que para a manutenção da ordem entre as pessoas existe o Estado. E para a manutenção de tal ordem deve decidir sobre questões da vida cotidiana, inclusive sobre a ética.[165] Todavia, o que não se entende como uma decorrência do poder é a imposição de determinado mandamento ético ao cidadão. Neste caso, o Estado se porta como uma confissão religiosa, mesmo que não seja um Estado religioso ou ainda mesmo eu seja um Estado que negue confissões religiosas[166].

A figura do Estado torna-se assim sacralizada como resultado desta busca por sua legitimação. Se para Hobbes, na construção do símbolo mítico do Leviatã[167], o Estado é chamado de "Deus real", na concepção hegeliana o Estado é exaltado como um deus real produto da racionalidade provinda das partes que compõem a unidade: os cidadãos. Desta forma, é visto que o Estado ético é um Estado solipsista e é impossível pensar em uma ideia de Estado nestes moldes sem o revestimento da couraça da soberania.

O Estado soberano, a desfazer a dualidade indivíduo e Estado

---

[165] Macfarlane apresenta um entendimento mais brando sobre o controle da vida do homem pelo Estado em Hegel, mas fica claro mesmo em não se associando diretamente elementos hegelianos na construção do modelo totalitário, é possível encontrar pressupostos de teóricosdos modelos totalitários, como Schmitt e Gentile. Segundo entende Macfarlane sobre isso, "a concepção de Hegel acerca do papel do Estado com relação ao indivíduo não se baseia na supressão. Ele não sustenta que o Estado deva exercer controle total sobre a vida da comunidade e de seus membros, nem considera necessário que o Estado imponha um padrão único e abrangente aos valores dos indivíduos através da doutrinação e da censura." (MACFARLANE. L.J. *Teoria Política Moderna,* p.169).

[166] "Não se evidencia por si mesmo que a esfera da eticidade, que abrange como um todo a família, a sociedade, a formação da vontade política e o aparelho estatal, deva-se resumir, isto é, voltar a si mesma apenas no Estado ou , mais rigorosamente, no governo de seu ciúme monárquico.(...) disso resulta apenas a necessidade funcional de integrar a sociedade antagonista em uma esfera viva de eticidade"(HABERMAS, Jüergen. *O Discurso Filosófico da Modernidade.* pp. 56-57).

[167] Eric Voegelin faz interessante observação ao mito construído pela figura do Leviatã como a personificação da soberania na teoria hobbesiana. Em suas palavras, Hobbes "concebeu o símbolo do Leviatã, do Estado situado imediatamente abaixo de Deus e onipotente aos olhos dos seus súditos, porque representante do poder divino. A construção do símbolo cumpre suas etapas; primeiro com a construção da pessoa estadista, que pode ser aplicada a todas as épocas, e a seguir, pela construção da unidade natural, como uma ecclesia cristã no momento histórico do Século XVII". (VOEGELIN, Eric. *As religiões políticas.* Lisboa: Veja, 2002, p. 55.)

construído no liberalismo político clássico, construído nestes moldes durante o Século XX é aquele que dotado de suprassoberania, mais precisamente observado nos Estados totalitários, como uma concretização deste modelo. Apesar do vínculo da eticidade não ser predominante em outros modelos totalitários, a ideia da ideologia acima do direito pode substituir o papel que a ética oficial teria na vida do cidadão. A suprassoberania é o poder ilimitado solipsista do Estado acrescido do culto ao Estado existente e, seja qual for sua forma de manifestação. Com a suprassoberania, o Estado-Leviatã transforma-se no Estado-Cthulhu[168], atingindo o ápice da unidade interna e do poder ilimitado nas relações exteriores[169], não podendo ser limitado por nenhuma outra vontade que não a sua.

O Cthulhu, a mais icônica dentre as criaturas da literatura de horror de H.P. Lovecraft, é um monstro ancestral de tamanho colossal que representa o maior dos terrores, refletindo todo o horror das grandes guerras da primeira metade do Século XX. Naquele momento em que o conto foi publicado, na *Weird Tales* de fevereiro de 1928, foi usado como o símbolo para todo o mal que o conhecimento buscado pela ciência humana pode causar e as nocivas consequências da modernidade.

---

[168] LOVECRAFT, Howard Philips. *The Call of Cthulhu*. In PRICE, Robert M. (ed.) The Cthulhu Cycle. Oakland, CA, ChaosiumPublications, 1996. A descrição feita pelo autor quando em certo momento do conto a criatura é libertada de sua prisão é a de que "A abertura mostrava-se negra com uma escuridão quase material. Esta tenebrosidade era, em verdade, uma qualidade positiva, pois ela obscurecia partes das paredes internas que deveriam estar reveladas e, mais que isso, começou a exalar de sua prisão de imemoriais eras, visivelmente obscurecendo o sol à medida que espalhava-se furtivamente pelo céu encolhido e giboso em esvoaçantes asas membranosas. [...] A Coisa não pode ser descrita. Não há linguagem para tais abismos de gargalhante e imemorial demência, tais místicas contradições de toda matéria, força e ordem cósmica. Uma montanha caminhava ou tropegava. Meu Deus! Não é de admirar que, do outro lado da terra, um grande arquiteto tenha enlouquecido e que o pobre Wilcox delirasse de febre naquele instante telepático. [...] Após vigintilhões de anos o grande Cthulhu estava solto novamente em fúria sequiosa de deleites."

[169] "A situação característica da Sociedade civil se reencontra, nesse domínio mais amplo: o concerto das nações é necessariamente dissonante. Sem dúvida, nenhum Estado pretende outra coisa que não a salvaguarda de sua independência, e nada mais. Na verdade, ele só existe enquanto se individualiza, enquanto reivindica agressivamente sua soberania, enquanto se apresenta como sendo o único Estado que, merecendo efetivamente essa determinação, deve ser respeitado como tal". (CHÂTELET, François. *Hegel.* Trad. Alda Porto. Rio de Janeiro: Zahar, 1995. p. 137.)

Utiliza-se o Cthulhu para simbolizar o Estado revestido de suprassoberania, que ignorava quaisquer limites a não ser os de sua própria vontade, culminando no ápice da demonstração de sua imposição, as duas grandes guerras do Século XX, especialmente a Segunda cujo um dos grandes protagonistas foi a totalitária Alemanha Nacional Socialista que desrespeitava normas internacionais e a própria soberania dos outros Estados. Neste raciocínio, Estados totalitários com características parecidas com a Alemanha nesta época são como o Cthulhu, com poderes que acreditam serem ilimitados, levando a derramamentos de sangue por meio da guerra e tornando os seres humanos como meras partes de um todo, destruindo gradativamente sua própria condição humana[170]. Assim como o Cthulhu na mitologia lovecraftiana, o totalitarismo foi a emergência do supremo terror no Século XX.

Tal amálgama entre a ideia organicista do nacionalismo e a eticidade do Estado, além do culto à figura de um líder e à legalidade justificada pela observância além dos limites de atuação do Estado ao formalismo, culminou nos modelos teóricos dos Estados totalitários do início do Século XX, expressão maior da soberania ilimitada em seus aspectos interno e externo. Na leitura de Châtelet, o Estado hegeliano "é o absoluto em sua realidade/racionalidade; ele encarna, de qualquer forma, a soberania existente"[171]. Sendo a encarnação da soberania, em suas facetas de totalidade e unidade, seu alcance é ilimitado, pois não há nada além do absoluto. O Estado

---

[170] Sobre o simbolismo do Cthulhu relacionado ao horror das guerras mundiais, Alexandre Sobreira comenta: "Podemos notar que não apenas o horror da aparição é narrado como estando além de qualquer possibilidade humana de descrição ou mesmo apreensão — como a vastidão do horror da Grande Guerra — como também os períodos de tempo mencionados são calculados para transmitir uma sensação de abismal distância, novamente enfatizando o distanciamento e a imensidão envolvidos. Dois mundos estavam sendo separados aqui: o mundo humano de sanidade e normalidade e o mundo de Cthulhu e dos Grandes Arcaicos, de um horror e imensidão totalmente além de nossa capacidade e seus equivalentes históricos: o mundo de "paz e sanidade" que antecedeu a 1914 e o mundo de horror, brutalidade e carnificina até então inigualadas da Grande Guerra. O mundo, para Lovecraft, em que ainda era possível aceitar a ilusão reconfortante do espiritualismo e do antropocentrismo e o mundo do materialismo mecanicista, tornado inelutável pelas revelações da ciência e as conclusões da razão." (MARTINS, A. S.. *O Chamado de Cthulhu: O Naturalismo Fantástico de Howard Philips Lovecraft e a Transformação do Conto de Horror no Século XX*. Fragmentos (Florianópolis), v. 1,n. 1, p. 169-181, 2006.)
[171] CHÂTELET, François (org.). *História da Filosofia: Ideias, Doutrinas*, p. 198.

como fim último da vida do homem[172] se coadunava com o regime fascista[173], a consequência prática desta construção teórica.

O modelo totalitário de Estado, em que a soberania externa atinge o grau ilimitado, a suprassoberania, demonstra a segunda aporia de Ferrajoli ao tratar das relações exteriores. Todavia, devido à exacerbação da legalidade na construção teórica do Estado de Direito na Alemanha, a soberania interna se fortalece novamente, inicialmente em uma estrutura burocratizada fundada no formalismo, para posteriormente se modificar em direção ao totalitarismo, aonde as garantias fundamentais do cidadão são desconsideradas na medida em que for necessário para que o corpo do Estado consiga se manter.

A obediência ao Estado torna o cidadão integrante dele e assim neste sentido seria legítimo que o Estado violasse direitos em razão de manter sua estabilidade interna para que pudesse manter a soberania externa também, dependendo, no caso do fascismo italiano, da decisão emitida pelo *Duce*, a encarnação do Estado. A teologia política de Schmitt está presente nessas situações, em que os direitos poderiam ser violados no caso da suspensão do Direito pelo soberano, pois no estado de exceção esta violação a direitos não existiria.

O Estado não se diferenciaria da sociedade, diferença essa teorizada no liberalismo clássico. No Estado totalitário há um excesso de normatização da vida do cidadão, uma profunda regulação, na qual há um forte intervencionismo que tolhe a liberdade do indivíduo. O Estado invade a esfera privada do cidadão, não possibilitando liberdades tanto em sua vida quanto na participação política, sendo, na lição de Kérvegan[174], uma realidade

---

[172] "A associação como tal é o verdadeiro conteúdo e o verdadeiro fim, e o destino dos indivíduos está em participarem numa vida coletiva; quaisquer outras satisfações,atividades e modalidades de comportamento têm o seu ponto de partida e o seu resultado neste ato substancial e universal." (HEGEL, Georg. W. F. *Princípios da Filosofia do Direito*. Trad. Orlando Vitorino. São Paulo: Martins Fontes, 1997, p. 217.).

[173] "Organismo transcendente, o Estado fascista é uma realidade essencialmente espiritual e ética; nos antípodas do Estado liberal, vazio e agônico, o Estado fascista tem uma crença, uma fé e uma moral próprias, autônomas e justificadas". (NOVAIS, Jorge Reis. *Contributo para uma Teoria do Estado de Direito*. p. 137.).

[174] "Reproduz, ao mesmo tempo, a transposição ou o afastamento das formas tradicionais da política, cujo tipo puro corresponde, sem dúvida, ao Estado

complexa.

A vinculação da soberania popular à ideia de nação se em um primeiro momento poderia significar um esfacelamento da soberania no âmbito interno, em posterior etapa mostrava-se uma justificativa para legitimar o poder autoritário. Verifica-se que o fenômeno do constitucionalismo não teria sido o suficiente para garantir os direitos fundamentais. Enquanto nos Estados em que a Constituição detinha um poder de impedir a atuação do Estado e permitir que os cidadãos exercessem o controle sobre o governante, naqueles onde a Constituição não foi respeitada a soberania interna voltou a emergir, submetendo a população do Estado à mercê da vontade do governante. Todavia, este autoritarismo encontrava respaldo na ideia de nação, com o Estado em seu fim último.

Neste ponto apesar das diferenças teóricas do modelo fascista com o nazismo e a até mesmo com o comunismo soviético, a convergência se dá com a ideia de soberania absoluta no âmbito interno e no externo. A ideia de nação, como antes trabalhado, fornece a unidade necessária para o modelo totalitarista se firmar. Para George Steiner, "todo impulso de massa na política moderna, todo plano totalitário, alimenta-se do nacionalismo"[175], uma vez que há um vínculo indissociável entre o nacionalismo e o totalitarismo, sendo o primeiro a causa do segundo Apesar do Estado não ser o fim último do regime nazista, funciona como um referencial, como instrumento de controle e manutenção da própria sociedade nazista.

O espírito da comunidade como um todo era incorporado pelo líder – o Führer – que detinha o poder de decisão e era soberano por isso. Sua vontade era a vontade do povo, sua vontade emitia do direito, o que ia de encontro com o normativismo jurídico. O Estado se tornava mero instrumento do Fürher, pois a nação era o elemento determinante para o ente político.

Diferentemente do fascismo, no qual a eticidade pertencia ao

---

absolutista, e uma politização unilateral da existência humana, até então mais ou menos partilhada entre o oikos e a polis, entre o público e o privado. O Estado total é, simultaneamente, um Estado dotado de um poder inédito, que lhe permite controlar não apenas a expressão das idéias, mas o próprio pensamento". (KERVERGAN, Jean-François. *Hegel, Carl Schmitt: o político entre a especulação e a positividade*, p.68-69.).
[175] STEINER, George. *Linguagem e Silêncio:* ensaios sobre a crise da palavra. Trad. Gilda Stuart. São Paulo: Cia das Letras, 1988, p. 130

Estado, o nazismo concebia que a esta eticidade era encontrada no Fürher, a cabeça do ente orgânico que era a comunidade. Os vínculos formadores da nação não são meramente culturais, mas sim étnicos. Dentro daqueles elementos que formavam uma nação no conceito clássico de Mancini, o racial era o mais importante. A política externa do Estado nazista era voltada com o fim primeiro da proteção da raça ariana contra a miscigenação e consequente o enfraquecimento, propagando essa ideologia do Estado ético-étnico[176].

---

[176] "A missão do Estado racista no exterior, por outras palavras, os fins de sua política estrangeira são apenas a projeção da *Weltanschauung* [...] O gládio, espiritual e material, capaz de desferir golpes vitoriosos para a conquista do espaço necessário, é forjado pela política interna. A política estrangeira tem, paralelamente, por tarefa 'permitir ao ferreiro trabalhar em segurança e recrutar companheiros de armas" (CHEVALLIER, Jean-Jacques. *As Grandes Obras Políticas de Maquiavel a Nossos Dias*. p. 262)

2

GLOBALIZAÇÃO E SOBERANIA: TENSÕES DO SÉCULO XX AO XXI

2.1 Relativização da soberania no Século XX

Os seis anos da Segunda Guerra Mundial podem ter sido os mais decisivos para o conturbado e antagônico Século XX. De fato, o resultado não foi somente uma sucessão de acontecimentos relevantes para a história, mas também para o Direito e em especial, para o Direito Internacional. A soberania, entendida até então como um elemento essencial do Estado continua a se relativizar cada vez mais. A consolidação da ONU em 1945 inaugura uma nova situação jurídica que repercute em toda a construção teórica do Direito Internacional.

A Carta das Nações Unidas é o instrumento jurídico que inaugura uma nova ordem mundial já pensada e elaborada por alguns tratados anteriores durante a Segunda Guerra Mundial. A Carta consolida a falência do modelo construído sob os auspícios do esplendor da soberania externa e ao mesmo tempo em que quebra este paradigma, inicia outro: a relativização da soberania externa.

Neste momento verifica-se a terceira aporia da soberania

proposta por Ferrajoli[177], em que se encontra a consistência e a legitimidade para a teoria geral do Direito, que será posteriormente discutida: se internamente a ideia de soberania do Estado pode ser opositora ao próprio Estado de Direito, externamente a soberania é uma opositora ao processo contínuo de constitucionalização do Direito Internacional. Neste sentido, há uma relação antinômica entre soberania e as cartas constitucionais internacionais.

A ideia de Estado de Direito é opositora ao voluntarismo do poder soberano, servindo como um instrumento de contenção da vontade política. Ao mesmo tempo em que o Estado de Direito representa um limite ao poder absoluto do legislador (e para tal o constitucionalismo é essencial), o intervencionismo do Estado muitas vezes é necessário para a própria garantia dos direitos fundamentais. Em tais termos, "o Estado de Direito encontra seu horizonte de sentido no nexo poder-direito, na exigência de pôr uma barreira e uma regra à imprevisível vontade do soberano"[178]. A tensão entre o Direito soberano e o poder soberano é justamente o desequilíbrio que pode ocorrer quando o Estado se fortalece ou se enfraquece.

De forma análoga, ainda que não tão semelhante, o fenômeno de constitucionalização do Direito Internacional no intuito da manutenção da segurança e da proteção da pessoa humana representa um mecanismo de controle do Estado não somente em suas relações externas, mas também há uma limitação em seu império doméstico. Em tempos de fronteiras cada vez mais porosas, nos quais o Estado se redescobre em suas funções, sua soberania se adapta para estabelecer o maleável limite no qual o direito internacional deve influir no direito interno sem que haja uma perda de seu propósito, mais precisamente, nos propósitos de seu primitivo constitucionalismo. No conflito gerado pelas normas internas e internacionais, observa-se um conflito paralelo entre a soberania do Estado e a sujeição provocada pelo Direito Internacional.

A antinomia entre Direito Internacional e a ideia de soberania foi observada por Kelsen, ao optar por uma justificativa moral a

---

[177] FERRAJOLI, Luigi. *A Soberania no Mundo Moderno*.p 3.
[178] COSTA, Pietro. O Estado de Direito: uma Introdução Histórica. COSTA, Pietro; ZOLO, Danilo (org.) *O Estado de Direito: História, Teoria, Crítica*. Trad. Carlos Alberto Dastoli. São Paulo: Martins Fontes, 2006, p.192

primazia do Direito Internacional, pelas razões de se "colocar a soberania estatal como empecilho para o desenvolvimento da humanidade se devem ao fato de que a soberania representa a defesa de um subjetivismo egoísta personalizado na figura do Estado que opta pelo 'eu', quando deveria pensar no universal" [179]

A figura do Estado que opta pelo "eu" é resultado de uma concepção de uma soberania ilimitada, centrada em si própria, a suprassoberania, baseada na filosofia hegeliana. A soberania é o todo, pois o Estado é o todo da sociedade, resultado de uma dialética racional, conforme anteriormente explorado.

Verdross[180] realiza uma crítica a esta concepção hegeliana do Estado como unidade, mesmo na sociedade internacional. Para Hegel, as relações entre Estados se dão por mera vontade destes, sendo o encontro de entes absolutos. Se o Estado é um ente absoluto e o outro Estado também, a ideia de todo como resultado da dialética é fragilizada, pois há a tese e antítese representada por esses dois todos. Estas duas soberanias que se chocam forma os novos elementos de um novo processo dialético. A soberania absoluta de um Estado sendo uma tese, em oposição à outra soberania de outro Estado, constituindo uma antítese.

O choque entre essas duas soberanias cria uma nova síntese, a comunidade internacional, como resultado de suas vontades. A comunidade internacional assimila essas vontades de se torna por ela própria, a síntese. Assim, o Estado não poderia ser o produto último da racionalidade, pois há ainda outro ente que se coloca acima quando há o choque entre duas soberanias. Nesta ideia, novamente, o fenômeno de constitucionalização do direito internacional se torna presente, sobretudo na realidade histórica após 1945, em que as soberanias podem ser entendidas como contínuas teses e antíteses, de uma sociedade internacional formada ou não por suas vontades.

O paradoxo se completa ao se notar que a existência de soberania, ao mesmo tempo em que pode provocar antinomias nas relações entre o direito internacional e os direitos nacionais, condiciona e permite a caracterização do ordenamento jurídico

---

[179] TEIXEIRA, Anderson Vichinkeski. *Teoria Pluriversalista do Direito Internacional.* .p. 158.
[180] VERDROSS, Alfred. Le fondementdudroitinternational. *Recueildescours,* Volume 16 (1927-I), p. 269.

internacional em contraposição aos internos. A soberania nos planos exteriores é relativizada tanto quanto no plano interno e o fenômeno normativo constitucionalista pode ser constatado para explicar este relativismo.

A ideia de relativização é tamanha que teoricamente muitos autores de Direito Internacional não consideram a soberania como um elemento de um Estado e sim como uma característica que permeia os elementos (território, povo e governo)[181], possibilitando ao Estado uma personalidade internacional

A Carta das Nações Unidas desta forma prevê como seus principais propósitos a manutenção da paz internacional e o respeito aos direitos dos homens. Tendo como núcleo estas duas proposições, todo o sistema das Nações Unidas é construído de forma que gire em torno do núcleo. Pela primeira vez foi possível se estruturar a Sociedade Internacional sob uma organização de fins políticos vestindo um manto jurídico. Ao prestar uma analogia má construída com o clássico contratualismo, percebe-se que o estado de natureza da sociedade internacional deu o primeiro passo para a sociedade civil internacional, sendo a Carta o pacto.

O sistema jurídico construído não comete o erro da Liga das Nações. A ONU, dotando-se de certa forma de uma característica do Estado, monopoliza o uso da força nas relações internacionais. Esta é a principal inovação. A proibição do uso da força pelos Estados por uma organização internacional revoluciona o Direito Internacional e torna-se um de seus pilares.

O Estado, sujeito por excelência do Direito Internacional, após 1945 se vê rivalizado com outra espécie de sujeito emergente que são as organizações internacionais. E o paradigma do Direito Internacional ser uma ordem que regula a conduta entre Estados é modificado, uma vez que o próprio Direito Internacional passa a ter como a sua mais importante diretriz a Organização das Nações Unidas. Assim, a liberdade de atuação dos Estados é limitada pelas determinações da Carta de São Francisco, que entrou em vigor em

---

[181] "Associado ao Estado como pessoa de Direito Internacional, acha-se o conceito de soberania (que não deve ser confundido com 'governo'), elemento que realiza a interdependência recíproca e necessária entre os três elementos componentes do Estado" (SOARES, Guido. *Curso de Direito Internacional Público*. Vol. 1. São Paulo: Atlas, 2002, p. 145.).

24 de outubro de 1945.

Evidentemente a organização não se sustentaria sem um poder político que garantisse sua eficácia.[182] O que aqui ocorre não é uma nova subordinação do Direito Internacional à política, mas uma relação simbiótica, na qual a ausência de um deles levaria a um novo "estado de natureza" nas relações internacionais. E o poder político por traz da ONU é principalmente representado pelas potências da época, sem as quais a ONU seria fadada ao fracasso.

Apesar de ser claramente um sistema construído por uma justiça de vencedores da Segunda Guerra Mundial, tal situação foi claramente necessária para que se evitasse um prejuízo maior. O sistema ONU estabelece uma conjuntura não muito democrática de elaboração do Direito Internacional, mas foi a forma encontrada pelas potências e pelos signatários iniciais e posteriores de salvaguardar-se dos devastadores efeitos de outra Guerra Mundial. Por esses termos, há dificuldade em imaginar um contratualismo no Direito Internacional, uma vez que a manutenção da paz e segurança internacionais se reveste em um caráter muito mais de imposição que de consenso. A paz internacional como propósito da Carta da ONU, conforme a lição de Zolo, é "na realidade, presidida pela hegemonia das potências que, conforme as circunstâncias, saíram vencedoras do conflito em escala mundial".[183] O monopólio da força nas relações internacionais, por mais tênue que seja, é dado ao Conselho de Segurança, ou mais precisamente, aos membros permanentes.

A ilegalidade da guerra é prevista na Carta da ONU, principalmente na norma prevista no Artigo 2ª, (4) e assegurada pelo sistema de Segurança Coletiva, a autotutela conjunta

---

[182] A eficácia no sentido destacado por Kelsen, seria uma condição de aplicabilidade da ordem jurídica, sem a qual a ordem não teria validade, pois estaria carecida de sanção. Assim como um Estado precisa de normas-sanção para existir, a ONU necessita, ainda que de forma bem mais descentralizada que um Estado, de um poder que possa compelir os Estados a se comportarem de acordo com seus princípios. " A eficácia da ordem jurídica como um todo é uma condição necessária para a validade de cada norma individual de uma ordem. Uma *conditio sinequa*non, mas não uma *conditio per quam*. A eficácia da ordem jurídica total é uma condição, não um fundamento, para a validade de suas normas constituintes." (KELSEN, Hans. *Teoria Geral do Direito e do Estado*. Trad. Luiz Carlos Borges. São Paulo: Martins Fontes, 2005, p. 174.).

[183] ZOLO, Danilo. Teoria e Crítica do Estado de Direito. In:COSTA, Pietro; ZOLO, Danilo (org.) *O Estado de Direito: História, Teoria, Crítica*. Trad. Carlos Alberto Dastoli. São Paulo: Martins Fontes, 2006, p. 68.

institucionalizada e exercida pelo Conselho de Segurança. Sobre isso observa Tomuschat que "uma vez que o interesse primordial do Capítulo VII da Carta é garantir a paz e a segurança internacionais, nenhum método pareceria ser excludente deste Capítulo que de fato está bem adequado para promover a paz e a segurança internacionais"[184].

A proibição do uso da força nas relações internacionais retira assim do Estado a principal característica afirmativa de sua soberania externa. A retirada do *jus ad bellum* do Estado e sua transferência para as Nações Unidas determina o esfacelamento da soberania desenvolvida pelos clássicos teóricos do Direito Internacional como Vitória e Grotius. O debate em torno da guerra justa torna-se obsoleto, uma vez que, por mais justa que seja a causa, uma agressão armada de um Estado a outro em dissonância com a ONU seria uma agressão ilícita. A ilicitude estabelecida pela Carta de São Francisco subordina o maior fulgor da soberania externa ao Direito Internacional.

Em razão desta particularidade, é possível enxergar na Carta da ONU um modelo constitucional da sociedade internacional. O fenômeno da constitucionalização do Direito Interno segue também seu paralelo no Direito Internacional, que perde algumas de suas características originais, como o de ser uma ordem jurídica descentralizada e baseada puramente na vontade dos Estados, e passa a adotar algumas características constitucionais, como a centralização de algumas questões materiais e formais em uma organização.

Neste novo paradigma do Direito Internacional inaugurado pela Carta da ONU, Luigi Ferrajoli[185] destaca que a estrutura se organiza

---

[184] TOMUSCHAT, Christian. *Reconceptualizing the Debate on Jus Cogens and Obligations ErgaOmnes – Concluding Observations*. In: TOMUSCHAT, Christian; TOUVENIN, Jean-Marc (org.). *The Fundamental Rules of the International Legal Order: Jus Cogens and Obligations ErgaOmnes*. Leiden, Boston: MartinusNijhoff, 2006, p. 443. No original eminglês: "Since the overriding interest iof Chapter VII of the Charter is to guarantee international peace and security, no method would seem to be excludable from that Chapter which in fact is well-suited to promote international peace and security"

[185] "Tal carta equivale a um verdadeiro contrato social internacional – histórico e não metafórico, efetivo ato constituinte e não simples hipótese teórica ou filosófica –, com o qual o direito internacional muda estruturalmente, transformando-se de um sistema *pactício*, baseado em tratados bilaterais inter pares (entre partes

como resultado não de apenas um pacto associativo resultante das vontades das partes, mas também um pacto de sujeição, em que o exercício de sua soberania deve ser limitado pelas imposições deste contrato social internacional.

Com a Carta das Nações Unidas, constrói-se a institucionalização do modelo estatal na sociedade internacional ainda que não com o objetivo de se configurar o mesmo tipo de organização política; a ONU não é um Estado, mas tem suas instituições claramente influenciadas pela configuração estatal.

Conforme Chevallier, o Estado serve de modelo às instituições da sociedade civil, e como tal, a ONU possui determinadas características de Estado, sendo que além da burocracia administrativa e do monopólio sobre a decisão da legalidade do uso força armada, há a vinculação de suas atividades a um documento jurídico legítimo.[186] Assim como o Estado possui uma Constituição como uma norma de valor material ou formal superior ao restante do ordenamento jurídico, estruturando o Estado e estabelecendo direitos e garantias, a Carta da ONU desempenha um propósito objetivo, mesmo que não de forma equânime. Assim é possível falar que a Carta possui certas características constitucionais, indicando uma constitucionalização do Direito Internacional.

O início desta constitucionalização do Direito Internacional ao mesmo tempo em que provoca de forma inevitável uma internacionalização do Direito Constitucional, marca o paradigma inaugurado em 1945, em que uma nova concepção de soberania é necessária para se entender como se comporta o sistema de normas em relação às antinomias que surgem a todo momento nas ordens interna e internacional, sobretudo com a observação das relações sociais a partir do final dos anos 1980. Para tanto, é preciso considerar que o Estado em si desempenha não mais o mesmo papel interna ou internacionalmente, sobretudo por diversos fatores no pós-1945, em que vários outros sujeitos de direito rivalizam com poder do Estado e por consequência influenciam drasticamente na atuação atual do Estado nas relações internacionais.

---

homogêneas), num verdadeiro ordenamento jurídico supra-estatal: não mais um simples *pactumassociationis* (pacto de associação), mas também um *pactumsubiectionis*(pacto de sujeição)." (FERRAJOLI, Luigi. *A Soberania no Mundo Moderno.*p. 40.).

[186] CHEVALLIER, Jacques. *O Estado Pós-moderno*, p. 98.

2.2 Globalização e belicismo: o Estado no estado de natureza

A situação fática das relações internacionais anterior a 1945 era semelhante ao estado de natureza hobbesiano, na configuração de um cenário internacional, caracterizado por uma alta entropia das regras entre os Estados, ainda no paradigma westfaliano.[187] Os Estados mantinham uma relação de desconfiança entre si, de modo que não havia um poder que ordenasse a sociedade internacional, a despeito dos tratados que tinham força jurídica obrigatória. Desta forma, também em razão da forte influência do pensamento voluntarista do Século XIX, os Estados fundamentados em sua soberania se relacionavam, mas tinham o direito de entrar em guerra contra outros Estados.

Havia, no entanto, uma diferença em relação ao estado de natureza hobbesiano que era o poder de destruição em um conflito armado. Mesmo antes do Século XX já era possível visualizar certo número de potências e Estados mais fracos, tanto no plano econômico quanto no plano bélico. Os Estados dependiam muitas vezes de alianças políticas antes de conseguir realizar um ataque armado a outro. Mesmo forças como o Reino Unido, a Alemanha (após 1870) e a França, no geral eram incapazes de vencer totalmente uma guerra contra algum outro Estado de poder semelhante. No estado de natureza de Hobbes, no qual o homem era capaz de destruir seu semelhante, as pessoas viviam em constante vigilância, temendo o mal maior: a morte.

Diferentemente, nas relações internacionais até a primeira metade do Século XX, nenhum Estado era capaz sozinho de causar danos irreversíveis a um Estado de igual força. Evidentemente era possível enfrentar e vencer um Estado que não era uma potência, mas a recíproca dificilmente seria algo além de uma hipótese. Isto porque o poder bélico, por mais desenvolvido que fosse não era capaz de provocar destruição tamanha a ponto de inverter uma situação desfavorável em uma guerra de um Estado forte contra um Estado mais fraco. Havia uma instabilidade que era por si, estável.

Com o desenvolvimento da energia atômica e sua posterior

---

187 TEIXEIRA, Anderson Vichinkeski. *Teoria Pluriversalista do Direito Internacional.*p.138.

transmutação em arma nuclear, o estado de natureza das nações se altera e passa ir em direção ao verdadeiro estado de natureza hobbesiano.[188] Com tal analogia, uma vez que com o desenvolvimento da tecnologia bélica, de forma que seja possível atacar outro Estado com uma arma de destruição em massa, a sociedade internacional passaria a ter uma incerteza ainda maior que anteriormente. A primeira demonstração de como as armas de destruição em massa podem alterar o curso de uma guerra e como podem ser lesivas a um Estado foi o ataque das forças americanas às cidades de Hiroshima e Nagasaki, em agosto de 1945, levando a rendição quase imediata do Japão e colocando término na Segunda Guerra Mundial em setembro daquele mesmo ano. Paradoxalmente, neste mesmo ano, foi celebrada a Carta da ONU em junho, que entrou em vigor em outubro.[189] A Carta da ONU, como anteriormente apontado, inaugura uma nova era no Direito e nas relações internacionais, ao proibir o uso da força armada pelos Estados e constituir uma nova ordem sistemática jurídica, sobrepujando a soberania estatal em torno de uma organização com a finalidade de manutenção da ordem internacional.

Essa correspondência entre o estado de natureza hobbesiano e a tensão presente nas relações internacionais é conhecida como "domestic analogy". De acordo com Hedley Bull, "no caso de Hobbes, para si mesmo e seus sucessores, a analogia interna toma a forma simples da asserção que Estados ou príncipes soberanos, como os indivíduos que vivem sem governo, estão em um estado de

---

[188] "Of the three principal features of Hobbes's state of nature the only one that might be held to apply to modern international relations is the third - the existence in it of a state of war, in the sense of a disposition on the part of every state to war with every o their state. Sovereign states, even while they are at peace, nevertheless display a disposition to go to war with one another, in as much as they prepare for war and treat war as one of the options open to them." (BULL, Hedley. *The Anarchical Society:* A Study of Order in World Politics. 3 ed. New York: Palgrave, 2002.).

[189] Mesmo antes do ataque com a bomba atômica, a Carta da ONU já havia sido redigida e assinada e sua rápida entrada em vigor internacionalmente demonstra preocupação mundial com os efeitos devastadores de uma nova guerra. Assim, em 24 de outubro de 1945, um pouco mais de dois meses após a devastação das cidades japonesas mencionadas, a Organização das Nações Unidas começa a vigorar, seja como instituição, seja como um tratado, determinando diretrizes normativas globais, com a principal finalidade de assegurar a Paz e Segurança internacionais.

natureza que é um estado de guerra". [190] Segundo esta corrente de pensamento, os Estados vivem em uma situação de guerra de todos contra todos e a solução somente poderia ser a realização de um contrato social, estabelecendo um poder comum para a garantia da segurança.

É a aplicação da teoria contratualista nas relações internacionais, na qual em favor de um pacto, os Estados teriam alguns poderes decorrentes de sua soberania entregues a uma organização política que teria como principal objetivo oferecer-lhes a segurança. Teixeira nos esclarece que este estado de natureza seria chamado de "estado de nações" e que "somente com a criação de um Estado supranacional seria possível encerar o estado de nações, uma vez que, mediante a transferência da autoridade soberana dos Estados a um Estado mundial supranacional, estar-se-ia criando estruturas de controle e repreensão"[191].

Danilo Zolo ainda observa que "o argumento analógico permitiria aplicar a todas as populações do planeta – e ao planeta como tal – as categorias da representatividade democrática, da separação dos poderes e da tutela dos direitos do homem"[192]. O raciocínio gerado pela suposta supranacionalidade se coaduna com o sentido cosmopolitista, na qual as diversas sociedades e culturas são absolvidas e integradas no fenômeno globalizante, quase como uma adesão tácita ao "contrato". Desse modo, a sociedade internacional seria uma sociedade civil após a realização do "contrato social mundial". Somente com a criação de um poder soberano mundial a instabilidade do estado de nações seria superada.

Esse contrato social mundial poderia levar à concretização de um Direito mundial. A criação da ONU seria um primeiro degrau nessa escala de centralização do poder semelhante ao soberano. A consolidação de um Direito supranacional, como o caso da União

---

[190] BULL, Hedley. *The Anarchical Society:* A Study of Order in World Politics., p.44. (tradução livre do autor). O original em inglês é "In the case of Hobbes himself and his successors, the domestic analogy takes the form simply of the assertion that states or sovereign princes, like individual men who live without government, are in a state of nature which is a state of war."

[191] TEIXEIRA, Anderson Vichinkeski. *Teoria Pluriversalista do Direito Internacional*...p. 29.

[192] ZOLO, Danilo. Teoria e Crítica do Estado de Direito. In: COSTA, Pietro; ZOLO, Danilo (org.) *O Estado de Direito: História, Teoria, Crítica*. Trad. Carlos Alberto Dastoli. São Paulo: Martins Fontes, 2006, p. 70.

Europeia, constituída no fim do Século XX, é um passo à frente, uma vez que seu Direito já é mais parecido com a lógica do Direito do Estado que é o Direito Internacional.

A crescente relativização da soberania é uma das causas que possibilitaram as transformações do Direito Internacional do Século XX. A Carta da Organização das Nações Unidas tem duas funções neste sentido: é um documento jurídico que estabelece deveres, proibições e direitos nas ações dos outros sujeitos de Direito Internacional e ao mesmo tempo é um tratado que institucionaliza a organização política, da mesma forma que uma Constituição descreve um Estado e ali mesmo sistematiza suas normas mais basilares de conduta[193].

O caminho ao Estado mundial era uma indução que Kelsen fazia a respeito das tendências futuras do Direito Internacional no Século XX. Apesar de ter uma posição contrária ao estabelecimento do Estado mundial e mais ainda ao método contratualista que é uma das hipóteses para se chegar a este produto, o jurista austríaco observa que "o desenvolvimento do Direito Internacional, segundo sua própria natureza, tem assim como finalidade a constituição de um Estado universal"[194].

---

[193] A Organização das Nações Unidas exerce autoridade na administração da sociedade internacional, conforme as cinco fontes de autoridade internacional identificadas por Zaum , legitimada pelos propósitos sociais do exercício deste poder. Embora não seja dotada de soberania, esta organização possui certa autoridade que rompe um paradigma de descentralização dinâmica do Direito Internacional, em um primeiro estágio de centralização. Segundo o autor: "The exercise of authority has to be legitimate; it has to be justified by moral or other socially embedded beliefs. To analyse the authority of international administrations, one therefore has to examine these processes and social purposes that legitimize their exercise of power. Beliefs about legitimizing processes and social purposes are reflected both in the way international administrations are established—the process of endowing them with authority—and in their later practices. Authority also relies on the capacity to exercise it, on the ability to develop and enforce public policy. An international administration's authority is compromised if it lacks the capacity to promote the social purposes legitimizing its exercise of authority." (ZAUM, Dominik. *The Sovereignty Pradox: The Norms and the Politics of International Statebuilding.*New York: Oxford University Press, 2007, p.58.). Zaum identifica cinco fontes desta autoridade que legitimam o seu exercício. São elas o consentimento, a delegação, a manutenção da paz e segurança internacionais, direitos humanos e democratização e provisão de governo.

[194] KELSEN, Hans; CAMPAGNOLO, Umberto. *Direito Internacional e Estado Soberano...,* p. 134.

Kelsen não entendia ser possível constituir um Estado mundial após a Segunda Guerra Mundial. Caso isso viesse a existir, em um critério quantitativo, poderia ainda que democraticamente realizar uma opressão, pois de certa forma, as populações mais numerosas poderiam por meio da vontade da maioria defender seus interesses, sem que houvesse outra ordem na qual as minorias se resguardassem. Somente em um futuro muito distante sem tantas diferenças culturais poderia existir um Estado assim, mas na situação daquele momento, que conforme Kelsen, "o Estado mundial não está no escopo da realidade política, pois ele é incompatível com o 'princípio da igualdade soberana' sobre o qual deve basear-se (...) a organização internacional a ser criada depois da guerra"[195].

Evidentemente a ONU não é um Estado mundial e não tem a finalidade de sê-lo. Todavia, representa um marco no processo de relativização do paradigma da soberania. A institucionalização das Nações Unidas foi um fato determinante para que a fortaleza da soberania começasse a ruir.

Inicialmente se destaca o ritmo acelerado em que se desenvolveram as tecnologias no Século XX. Se a aceleração é a taxa em que a velocidade se modifica em razão do tempo, o tempo deste século se mostrou veloz em relação ao nível tecnológico. Em primeiro plano, o desenvolvimento das comunicações enfraqueceu as fronteiras culturais, já que graças a isso determinadas culturas puderam ter acesso a outras, ou mais especificamente, os países menos desenvolvidos tiveram acesso e sofreram influência das tecnologias dos mais desenvolvidos. Outra importante tecnologia que contribuiu para a relativização da soberania enquanto cultura foi a invenção da aeronave e posterior aprimoramento da aviação.

Evidentemente o homem já conseguia se transportar acima do solo desde o Século XVIII com a prática do balonismo, iniciada pelos irmãos Montgolfier e aprimorada com os dirigíveis nos anos subsequentes. Todavia, o transporte aéreo ainda era limitado a pequenas distâncias territoriais, além de não oferecer tanta segurança e velocidade até o início do Século XX, quando foi possível o voo de máquinas mais pesadas que o ar, em dezembro de 1903 com os Irmãos Wright e em outubro de 1906 com Alberto Santos Dumont, que poderiam potencialmente alcançar maior velocidade e maiores

---

[195] KELSEN, Hans. *A Paz pelo Direito*. p. 11.

distâncias.

Nos anos posteriores, a aviação se aprimorou, podendo as aeronaves cruzar grandes distâncias e a grandes velocidades para a época. Na Primeira Guerra Mundial, os aviões começaram a ser usados nas batalhas e, em 1914, tiveram metralhadoras acopladas de forma que o piloto pudesse atirar enquanto voava. Assim, a aviação teve sua utilidade como um efetivo e inovador instrumento de batalha.

Há também uma interessante influência teórica com o advento da aviação: a percepção de soberania no espaço aéreo. Até o Século XIX a soberania estatal em relação ao seu território dizia respeito à terra e ao mar. Retomando os padrões de Vestfália, no entendimento de que dentro de um território deveria imperar uma só autoridade política, a ideia de território era restrita ao espaço geográfico em que o homem poderia realizar determinadas condutas.

Com a conquista dos ares, houve a necessidade internacional de se delimitar o uso do espaço aéreo e esta delimitação nada mais é que a manifestação soberana do Estado em seus céus. Assim, o Estado ganha mais uma dimensão política e jurídica em razão da inovação tecnológica e do perigo que representava, uma vez que menos de dez anos após o primeiro voo de Santos Dumont, Roland Garros (1888-1918), que também realizou a primeira travessia aérea do mediterrâneo em 1913, transformou o avião em uma poderosa arma que desequilibrava batalhas na Primeira Guerra Mundial.

Sobre esta nova percepção de soberania no espaço territorial aéreo, comenta Casella que "a corrida armamentista europeia e a posterior utilização de aeronaves como armas durante a primeira guerra mundial demonstrou a importância estratégica do controle soberano, por parte dos estados, do espaço aéreo. A tese da soberania estatal prevaleceria"[196]. Tal tese foi desenvolvida sobretudo por John Westlake[197], para quem o espaço aéreo era parte

---

[196] CASELLA, Paulo Borba. *Direito Internacional dos Espaços*. São Paulo: Atlas, 2009, p. 504.

[197] WESTLAKE, John. *The Collected Pappers of John Westlake on Public International Law* Edited by L. Oppenheim. Cambridge: Cambridge University Press, 1914, p. 131. "A state may exclude other states from doing acts of sovereignty in its territory, as a landed proprietor may exclude other persons from acting as proprietors on his land; and a state may alienate its sovereignty subject to the rules of the society of states, one of which, as we have seen, makes every alteration of the map of Europe a matter

integrante do território do Estado, em razão de se situar acima dele, a extensão para Westlake não se aplicaria da mesma forma que o Direito do Mar, uma vez que o espaço aéreo físico estaria acima do território terrestre e não além, como o mar[198].

Ainda com a vigência da Carta da ONU, que possui algumas características constitucionais (mas não é Constituição), a soberania do Estado continuou como uma de suas características, apesar de bastante relativizada. O mais significativo golpe do sistema jurídico internacional à soberania foi a abolição do *jus ad bellum*, que sempre foi uma prerrogativa da expressão da soberania[199]. Proibir um Estado de pegar em armas contra outro para resolver um conflito de forma coercitiva por potências para que o sistema se mantivesse, modificou profundamente o poder dos Estados nas relações internacionais.

Com a entrada em vigor da Carta, o Estado apenas pode realizar uma agressão armada dentro das duas possibilidades previstas na

---

of common interest to that quarter of the globe, as a landed proprietor may aUenate his property subject to the laws of his country".

[198] Conforme a explicação de Celso de Albuquerque Mello, "esta teoria decorre de uma necessidade do Estado, uma vez que o espaço aéreo se integra no seu território, como não acontece com o mar. O mar é adjacente ao território terrestre, enquanto o espaço aéreo é sobrejacente". (MELLO, Celso D. de Albuquerque. *Curso de Direito Internacional Público*. Vol. 2, p. 1243.). Como resposta à necessidade de se regular formalmente o espaço aéreo no plano internacional foi celebrada em 1919 a Convenção de Paris, positivando que o Estado exercia sua soberania sobre o Espaço aéreo. Com esta ampliação do alcance da soberania, houve uma significativa mudança no sistema defensivo dos Estados, tanto que cerca de vinte anos após, durante a Segunda Grande Guerra, o combate realizado pela força aérea já era extremamente significativo para o resultado das batalhas, ainda que fosse uma forma de combate menos frequente que o combate terrestre e o naval. Ainda assim, a conquista dos ares permitiu uma maior velocidade e maior poder de destruição na guerra, o que representou a necessidade reformulação do sistema de defesa e táticas militares.

[199] Encontra-se em diversos escritos a respeito de filosofia política e de direito tratando sobre o direito à guerra como inerente da soberania do Estado. Somente a título de exemplo, em Aristóteles é tida a soberania no sentido do domínio das leis e como tal, o detentor desta soberania tinha o direito de fazer a guerra e de matar enquanto neste estado. (ARISTÓTELES. *A Política*.Trad. Nestor Chaves.Rio de Janeiro: Edições de ouro, 1978 p. 135.). Em More também é encontrado o direito à guerra presente ao descrever como Utopia guerrearia para defender suas fronteiras, repelir uma invasão na terra de aliados ou ainda para libertar um povo oprimido, visando com isso o bem da humanidade. (MORE, Thomas. *A Utopia*. São Paulo: Abril Cultural, 1979, p. 279.)

Carta: legítima defesa ou pelo sistema de Segurança Coletiva, com a autorização do Conselho de Segurança contra um determinado Estado que já esteja cometendo o ilícito de forma a ameaçar a paz e segurança internacionais[200].

Com uma nova ordem jurídica internacional que oferecia um modelo diferente do de Vestfália, aliada ao progresso tecnológico e científico, a integração entre os povos e as transformações econômicas do Século XX, a nova modernidade foi modificando os aparelhos estatais, de forma que houve profundas modificações no que se entende por Estado e consequentemente no poder político e jurídico que a soberania anteriormente representava.

Inicialmente, alguns fatores políticos foram decisivos para esse novo desenho do Estado, entre os quais a crescente conquista de predomínio do liberalismo e a perda de força das ditaduras socialistas. A dissolução da União Soviética foi determinante para a aceleração da globalização[201], colocando em evidência a crise definitiva do modelo político socialista e da economia centralizada em estatização.

A estatização da sociedade na União Soviética, além de não ter conseguido resolver os problemas sociais, provocaram verdadeiras afrontas aos direitos fundamentais dos cidadãos[202], levando ao

---

[200] É importante observa que a declaração de ameaça e à segurança internacionais e legalidade da tomada de alguma ação contra o Estado violador são competências de exclusividade do Conselho de Segurança, conforme o. Capítulo VII da Carta da ONU. Em razão do poder de veto pertencente aos membros permanentes, por boa parte da guerra fria as intervenções se deram por conta das ações dos Estados Unidos. Leciona Herdegen: "algunos ejemplos de aplicación unilateral de una posición jurídica acudiendoal uso de laviolencia, indican más bienladebilidadenlacapacidad de actuación de lasNaciones Unidas y menos unrechazo al império delderecho internacional. Esto se aplica, por ejemplo, a lasrecientes intervenciones militares de los Estados Unidos."(HERDEGEN, Matthias. *Derecho Internacional Público*. Ciudaddel México. UNAM, Fundación Konrad Adenauer, 2005, p. 10.)

[201] "Es mi convicción que La caída del bloque soviético y la desaparición de las economías centralmente planificadas constituyeron los aspectos políticos de la nueva etapa de expansión de la economía-mundo, que hoy caracterizamos como globalización." (BERNAL-MEZA. Raúl. Sistema Mundial y Mercosur: Globalización, Regionalismo y Políticas Exteriores Comparadas. Buenos Aires: Nuevohacer, 2000, p. 41).

[202] Analisando a teoria soviética dos direitos fundamentais, Jorge Reis Novais destaca que "o poder soviético conferia à legalidade um papel essencialmente instrumental e subordinado ao interesse capital de consolidação e defesa do regime.

totalitarismo e à crise social após algum tempo deste regime. A União Soviética simbolizava o inimigo do ocidente, o eixo em torno do qual os Estados ditatoriais de ideologia socialista giravam, e cujo papel oposto cumprido pelos Estados Unidos, principal polo do liberalismo[203]. Apesar das fronteiras entre os Estados cada vez mais tênues, a União Soviética ainda representava a afronta ao "valor da liberdade", tão necessária para que a globalização continuasse a se desenvolver.

Nesse sentido, aplica-se a lição e Hannah Arendt sobre o tolhimento da livre iniciativa nos regimes totalitários, nos quais somente o movimento humano previsível e de interesse do Estado (ou pelo partido) pode ser aceito, inclusive no que diz respeito à oposição política e liberdade de consciência e expressão em desfavor ao regime imposto[204].

Novamente o dogma da soberania se fortalece, apresentando uma barreira ao constitucionalismo tendente da sociedade internacional. Neste caso, a soberania interna era justificada para a proteção do Estado externamente. Em um sentido diverso da segunda aporia da soberania destacada por Ferrajoli, o fortalecimento da soberania interna é causa da necessidade de

---

Era este o período da crítica teórica ao Estado de Direito e à visão jurídica do mundo, durante o qual ora se apelava ao apego das leis ou se legitimava a sua violação por parte dos funcionários ou dos tribunais consoantes os interesses da Revolução, tal como o Partido Comunista os interpretava, os exigiam". (NOVAIS, Jorge Reis. *Contributo para uma Teoria do Estado de Direito,* p. 170.)

[203] O regime socialista soviético exerce sua soberania em âmbito interno e externo de forma total, uma vez que a proteção de direitos do cidadão garantida pelo constitucionalismo era rejeitada, por uma rejeição ao próprio constitucionalismo. O regime socialista soviético "repara" o rompimento que o constitucionalismo causa no paradigma da soberania, no qual a esfera privada do indivíduo é dissolvida pelo poder público do exercício da soberania

[204] "A iniciativa intelectual, espiritual e artística é tão perigosa para o totalitarismo como a iniciativa de banditismo da ralé, e ambos são mais perigosos que a simples oposição política. A uniforme perseguição movida contra qualquer for-, ma de atividade intelectual pelos novos líderes da massa deve-se a algo mais que o seu natural ressentimento contra tudo o que não podem compreender. O domínio total não permite a livre iniciativa em qualquer campo de ação, nem qualquer atividade que não seja inteiramente previsível. O totalitarismo no poder invariavelmente substitui todo talento, quaisquer que sejam as suas simpatias, pelos loucos e insensatos cuja falta de inteligência e criatividade é ainda a melhor garantia de lealdade." (ARENDT. Hannah. *As Origens do Totalitarismo.* Trad. Roberto Raposo. São Paulo: Companhia das Letras, 1989, p. 377.).

aprimorar a soberania externa, aparecendo a suprassoberania.

A existência da União Soviética ainda tinha outro importante fator jurídico-político que refletia na ordem jurídica internacional: o poder de veto como um dos cinco membros permanentes do Conselho de Segurança da ONU, o órgão executivo detentor da discricionariedade do sistema de Segurança Coletiva, a pedra angular do Direito Internacional após 1945.

Além deste fator, a existência de tecnologia bélica nuclear permitiu um equilíbrio de forças entre o ocidente e oriente, permitindo uma ameaça constante entre potências, que trazia um último resquício da concepção de soberania anterior às Nações Unidas[205]. Conforme a análise de Georg Schwarzenberger, a corrida armamentista foi o real motivo de tensão que provocou tal bipolaridade nas relações internacionais, ao mesmo tempo em que este medo e suspeitas recíprocas acabaram por provocar recíprocas confiança e boa-fé na ação do polo inimigo[206].

O fim da União Soviética em 1991 resultou na hegemonia dos Estados Unidos como principal potência econômica e bélica em atuação internacional, além de colocar término ao estado de tensão provocado por quase cinquenta anos, inaugurando uma nova era ainda dentro do Século XX, demonstrando mais uma vez sua peculiar ambivalência[207]. O declínio por dois fatores principais: o custo com o "império", com os subsídios dados a Estados não somente do leste europeu, como também em alguns países no terceiro mundo, e aos dispendiosos gastos militares, comprometendo boa parte da economia em investimentos no setor

---

[205] CASTRO, Thales. *Teoria das Relações Internacionais*, p. 489.

[206] "The nuclear armaments race which takes place under our very eyes bears eloquent testimony to the real motive powers behind the relation between the two halves of a divided world: reciprocal fear and suspicion rather than mutual trust and reliance on each other's good faith". (SCHWARZENBERGER, Georg. The fundamental principles of international law. *Recueil des cours*, Volume 87 (1955-I), p. 382)

[207] "A história do século XX parece ser representativa para a contextualização da problemática em discussão, bem como para a demonstração da existência de um esquematismo de paradoxos infindáveis e de inquietantes rupturas. O que faz do século XX um século ímpar na história da humanidade é o fato de ser ambivalente" (BITTAR, Eduardo C.B. *O Direito na Pós-Modernidade*. Rio de Janeiro: Forense Universitária, 2005, p. 90.).

de defesa[208].

Além disso, a dissolução soviética permitiu o surgimento de diversos novos Estados europeus, o que foi importante para o alargamento do processo de integração promovido pela União Europeia, que por sua vez reforça a afirmação de se estabelecer um novo paradigma da soberania, no sentido da terceira aporia de Ferrajoli[209].

A China, outro Estado totalitário que continuou em seu regime político, teve profundas modificações em seu modelo econômico. Chevallier, sobre esta nova China, destaca que "se o quadro do Estado totalitário está sempre presente (monopólio do partido comunista, ideologia oficial, onipresença dos aparelhos de coerção, repressão à dissidência), também a China entrou na economia de mercado e o setor privado ocupa um espaço crescente"[210]. Certamente a abertura à globalização evitou um colapso na China, como na União Soviética, ainda com a manutenção do regime.

Nesse quadro, a soberania no fim do Século XX sofre novos efeitos que mais ainda a relativizam, com a dinâmica globalizante. Não apenas uma globalização econômica e cultural, mas também uma globalização jurídica, uma verdadeira internacionalização dos Estados. Os Estados para conseguirem cada vez mais para se relacionarem internacionalmente aderem a tratados e consequentemente são compelidos em nome de seu desenvolvimento ou segurança, a se submeterem às normas internacionais, provocando uma inflação jurídica externa e internamente. Neste raciocínio, neste cenário de uma paz controlada entre nações, o direito internacional está cada vez mais presente no direito do Estado, uma vez que com as porosas fronteiras características da contemporaneidade, os limites jurídicos se tornam maleáveis, alterando sua estrutura no quanto à dinâmica na produção de normas e provocando uma convergência cada vez maior em seu conteúdo, a partir de uma paz posta.

Na análise de Habermas[211], a mudança de mentalidade na

---

[208]LAQUEUR, Walter. *The Dream that Failed: Reflections on the Sovietic Union.* New York: Oxford, 1994, p.58.
[209] FERRAJOLI, Luigi. *A Soberania no Mundo Moderno*, p. 3.
[210] CHEVALLIER, Jacques. *O Estado Pós-moderno.* p. 31.
[211] "Um exemplo animador é a consciência pacifista que se articulou publicamente após as experiências de duas guerras mundiais bárbaras e – a partir das nacções

consciência das nações em favor do pacifismo, proporciona, ainda que com fracos efeitos, a subordinação às normas internacionais com tal propósito. Evidentemente trata-se de um ressurgimento da ideia de um cosmopolitismo kantiano, com o intuito de uma paz além da imposição[212] dos vencedores. Neste raciocínio, o modelo de Estado de Direito caminha para ser aplicado de forma análoga no direito internacional, apesar de a paz imposta por meio de um modelo imposto.

Em todo caso, o Estado permanece como sujeito de direito central das relações internacionais. Mesmo com o efeito dissolutivo da soberania gerado pela globalização, o poder estatal permanece como um sujeito referencial. A globalização enquadra o Estado no sentido da imposição de determinados valores a serem seguidos pelos governos e sua estrutura é redesenhada em parte pelas transformações econômicas do final do Século XX, com a falência do modelo do bem estar social e da perda do controle sobre a economia, em parte pelo novo paradigma do direito internacional inaugurado com o sistema normativo baseado nas Nações Unidas e também pelo cenário político que se coaduna tanto com os fatores econômicos quanto pelos jurídicos, com a bipolarização se tornando hegemonia ocidental no cenário internacional.

2.3 Globalização e a ruptura da soberania (moderna)

---

imediatamente envolvidas – espalhou-se por muitos países. Sabemos que essa mudança de consciência não evitou de modo algum guerras locais e inúmeras guerras civis em outras partes do mundo. Todavia, graças à mudança de mentalidade, os parâmetros político-culturais das entre os Estados modificaram-se de tal modo que a Declaração Universal dos Direitos Humanos da ONU, com a proscrição e guerras ofensivas e a incriminação de crimes contra a humanidade, pôde conquistar o (fraco) efeito de compromisso normativo característico de convenções publicamente reconhecidas". (HABERMAS, Jürgen. *A Constelação Pós-nacional: ensaios políticos.* Trad. Márcio Seligmann-Silva. São Paulo: LitteraMundi, 2001, p. 73.)

[212] Somente para que fique claro, o termo "imposição" aqui utilizado é no sentido semântico de se estabelecer uma ordem, independentemente se suas consequências são valoradas como boas ou ruins. Se a paz imposta é boa ou má, se é certa ou incerta, legítima ou ilegítima, é um problema irrelevante para o presente trabalho. O que aqui interessa é trabalhar meramente com a ideia de que a paz prezada pela Carta das Nações Unidas é uma paz imposta, independentemente de valorações que possam surgir disso, que deve ser respondida pela filosofia moral.

A restrição à soberania do Estado é um processo contínuo de acontecimentos nos campos político e jurídico, no qual o poder vai se transmutando em uma constante simbiose com o mundo ao redor. Este processo foi acelerado com a nova ordem jurídica internacional inaugurada com o advento das Nações Unidas em 1945. Além deste fator, outro foi o desenvolvimento de tecnologias, sobretudo nas telecomunicações, que permitiram que houvesse uma integração jamais vista anteriormente na história humana.

Esta integração é denominada por globalização. O termo globalização é comumente designado para se referir à Economia, mas aplica-se o termo para muitos outros sistemas, inclusive para o Direito. A força que o Direito Internacional ganhou no Século XX, sobretudo após 1945, reflete nos Direitos Internos dos Estados, colocando-os como se fossem partes de um mesmo Ordenamento Jurídico que os regeria. Assim, diversos Estados se subordinam às mesmas regras de Direito Internacional e por meio de seu Direito Constitucional, realizam o processo de internalização destas normas ao Direito Interno, sendo que muitas vezes o Direito Constitucional dispensa esta transformação, refletindo a dinâmica e a complexidade normativa criada pela globalização. [213]

Para Ricardo Seitenfus, a "globalização deve ser considerada como um processo histórico do capitalismo – sobretudo financeiro – cuja fase mais aguda afirmou-se no final do Século XX. Entretanto, se globalização é uma realidade, não deve descurar de sua utilização ideológica"[214]. Conforme Stiglitz, "a globalização abrange muitas coisas: o fluxo internacional de ideias e conhecimento, o compartilhamento de culturas, uma sociedade civil global e o movimento ambiental mundial"[215].

Observa-se, como se desenvolverá adiante, uma perspectiva

---

[213] "A 'globalização' indica os processos vistos como auto-impulsionados, espontâneos e. erráticos, sem ninguém sentado à mesa de controle ou planejando, muito menos se encarregando dos resultados finais. Podemos dizer, sem muito exagero, que o termo "globalização" se refere à natureza desordenada dos processos que ocorrem acima do território "principalmente coordenado" e administrado pelo "mais alto nível" do poder institucionalizado, isto é, Estados soberanos" (BAUMAN, Zygmunt. *A Sociedade Individualizada: Vidas Contadas e Histórias Vividas*. Trad. José Gradel. Rio de Janeiro: Zahar, 2008, p. 48.)

[214] SEITENFUS, Ricardo. *Relações Internacionais*. Barueri: Manole, 2004, p. 177.

[215] STIGLITZ, Joseph E. *Globalização: como dar certo*. Trad. Pedro Maia Soares. São Paulo: Cia das Letras, 2007, p. 62.

negativa dos efeitos gerados pela globalização. Continuando na lição de Stiglitz, "a globalização tem o potencial de trazer enormes benefícios para as populações tanto do mundo em desenvolvimento como do desenvolvido. Mas há provas avassaladoras que ela tem estado a altura desse potencial"[216].

Certa ausência de controle sobre a globalização se observa em razão da perda do papel protagonista que o Estado exercia nas relações internacionais e em seu próprio Direito para abrir margem a outros sujeitos realizarem funções parecidas. Não se afirma que o Estado perde seu poder interno de ser o único emissor do Direito, tampouco há concordância com as ideias de Direito alternativo. O que se verifica é que o Estado, uma vez que não consegue suprir a necessidade de regulamentação da visa social na velocidade e proporção que foi sendo alcançada no pós-1945, pode permitir que outras organizações criem suas regras e a as apliquem dentro dos limites do Direito, como se Direito fossem.

No plano internacional semelhante processo ocorre. O Estado está inserido em um cenário dominado por empresas multinacionais, transacionais, organizações internacionais, organizações não governamentais e a própria pessoa humana. Todos são sujeitos de direito internacional como os Estados e mesmo não tendo todos seus poderes, contribuem para o curso tomado nas relações internacionais.

Neste acelerado processo globalizante a soberania estatal entra em xeque. Em um primeiro momento pode-se conceber que soberania e globalização são antagônicas, que a segunda é um fenômeno que contribui para a primeira entrar em colapso. Uma vez que a globalização é um movimento de integração que extrapola o poder do Estado, a soberania encontra-se cada vez mais relativizada e foi cada vez mais remodelada a ponto de se adequar ao direito contemporâneo globalizado.

O fenômeno globalizante no plano jurídico é acelerado pelo estabelecimento das Nações Unidas e pelo início do reconhecimento e respeito aos Direitos Humanos, ideologicamente representado pela Declaração Universal dos Direitos Humanos de 1948. Contudo, conforme Danilo Zolo, a partir das três últimas décadas do século XX, a globalização torna-se mais evidente, com o desenvolvimento

---

[216] Ibidem, p. 63.

tecnológico, a celeridade dos meios de transporte e a "revolução" da informática, possibilitando uma integração social nunca observada, promovendo uma contração das dimensões espaciais e temporais. Com isso, as distâncias geográficas não se configuram mais como um obstáculo para a troca de informação humana, possibilitando uma interação imediata independentemente dos limites espaciais.[217]

A dinâmica globalizante que impõe o modelo de Estado de Direito e suas variantes econômicas, políticas, jurídicas e culturais, pode não ter atendido à expectativa de sua proposta não proposta.

O fenômeno permitiu uma transformação ímpar na teoria jurídica e na compreensão do direito, necessitando uma redefinição de todas as estruturas apensas ao direito. O Estado moderno e o direito moderno surgem, ainda que ontologicamente como coincidentes correlatos. O Estado emerge como uma resposta a uma insegurança das relações jurídicas existente no Renascimento, que necessitavam de um poder vetor superior que consolidasse, externa e internamente a obrigatoriedade de condutas. O Estado moderno, como anteriormente exposto, possui características especificas que o diferem das organizações políticas anteriores.

A soberania do Estado, à medida que enfraquecia enquanto um poder político, permitiu uma profunda alteração em sua concepção em relação à titularidade, exercício, unicidade etc. Por outro lado, o que mantém um Estado como Estado, do Renascimento ao Século XX é o seu caráter externo. Isso significa dizer que não importa o tipo de governo, o conteúdo das leis, as formas da burocracia ou a organização política para que um Estado fosse conceituado como tal. Um Estado soberano, ainda pautado no modelo de Vestfália, é aquele que não se submetia ao poder e ao império de outro. A soberania, ao mesmo tempo em que permitia ao Estado o poder de não se submeter a outro, era o que assegurava juridicamente a possibilidade de poder subjugar outro.

A soberania moderna está inserida num contexto de constante tensão política que era aliviada uma por juridicidade de interesses. A própria garantia de não ter sua soberania invadida era o que possibilitava uma punição às violações mais graves: o poder bélico. O direito à guerra era a garantia última à proteção da soberania

---

[217] ZOLO, Danilo. *Globalización: Um Mapa de los Problemas*. Miguel Montes. Bilbao: Mensajero, 2006, p.18

estatal e era o que autorizava uma destruição à garantia de outro Estado. Dentro dos padrões westfalianos, o soberano é aquele que tem o direito de fazer a guerra por motivos justificáveis.

A ruptura ontológica da soberania no plano externo é a perda do direito à guerra. A remodelação de seu conceito, como os de seus aspectos pareados – o Estado e o direito – tem início com a redescoberta de suas funções. Como é muito difícil precisar na filosofia do direito e da política contemporânea quando o Estado moderno seguiu adiante, será aqui, ao menos até o momento, a possibilidade jurídica do controle de sanção no direito entre Estados que marcará o início da real transição ao novo Estado, ao novo direito e à nova soberania, que outrora com uma essência de absolutização, passam a ter na relatividade sua não essência.

A globalização permitiu a modificação das estruturas do direito e da política paralelamente ao desenvolvimento da técnica e da ciência no Século XX e no Século XXI, o que perfaz a necessidade de uma redefinição de conceitos. A globalização necessariamente nega a soberania? A soberania nega a globalização? São conceitos antagônicos impossíveis de permanecer em uma mesma esfera de conhecimento ou podem ser compreendidos como complementares. Para Goyard-Fabre, "a superação do direito político do Estado moderno por um direito novo, que metamorfoseia algumas de suas estruturas, não ocorre sem criar, em torno do conceito fundamental da onicompetência do poder soberano, problemas muito delicados"[218].

Em uma redefinição de soberania há uma redefinição de funções do direito internacional enquanto categoria isolada do direito interno e do direito interno em relação ao direito internacional. Há uma redefinição das teorias clássicas que explicam as relações entre essas duas esferas jurídicas – o dualismo e o monismo são os mais conhecidos exemplos – porque essa compreensão passa por um objeto, a soberania, que não é mais o que deve ser compreendido enquanto era. A soberania do Estado contemporâneo não é uma opositora ao direito internacional e não funciona como um escudo do Estado. A soberania na era da globalização exerce funções diferentes em uma realidade diferente.

---

[218] GOYARD-FABRE, Simone. *Os Princípios Filosóficos do Direito Político Moderno.* Trad. Irene Paternot. São Paulo: Martins Fontes, 1999, p. 489.

Será trabalhada aqui a globalização como fenômeno de solução da soberania, mas sem a dissolver por completo. Para tanto, será necessária uma breve compreensão da globalização enquanto categoria da filosofia do direito e da política. Será dado um pequeno enfoque em uma compreensão econômica, mas apenas para um suporte explicativo ao objeto proposto.

Apesar de ser praticamente inesgotável a literatura sobre a globalização, suas causas e seus efeitos, foram escolhidas as análises de certos autores que possibilitam uma compreensão em diálogo com o objeto proposto. Os temas se repetirão algumas vezes, mas em óticas diferentes, o que inclusive compatível com a própria forma do conhecer globalizado.

2.4 Análise da globalização como fenômeno

A globalização não é um fenômeno contemporâneo, mas ganha notoriedade no final do Século XX. O conceituar globalização é tarefa árdua ao acadêmico em razão da enorme complexidade das conexões e dos ângulos que a envolvem. Fala-se de globalização política, econômica, cultural, social etc. As matérias muitas vezes se confundem na análise, tanto que dificilmente consegue-se pensar em globalização apenas em um aspecto[219]. A globalização política se envolve com a globalização econômica em maior ou menor contato, dependendo da abordagem.

O termo globalização é usado, neste livro, para designar o fenômeno de interação e transformação entre os Estados no Século XX que alterou suas funções, o que em uma historiografia do termo pode ser compreendida como a "globalização contemporânea"

---

[219] "From what you have reads of you will have realized that the notion of globalization is subject to a range of different definitions and interpretations. Some stress the developmentof a common global culture. Others debate whether the political power of the nation-state to deal with the wide range of challenges it faces is declining; these challenges include the international drugs trade, the power of large international companies, the increasing influence of the USA over economic and political matters, and the desperation of would-be 'economic' migrants." (KELLY, Bob; PROKHOVNIK. Economicglobalization? In: HELD, David (org.). *A Globalizing World? Culture, Economics, Politics.* London: Routledge, 2004, p. 84.)

usada por David Held e Anthony McGrew.[220]

Para analisar a Globalização, serão utilizadas as tipologias desenvolvidas por David Held e Anthony McGrew, tanto em relação à historicidade quanto às dimensões que constituem o conceito desenvolvido por eles.

Os autores propõem um conceito que pode ser analisado em dimensões a serem aplicadas em determinado período para compreender a globalização no curso do tempo. Serão apresentadas essas dimensões e como os atributos se encaixam nelas, para posteriormente a globalização contemporânea ser analisada desta forma e como seus efeitos modificam a soberania em si no âmbito de sua relatividade externa e interna.

---

[220] Conforme os autores desenvolvem, a globalização não é um fenômeno único da modernidade tardia. A globalização contemporânea é um entre algumas eu ocorreram no decurso da História. Held e McGrew classificam as teorias e consequentes estudiosos da globalização em dois grandes grupos: os *globalistas*, que defendem o fenômeno globalizante como integrador de todas as relações sociais e que enfraqueceu os limites regionais político, jurídico e econômico, um fenômeno inédito que destrói as bases nas quais o Estado é construído; e os *céticos* que entendem ser a globalização moderna é um mito, uma retórica discursiva e que por algumas bases é possível manter ainda um cenário internacional nas quais estão assentadas as bases modernas, com alterações contemporâneas que não são significativas para a quebra ou a redefinição desse modelo. Como dispõe os autores sobre a globalização contemporânea: "As theexistenceofpremodern world religions confirms, globalization is not only a phenomenon of the modern age. Making sense of contemporary globalization requires placing it in the context of secular trends of world historical development (Modelski 1972; Hodgson 1 993; MazlishandBuultjens 1 993; Bentley 1996; Frank andGills 1996; Clark 1997; Frank 1998). That development, as the globalist account also recognizes, is punctuated by distinctive phases – from theepoch of world discovery to the belle epoque or the inter war years – when the pace of globalization appears to intensify or, alternatively, sometimes regress (Fernandez-Armesto 1995; Geyerand Bright 1995). To understand contemporary globalization requires investigating what differentiates these discrete phases, including how such systems and patterns of global interconnectedness are organizedand reproduced, their different geographies and histories, and the changing configuration of interregional power relations. Accordingly, the globalist account stretches the concept of globalization to embrace the idea of its distinctive historical forms. This requires na examination of how patterns of globalization, both with in and between different domains of activity, compare andcontrast over time." (HELD, David; MCGREW, Anthony. The GreatGlobalization Debate: AnIntroduction. In: HELD, David; MCGREW, Anthony. *The Global Transformations Reader*. Na Introduction to the Globalization Debate. Cambridge: Polity Press, 2005, p. 7.).

De acordo com esses atributos e dimensões:

> A globalização pode ser pensada como um processo ou um conjunto de processos que incorporam uma transformação na organização espacial das relações e transações sociais – assentadas nos termos de sua extensão, intensidade, velocidade e impacto – gerando fluxos internacionais e inter-regionais e redes de atividade, interação e o exercício de poder[221].

Neste conceito estão presentes alguns elementos que permitem explicar a globalização como um fenômeno, um acontecimento que pode ser percebido em diferentes regiões do mundo ou nele como um todo, e que precisa necessariamente transformar a estrutura da sociedade internacional em alguns termos de maneira que se altere a principalmente as relações de poder entre os Estados.

De uma perspectiva jurídica, pode ser proposta uma visão de globalização que altere os efeitos normais em sistema jurídico de um Estado ou de um regime entre Estados. Significa dizer que o processo globalizante interfere em um sistema pré-estabelecido e o modifica com fluxos de entrada e saída de normas, seja por uma incorporação normativa do Direito do exterior ao direito interno ou a incorporação do direito interno ao nível de diálogo com outras ordens normativas. Esse tema será desenvolvido no Capítulo 3, na análise dos efeitos da soberania modificada pela globalização no Direito Internacional.

As dimensões propostas por Held se coadunam com outros conceitos de alguns autores que analisam a globalização no tocante à correspondência de informações intensa em escala mundial ou regional. Em cada época a globalização é diferente e na contemporaneidade atinge o grau máximo conhecido. [222]

A conceituação analítica da globalização em suas formas

---

[221] Ibidem, p. 68. No original em inglês: "By acknowledge in these dimensions a more precise definition of globalization can be offered. Accordingly, globalization can be thought of as a process (or set of processes) which embodies a transformation in the spatial organization of social relations and transactions - assessed in terms of the irextensity, intensity, velocity and impact - generating transcontinental or interregional flows and networks of activity, interaction, and the exercise of power."

[222] Contra essa opinião se encontram os chamados céticos da globalização por Held, que defendem que a globalização é um mito, uma interpretação errada da expansão das relações econômicas que fazem preponderaras grandes potências sobre os países em desenvolvimento.

históricas parte de dois atributos: o espaço-temporal e o organizacional.

Cada um desses atributos envolve quatro dimensões essenciais para analisar a globalização enquanto fenômeno do decorrer da História. As quatro dimensões espaço-temporais são a extensão, a intensidade, a velocidade e o impacto.

A *extensão* se refere ao alcance das relações políticas, sociais e econômicas entre fronteiras que possam repercutir em regiões distantes do mundo no tocante às atividades realizadas.[223] Significa dizer que determinados acontecimentos em territórios específicos que tem alcance em outros pontos do mundo. Essa extensão gera determinados padrões de propagação das atividades, que variam entre interações políticas entre dois Estados à transformação de relações sociais de uma comunidade específica.

A *intensidade* é referida ao crescimento da magnitude que caracterizam as interações as fortalecem. Quanto maior for essa interação entre sociedades ou Estados, maior é a intensidade percebida[224].

A *velocidade* dos fluxos globais notada pelo maior ou menor tempo que a interação entre sociedades e Estados ao redor do mundo é realizada[225]. Quanto menor o tempo dessa interação, mais veloz é processo globalizante. Essa dimensão é necessariamente vinculada ao desenvolvimento tecnológico, seja nos meios de transporte, seja nos meios de comunicação, ainda que esses dois meios sejam coincidentes em grande parte das vezes e que repercutem diretamente na tomada de decisão política[226].

A comunicação é essencial para se medir as outras duas dimensões. Desta forma, quanto menor o tempo (e, portanto, maior velocidade), mais rapidamente a informação chegará a lugares territorialmente distantes, permitindo uma maior interação. Uma velocidade maior permite um alcance maior dos acontecimentos mais relevantes de uma determinada região em outra região e

---

[223]Ibidem .p. 69

[224] Idem.

[225] Idem.

[226] "Pode-se dizer que a velocidade assim utilizada é duplamente um dado da política e não da técnica.De um lado, trata-se de uma escolha relacionada com o poder dos agentes e, de outro, da legitimação dessa escolha, por meio da justificação de uma modelo de civilização." (SANTOS, Milton. *Por uma outra Globalização*, p. 122.).

aumenta sua força de interatividade, pois quanto maior o tempo que a informação demora em ser trocada, menor é o vínculo entre o emissor e o receptor.

O *impacto* se relaciona aos efeitos causados pelo movimento globalizante em uma sociedade ou mesmo em um Estado.[227] É possível verificar o fenômeno pelos impactos que ele causa, ou melhor, como ele modifica certos aspectos daquela sociedade em particular. Esses impactos se coadunam com o os efeitos dissolutivos que a globalização causou na soberania estatal, descritos no Capítulo 3.

A dimensão do impacto, por sua vez, conforme Held, pode ser desmembrada em outros quatro aspectos deste impacto: os impactos *decisionais, institucionais, distributivos* e *estruturais*[228].

Os impactos *decisionais* medem "o grau em que os relativos custos e benefícios das escolhas políticas confrontam governos, corporações, coletividades e domicílios são influenciados pelas forças e condições globais". [229] Nesse sentido, a como globalização modifica o modo de comportamento da sociedade e as decisões políticas do Estado.

Os impactos *institucionais* se referem "aos caminhos os quais as agendas organizacionais ou coletivas refletem na escolha efetiva ou o conjunto de escolhas possíveis como resultado da globalização".[230] Esses impactos são observáveis nas pautas das decisões políticas que afetam diretamente uma instituição, enquanto os impactos *decisionais* se relacionam mais a como a globalização influencia os tomadores de decisão em suas preferências. O primeiro impacto é o grau de influência do fenômeno globalizante; o segundo, as alternativas institucionais que resultam de tal influência.

---

[227] HELD, David et al. RethinkingGlobalization. In: HELD, David; MCGREW, Anthony. *The Global transformations reader:* Na introduction to Globalizations ,p. 69
[228] Ibidem, p. 70
[229] Idem. No original em inglês: "the notion lof institutional impac thighlights the ways in which organizational and collective agendas reflect the effective choices or range of choices available as a result of globalization".
[230] HELD, David et al. Rethinking Globalization. In: HELD, David; MCGREW, Anthony. *The Global transformations reader:* An introduction to Globalizations, p. 70. No original em inglês: "Decision alimpacts refer to the degree to which the relative costs and benefits of the policy choices confronting governments, corporations, collectivities and households are influencedby global forces andconditions."

Por sua vez, os impactos *distributivos* se referem a como o poder e riqueza são distribuídos entre os países. Nesse aspecto, o que é analisado é como a globalização modifica a distribuição do poder e da riqueza entre as diversas sociedades do globo de forma a modificar suas configurações[231].

Esse aspecto verifica os impactos econômicos que o sistema da globalização causa – geralmente deslocando as fontes de riqueza de um ponto para outro[232]. Tais impactos atualmente são os mais criticados e vistos como consequências do lado perverso da globalização para autores como Milton Santos e Joseph Stiglitz

Além disso, há o impacto político no que se refere a como o processo globalizante desloca os focos de poder na tomada de decisão de um lugar para o outro e como tais lugares tem suas próprias configurações modificadas em razão disso.

Os impactos *estruturais* afetam diretamente os "padrões de organização e comportamento social interno, econômico e político"[233]. Esses impactos alteram a essas estruturas de forma que elas precisam se adaptar aos modelos que são criados e difundidos pelos agentes globalizantes. Este aspecto também se torna muito interessante pois se relaciona diretamente com a tensão entre universalismo e comunitarismo. O debate se preza naquele modelo de organização política de certos países que são difundidos e adaptados em outros por pressão da globalização de certo modelo. A historicidade do Estado de Direito e da soberania se relacionam diretamente com isso além de outras formas de uniformização emanadas de uma determinada região que se espalha às outras.

No âmbito dos impactos estruturais podem ser desenvolvidos os debates sobre a ocidentalização, nas quais outros Estados absorvem os padrões de organização e comportamento do mundo ocidental e

---

[231] Idem.

[232] "O dinheiro se torna um equivalente realmente universal, ao mesmo tempo em que ganha uma existência praticamente autônoma em relação ao resto da economia [...] sob a influência do dinheiro, o conteúdo do território escapa a toda regulação interna, objeto que ele é de uma permanente instabilidade, da qual os diversos agentes apenas constituem testemunhas passivas." (SANTOS, Milton. *Por uma outra Globalização*. São Paulo: Record, 2000, p.101.).

[233] HELD, David et al. RethinkingGlobalization. (HELD, David; MCGREW, Anthony. *The Global transformations reader:* An introduction to Globalizations. p. 70.) No original em inglês "conditions patterns of domestic social, economic and political organization and behaviour."

as reproduzem internamente. Dentro de cada fase histórica da globalização é possível verificar esses impactos, mas no final do Século XX torna-se mais latente, inclusive permitindo a fagocitose de culturas dentro do citoplasma da globalização. O liberalismo como modelo político e o capitalismo como modo de produção espalhados pelo mundo tornam tais impactos visíveis, uma vez que a interação causada pelas outras dimensões da globalização não permite que seja possível a elaboração de um cenário sem que não haja uma ideia de quase uniformização das relações políticas, sociais e econômicas.

Neste ponto encerram-se, conforme a classificação de Held, as dimensões espaço-temporais da globalização. Adicionadas a essas, o atributo organizacional se divide também em quatro dimensões e complementam as anteriores. São elas: a infraestrutura, a institucionalização, a estratificação e os modos dominantes.

A *infraestrutura* é o que permite a troca de informações ou fluxos. A infraestrutura é necessária para que haja qualquer tipo de comunicação provocada pela globalização. Podem ser formadas pelo sistema jurídico, pela linguagem, pelos meios físicos e até mesmo pelo simbolismo. A infraestrutura pode ampliar ou diminuir o fluxo de troca de informações provocados pela globalização, dependendo do caso. A estrutura se modifica conforme o aumento da complexidade das relações sociais. Neste ponto é possível ver que sua modificação é provocada pelos impactos estruturais do atributo espaço-temporal.

A *institucionalização* é o resultado da condensação do exercício do poder nas sociedades internacionais. Uma vez que as relações jurídicas geralmente são realizadas sob determinada forma dada pela infraestrutura da comunicação, há a criação de instituições destinadas a regulamentar as condutas na sociedade internacional. Essa dimensão leva a uma reflexão sobre a alteração do paradigma da sociedade internacional no Século XX, com a decadência do modelo moderno de Estado e a ressiginficações de suas funções no âmbito interno e no âmbito internacional.

Ainda que o Estado seja a referência simbólica para a formação de todas as instituições, sobretudo na distribuição de competências a órgãos funcionais de acordo com a divisão do trabalho, é rivalizado hoje no exercício do poder político e na criação das normas jurídicas internamente com a instituição de agências reguladoras e outros órgãos que diminuem a participação do Estado em certos setores da sociedade, e internacionalmente com as organizações internacionais e os outros atores do cenário global[234], que criam núcleos de influência além do controle do Estado, ainda mais com a criação de regimes jurídicos sobre certas matérias que sobrepujam a territorialidade do Estado, dependendo apenas da participação deste ou não nos tratados que criam essas obrigações.

A *estratificação* do poder é a dimensão organizacional que diz respeito à distribuição dos núcleos de poder. A globalização de épocas assim como a contemporânea, transforma e reorganiza os núcleos de poder, ou seja, de onde são emanadas as comunicações que afetam as demais sociedades. Essa estratificação é hierarquizada e desigual. A hierarquia se observa no acesso e no controle das infraestruturas que provocam a globalização. Apesar de a igualdade soberana ser um princípio internacional, a lógica da sociedade internacional não permite uma não-estratificação em razão das diferenças no poderio dos Estados.

Nesse caso, alguns Estados, comumente as chamadas potências, tem maior controle sobre a infraestrutura e sobre as instituições que participam do processo globalizante. A desigualdade também é

---

[234] O uso do termo cenário global nesse caso se refere à percepção das relações entre os Estados e outros atores internacionais em uma visão do realismo cratológico, no espectro comunidade-cenário internacional. No cenário global, no qual o Estado adquire novas funções, deixando para trás sua obsoleta essência moderna (Chevallier), há uma transposição das relações internacionais como uma comunidade harmônica para um cenário assimétrico, no qual a desigualdade soberana entre soberanoscaracteriza um maior grau de entropia dos vínculos. Conforme a ideia aqui defendida, essa entropia é agravada pelo fenômeno globalizante, que ao mesmo tempo necessita da visão comunitária, no qual há uma idealização de valores isonômicos entre as nações e a abolição da guerra como um fato não desejável e não utilizável, para uma configuração de um sistema internacional, pautado pela assimetria, mas que há a possibilidade de se estabelecer uma ordem internacional pautada pelo direito, que vincula as ações dos atores internacionais por meio de normas e organizações internacionais que exercem a tomada de decisões com o fim de ordenar e centralizar as funções políticas e jurídicas externas. Thales Castro, ao debater o uso da nomenclatura da sociedade internacional, contrapõe a visão idealista de comunidade internacional, com o conceito de cenário internacional, "formado pela assimetria de informações por causa da natureza estrutural do relacionamento entre os Estados e demais atores não estatais. O cenário internacional é calcado na desigualdade inerente aos Estados e se retroalimenta de contradições." (CASTRO, Thales. *Teoria das Relações Internacionais*. Brasília, FUNAG, 2012, p. 93.).

percebida na diferença dos efeitos que a globalização causa nas diversas sociedades ao redor do globo. Como as potências têm maior capacidade discursiva e influenciam mais que são influenciadas, os maiores efeitos da globalização se são nos centros de onde ela não emana.

A globalização pode ser vista como uma tendência de uniformizar os comportamentos de sociedades de acordo com o modelo pretendido pelas potências, ou seja, os que têm maior poder ditam os caminhos que a globalização percorre e como afeta diretamente os outros povos que não daqueles Estados. É possível observar a carga ideológica ao se propagar modelos políticos e econômicos a outras culturas. Assim, de acordo com as atuais potências predominantes, os Estados Unidos, países europeus como França, Alemanha e Reino Unido, e asiáticos como Japão e China, propagam seu modo de ser, em uma concepção de ser melhor que outros, aos Estados emergentes e até aos de pequeno poder, mas são pouco influenciados por eles.

Como será debatido mais a frente, a globalização contemporânea afeta a soberania de muitas maneiras, apesar do presente trabalho focar em três especialmente: os direitos humanos, democracia e estrutura jurídica. Neste caso, há uma tendência de reprodução dos modelos de Estado. No debate entre universalismo e comunitarismo, a globalização surge como uma forma de tornar porosas as barreiras das diferenças regionais, chegando cada vez mais ser capaz de transformar um Estado ou mesmo um povo, impondo uma reprodução adaptada de seu modelo. Por outro lado, pode-se entender que a globalização também reafirma essas diferenças regionais, ao se observar a formação de identidades que ultrapassam a fronteira dos Estados e que em muito independem deles.

Por fim, a última dimensão da globalização a ser analisada se refere aos *modos de dominação*. Nesse fenômeno há um campo de dominação onde se sobressaem potências em detrimento de outros Estados. Os modos de dominação praticamente se condensam em uma dominação econômica e militar, revestidos por uma prática de expansão de domínios, que permitem um maior controle sobre os espaços que não são núcleos de poder e quem são mais atingidos e modificados pela globalização. Como observam Held e McGrew, no fim do "século XIX com a expansão ocidental, o imperialismo e poder militar eram os modos dominantes e instrumentos da globalização, enquanto no final do século XX aparecem instrumentos econômicos, competição e cooperação ter precedência sobre a força militar"[235].

2.5 Duas faces da globalização

Joseph Stiglitz apresenta um quadro problemático dos efeitos da globalização, vista em suas duas faces, o que é importante para enxergar um horizonte de tensão provocado entre as expectativas e os fatos e principalmente para saber como este fenômeno pode interferir no projeto jurídico do Estado contemporâneo.

A análise de Stiglitz demonstra um processo de globalização com resultados pessimistas, de forma imperar negativamente como uma nova ordem mundial aliada a diversos fatores, como o avanço tecnológico e a criação de sociedades do consumo para o consumo.[236] Em todo caso, nota-se que o velho debate sobre o desenvolvimento tecnológico e a interferência dos interesses políticos ressurge, ao se verificar que há certo controle das tecnologias por certos agentes no cenário mundial.

Essa é a posição de Milton Santos, ao apontar a perversidade por trás da ideia de globalização e progresso da ciência, que serve aos interesses de sistema imposto pela lógica dominante das potências políticas e econômicas, sobre dois pilares: a violência do dinheiro e da informação. Segundo o autor, "o período atual tem como uma das bases esse casamento entre ciência e técnica, essa tecnociência, cujo uso é condicionado pelo mercado. [...] a ciência passa a produzir aquilo que interessa ao mercado, e não à humanidade em geral"[237].

A economia que tem dado impulso para a globalização acontecer

---

[235] HELD, David et al. RethinkingGlobalization. In: HELD, David; MCGREW, Anthony. *The Global transformations reader:* Na introduction to Globalizations .p. 72. No original em inglês: "in the late nineteenth-century era of Western expansion, imperialism and military power were the dominant modes andi nstruments of globalization, whereas in the late twentieth century economic instruments, competition and cooperation appear to take precedence over military force".

[236]" A globalização pode ter ajudado alguns países – seu PIB, a soma total dos bens e serviços produzidos, pode ter aumentado –, mas não ajudou a maioria das pessoas, nem mesmo nesses países. A preocupação era que a globalização poderia estar criando países ricos com populações pobres". (STIGLITZ, Joseph E. *Globalização: como dar certo.* Trad. Pedro Maia Soares. São Paulo: Cia das Letras, 2007, p. 68).

[237] SANTOS, Milton. *Por uma outra Globalização.* p. 65.

pela difusão da informação é moldada pelos Estados mais poderosos de forma a atender a manutenção à ordem estabelecida. Esses Estados com maior potência bélica e econômica, o que consequentemente lhes permitiram uma maior amplitude política e possibilidade de participação e no controle da produção jurídica internacionais, "não procuraram criar um conjunto justo de regras, muito menos um conjunto de regras que promovesse o bem-estar dos habitantes dos países mais pobres do mundo". [238]

Stiglitz dá uma ênfase econômica sobre como tudo opera em relação ao mercado mundial, do poder de império das grandes corporações e dos grandes Estados ao restante do mundo. Do ponto de vista jurídico, a soberania encontra uma transformação diante a essa dinâmica, mas não deixa de existir. Ainda que o Estado esteja rivalizado com outros atores internacionais, permanece como o eixo em torno do qual a globalização acontece. A grande questão não é somente um ponto de equilíbrio entre Estados e outros sujeitos e sim entre Estados mais poderosos e Estados menos poderosos.

Nesse sentido, a partir da globalização faz-se uma crítica ao próprio processo globalizante. Há uma formação negativa de dominação dos Estados mais desenvolvidos sobre os Estados menos desenvolvidos. Ainda que repercuta em diversas esferas, o processo afeta a relação do Estado com sua soberania, afetando dessa forma a ontologia da soberania na criação de desigualdades de poder.

Inicialmente, de acordo com o princípio da igualdade soberana contido no Artigo 2, (1) da Carta da ONU[239], ser soberano deveria significar não se submeter a nenhuma outra soberania. Uma igualdade soberana pressupõe que todos sejam iguais perante eles mesmos, sem para que isso haja um poder político superior acima deles, mas somente um "império da lei internacional". A soberania é afetada pela globalização, uma vez que a troca entre sistemas soberanos não é recíproca. Isso significa que determinados Estados impõem sua produção jurídica a outros Estados, ainda que não diretamente, criando um sistema de soberanias com valores diversos, indo além de uma divisão binária entre soberanos e não soberanos.

Essa é a crítica de Chomsky, ao observar a ingerência das grandes

---

[238] STIGLITZ, Joseph E. *Globalização: como dar certo...*, p. 63
[239] Conforme o texto do Art. 2º (1), "a Organização é baseada no princípio da igualdade de todos os seus Membros".

potências nos pequenos Estados cujo regime é entendido como uma provável ruptura na ordem internacional, pois "não há razão, entenda-se, à parte o juízo político de que as grandes potências têm o direito de impor à força um regime de sua escolha em terras estrangeiras. O sistema jurídico, assim interpretado, é uma simples ratificação da prática imperialista"[240].

A igualdade soberana não é nem uma igualdade perante a lei tampouco uma igualdade na lei. A soberania do Estado contemporâneo não é a mesma para todos e parte disso se encontra relacionado ao déficit democrático que a globalização causou[241]. Apesar da estrutura do Estado ser diferente, com certos elementos que podem ser comuns a toda organização política que hoje é um Estado, a manifestação de sua soberania é diferente de acordo com a função que o Estado exerce no cenário internacional[242]. Apesar de ser mais dificultoso, há certos pontos em comum entre as soberanias, que permite criar um núcleo de características que permitem variáveis.

Nos dizeres de Stiglitz, o processo globalizante "retirou a soberania de grande parte dos países em desenvolvimento e de sua capacidade de tomar decisões em áreas essenciais que afetam o bem-estar de seus cidadãos"[243]. Neste caso, não é que a soberania propriamente foi retirada, mas encontra um poder de limitação maior que as soberanias de países mais desenvolvidos. Conforme está sendo defendido aqui, a soberania do Estado nunca é retirada por completo, ela apenas perde alguns espaços de atuação interna e

---

[240] CHOMSKY, Noam. *Razões de Estado*. Trad. Vera Ribeiro. São Paulo: Record, 2008, p. 277

[241] "Em termos internacionais, não conseguimos criar as instituições políticas democráticas que são necessárias para fazer a globalização funcionar, assegurar que o poder da economia de mercado global leva à melhoria da vida da maioria dos habitantes do planeta, não apenas aos mais ricos dos países ricos. Devido ao déficit democrático no modo como a globalização é gerida, seus excessos não foram contidos" (STIGLITZ, Joseph E. *Globalização: como dar certo*. Trad. Pedro Maia Soares. São Paulo: Cia das Letras, 2007, p.421.).

[242] Novamente o termo "cenário internacional" é utilizado como na visão realista de que as relações entre Estados se baseiam em uma percepção assimétrica na qual uns são mais soberanos que outros, devido à sua potência bélica e econômica. Essa visão se coaduna com a crítica à globalização como um conceito de fluxos constantes entre os Estados, quando na verdade percebe-se uma emissão de comunicações e saídas das potências,e entradas nas não potências.

[243] STIGLITZ, Joseph E. *Globalização: como dar certo...*, p. 63

externamente.

Internamente a soberania é limitada por duas vertentes. A primeira é pela *construção gradativa da ideia de Estado de Direito*, conforme visto anteriormente. Com todos os instrumentos jurídicos de contenção do poder político, principalmente pelo constitucionalismo, a soberania se transforma em um poder limitado de emissão de normas e atuação nos espaços permitidos por elas. A segunda é realizada pela *entrada de normas externas no direito interno*, seja pela via direta, seja pela recepção e transformação dessas normas em direito interno. A soberania interna é limitada por fatores externos porque a sociedade internacional, com a globalização, não limita apenas a atuação do Estado com outros Estados, mas também com sua sociedade. Ainda que na teoria jurídica contemporânea essa penetração na soberania encontra espaço no debate entre universalistas e comunitaristas, é visivelmente corrente e alcança o espaço de atuação interna de quase todos os Estados.

O embate se dá por diversos fatores de como a globalização afeta a soberania no âmbito interno, mas aqui será destacado dois. O primeiro é sobre uma ideia de estrutura do Estado de Direito. O Estado de Direito foi o modelo desejado de Estado que predominou na era da globalização. Ainda que com suas variáveis, o Estado de Direito é aquilo que é reconhecido pelos Estados mais poderosos como o estruturado com certas bases como os seus e dentro do que suas prescrições na sociedade internacional determinam.

A normatividade constitucional coloca o Estado em uma dinâmica de validade ao restante das normas de um ordenamento. A produção jurídica deve ser realizada em observância aos ditames substanciais e procedimentais. Ainda que não seja o objetivo aqui discutir qual deva prevalecer sobre qual, o poder soberano deve ter como referencial a Constituição para realizar todo tipo de conduta. A partição do Poder em poderes com funções precipuamente típicas e a ação dentro do que pauta a lei deriva de ditames constitucionais que confirmam pontos comuns na historicidade dos Estados de Direito. Além disso, a finalidade de garantia dos direitos fundamentais e a exigência de legitimidade do Estado no corpo popular completam genericamente o que é possível delimitar como um Estado de Direito.

3

IMPACTOS DA GLOBALIZAÇÃO NA REDEFINIÇÃO DA SOBERANIA

A globalização provoca um efeito dissolutivo na soberania estatal. Conforme Chevallier, as relações de interdependência do Estado com a multipolaridade característica do processo de globalização que enquadra as ações dos Estados "uma ordem transnacional se constrói progressivamente superando aos Estado-nação [...] com a implantação do 'sistema das Nações Unidas', mas essa ordem, apoiada sobre um conjunto de valores e de crenças, encontrou consolidação e afirmação ao longo dos anos 1990" [244]

Nesse sentido a globalização impõe um modelo de Estado de Direito a ser seguido pelos outros Estados em desenvolvimento.[245]

---

[244] CHEVALLIER, Jacques. *O Estado Pós-moderno...*, p. 38.

[245] Conforme a lição de André-Jean Arnaud, "o Estado de direito tornou-se a referência simbólica, senão uma justificativa para o mercado. Existe um laço político forte com aquilo que precede. É que as economias liberais só podem crescer num contexto mundial de Estados não dirigistas, que desenvolvem constituições e corpos de direito assegurando a transparência, o direito de todos a se exprimir e a se beneficiar dos frutos da economia de mercado – pois eles existem – bem como a abertura das fronteiras e o fortalecimento do poder dos juízes." (ARNAUD, André-Jean. Introdução. In: ARNAUD, André-Jean (org.). *Globalização de Direito*: Impactos nacionais, regionais e transacionais. 2 ed. Rio de Janeiro: Lumen Juris, 2005).

É uma clara limitação na liberdade do Estado se auto estruturar. Será proposta uma visão de como a globalização afeta a soberania interna dos diversos Estados a partir de três vertentes: direitos humanos, democracia e estrutura jurídica.

3.1 Nos direitos humanos

A grande retomada da cultura jurídica pelo humanismo se dá pela criação de um núcleo de normas de proteção à pessoa humana. A grande em torno da qual se pauta o debate entre universalistas e comunitaristas se dá em razão se há valores universais comuns a todos os seres humanos, desconsiderando suas culturas regionais ou não. Em outras palavras, a discussão é se seria legítimo impor um determinado modelo de direitos humanos em detrimento a outros.

A questão do reconhecimento de direitos humanos se relaciona diretamente com a ideia de sujeito de direito e de individuo, pressuposto de uma leitura liberal que permitiu uma libertação do homem de seu Estado. Um destaque para tais ideias na modernidade é Immanuel Kant, para quem a transcendência do sujeito se dá em sua particular visão de mundo. O sujeito reconhece o objeto enquanto fenômeno, o que permite uma leitura particularizada do exterior. Pautando-se nessa ideia de que o ser humano é o fim em si mesmo, o humanismo do Século XX procura determinar internacionalmente um modelo de Estado de Direito para o qual o ser humano deve ser o centro, o fundamento e a finalidade.

Essa sobreposição da figura do indivíduo além da delimitação material feita pelo Estado provoca uma alteração na moderna concepção de monopólio da produção jurídica estatal como produto de uma vontade geral. Nesse ponto, a ideia de vontade geral de Rousseau pode ser revisitada e colocada em um patamar além das fronteiras estatais. O interesse geral torna-se uma força além do Estado.

A ideia de interesse público como aquela vontade desinteressada pode ser revista como uma equalização entre interesses privados de certos grupos que buscam apoio do Estado para suas realizações. Muito além de grupos empresários, certos grupos sociais apresentam suas pautas e reivindicam-nas sob a forma de direitos. E o fenômeno globalizante permite que a vontade do Estado possa ser resultante do entrecruzamento de forças internas e externas de diversos grupos distintos.

Entre esses interesses múltiplos o Estado se vê limitado pela emergência e consolidação dos direitos humanos em esfera internacional. Os direitos humanos funcionam como um limite material ao Estado e coloca seu monopólio do Direito em xeque. Conforme observa Chevallier[246], a ideia de direitos humanos, na forma jurídica de direitos fundamentais limita a atuação do Estado, seja em emitir normas que limitam os direitos humanos em relação a um plano internacional, seja em sua atuação que os violem.

Não há um consenso acadêmico sobre o conceito dos direitos humanos, sobre seus fundamentos, sobre quais são os direitos humanos em espécie ou mesmo se eles são ou não universais. Mesmo com essa indefinição, a ideia de que o Estado é limitado pelo indivíduo e que seus direitos não provêm da vontade soberana permanecem no mundo contemporâneo. A ideia de que existem direitos humanos, ainda que em um plano que não jurídico, é um elemento que altera as bases do Estado Moderno e é uma das maneiras pelas quais a globalização afeta a soberania. Os direitos humanos, como recurso retórico de defesa uma ideologia de proteção à pessoa, podem ser vistos como uma força além da soberania do Estado emanada da globalização.

A fragmentação do monopólio da produção jurídica estatal pela ideia de direitos humanos altera a bilateralidade da relação obrigacional em certo sentido. É o que Amartya Sen destaca como a crítica da coerência.[247] Um direito pressupõe um dever. Se um direito humano determina a proteção de uma determinada liberdade, há um dever obrigacional do Estado em não agir de forma a violar essa liberdade. Para tanto é necessária uma especificação de quem é o

---

[246] "O acento colocado sobre os direitos do homem como trava de segurança perante o Estado significa que esse não é apenas uma proteção mas pode constituir também uma ameaça ao indivíduo: a ideia que doravante se impõe é de que existem direitos fundamentais, constituindo um patrimônio comum da humanidade e inteiramente oponíveis ao Estado" (CHEVALLIER, Jacques. *O Estado Pós-moderno,* p. 83).

[247] "O direito de uma pessoa a alguma coisa deve corresponder ao dever de outro agente de dar à primeira pessoa. [...]Embora não seja dever específico de nenhum indivíduo assegurar que a pessoa usufria seus direitos, as pretensões podem ser dirigidas de modo geral a todos os que estiverem em condições de ajudar" (SEN, Amartya. *Desenvolvimento como Liberdade...,* p. 296).

destinatário do direito e do dever.

Neste caso seria necessário o reconhecimento do Estado de certo direito humano para que ele pudesse ter validade e para que seus cidadãos pudessem reivindicá-lo. Em outras palavras, os direitos humanos provocam uma indeterminação do devedor na relação obrigacional. Nesse caso, não é um Estado específico que deve proteger indivíduos específicos, mas sim todo Estado deve proteger a pessoa humana como um todo. O vínculo jurídico Estado-indivíduo se transmuta para um sob a forma Estados-humanidade.

Segundo Sen, "os direitos humanos são vistos como direitos que são comuns a todos – independentemente da cidadania –, ou seja, os benefícios que todos deveriam ter"[248]. A partir dessa ideia, os direitos humanos seriam pretensões morais que permeiam o discurso internacional e que com a globalização consegue ser reproduzido pelo Direito do Estado na forma de direitos fundamentais, geralmente prescritos na Constituição. Além da forma jurídica nos Estados, as Organizações Internacionais assumem relevante papel na proteção e tais direitos, colocando os Estados-parte em constante vigilância e observância, colocando sob seus auspícios convenções que tratam de direitos humanos, de forma a transformar essas pretensões morais em normativas.

A existência de tribunais de direitos humanos reforça a ideia de como a globalização afeta a soberania do Estado. A função judiciária, modernamente consolidada como um dos aspectos do Poder estatal é exercido por órgãos provindos de Organizações Internacionais. Ainda que Organizações Internacionais nada mais sejam do que um conjunto de Estados reunidos sob a forma de uma instituição para uma finalidade específica[249], elas são pessoas jurídicas e por isso podem se relacionar com os Estados, inclusive os tornando sujeitos às suas normas. Neste sentido, por concordância dos Estados em garantir os direitos fundamentais de forma mais ostensiva em consonância com ideia moral de direitos humanos, se submetem a Cortes que tem competência para julgar casos de violações sofridas por cidadãos por um Estado e condená-lo.

---

[248] Idem.

[249] "Os poderes de uma organização são fixados pelo tratado que a cria. Eles visam atender às finalidades comuns de seus membros. A sua enumeração é feita via de regra de modo genérico" (MELLO, Celso D. de Albuquerque. *Curso de Direito Internacional Público...*, p. 579).

Os direitos humanos, nessa leitura, permitem uma emanação ética para que os Estados sigam, reproduzam e adaptem em seus ordenamentos jurídicos internos tais direitos, sob determinada forma jurídica, comumente denominada por direitos fundamentais. Esses diretos fundamentais possibilitam uma defesa do homem contra a soberania do Estado.

Note-se que o caminho da construção do Estado de Direito enquanto negador da soberania deu-se nas duas vertentes: uma construção interna em alguns Estados, sua reprodução externa na sociedade internacional e seu retorno aos ordenamentos jurídicos que não conjugavam nesse modelo. Assim é possível perceber que nos locais onde o Estado de Direito nos moldes mínimos não se desenvolveu, há uma incorporação desse modelo pelo processo globalizante.

O melhor exemplo de como o poder normativo cogente internacional irriga os Estados é a proteção aos direitos humanos, traduzidos nas Constituições dos Estados como Direitos Fundamentais. Apesar da Declaração de 1948 não ter valor jurídico cogente[250], diversas normas derivadas da necessidade de proteção

---

[250] A força obrigatória da Declaração de 1948 remete a um debate mais profundo entre as diversas doutrinas jurídicas. Entendo que, dentro do sistema positivo de direito internacional, a Declaração, em razão de ter sido emitida pela Assembleia Geral da ONU, não possui obrigatoriedade em si, conforme a leitura da própria Carta da ONU. A Declaração não é resultado do direito consuetudinário nem do direito convencional; sua forma é de uma declaração, que diferentemente das resoluções do Conselho de Segurança, não é passível de exigência de cumprimento. Todavia, podemos destacar que se houver a existência da obrigatoriedade, não está na declaração, mas na Carta em si, pois apesar da autoridade competente emissora da Declaração não ter o poder de coerção, a ONU como um todo possui, sendo que um de seus propósitos descritos no Artigo 1º da Carta é justamente a proteção dos direitos humanos, e para tanto estabelece diretrizes normativas gerais em seus princípios no Artigo 2º. Neste mesmo sentido, Celso de Albuquerque Mello :"a Declaração Universal dos Direitos do Homem não possui qualquer valor de obrigatoriedade para os Estados. Ela não é um tratado, mas uma simples declaração, como indica seu nome. O seu valor é meramente moral. Ela indica as diretrizes a serem seguidas neste assunto pelos Estados" (MELLO, Celso D. de Albuquerque. *Curso de Direito Internacional Público...*, p. 823); Francisco Rezek: "A Declaração encerra apenas normas substantivas: ela não institui qualquer órgão internacional de índole judiciária ou semelhante para garantir a eficácia de seus princípios, nem abre ao ser humano, enquanto objeto de proteção, vias concretas de ação contra o procedimento estatal acaso ofensivo a seus direitos". (REZEK, Francisco. *Direito Internacional Público: Curso Elementar*. 10 ed. São Paulo: Saraiva, 2007, p. 219.). Diante da impossibilidade da moral ser coerciva, somente se concebe entender que a

aos direitos humanos, atendendo a um comando normativo já prescrito na Carta da ONU.

Essas normas são tais como o Pacto sobre Direitos Civis e Políticos de 1966, assim como a criação dos sistemas regionais de proteção aos direitos humanos, como o interamericano, cuja Convenção de San Jose de 1966 representa a Carta normativa de direitos a serem seguidos e respeitados pelos Estados e cria um aparelho administrativo para se fazer cumprir estes comandos, como a Corte Interamericana de Direitos Humanos, usando o modelo referencial de organização política do Estado[251] para tal.

Do mesmo modo, a Europa tem um sistema de proteção de direitos humanos, o que demonstra que tal matéria é essencial para se compreender a dinâmica da globalização jurídica, possibilitando os debates a respeito da ingerência a serem desenvolvido posteriormente. Esta possibilidade de ingerência representa a transformação da soberania estatal em outra espécie de poder e é um ponto chave para entender como a possível soberania do Estado se manifesto em um cenário em que o próprio Estado é rivalizado por outras organizações políticas e em que o próprio direito internacional começa a criar ordens normativas independentes que lhe compõe e que não são as ordens jurídicas estatais[252].

---

obrigatoriedade da proteção dos Direitos Humanos é proveniente dos propósitos da Carta e se concretiza nos Pactos de 1966 realizados sob os auspícios da Assembleia Geral da ONU, obrigatórios e,m razão da natureza convencional e pela posterior instauração de instâncias onde tais direitos possam ser tutelados, possibilitando o acesso àqueles que tenham seus direitos de alguma maneira violados. Neste caso, os direitos da Declaração de 1948 reproduzidos nos pactos e mesmo os que ainda não haviam sido previstos, se tornam efetivamente obrigatórios de observância de conduta não contrária pelos Estados signatários, tal como os tratados internacionais normalmente são.

[251] Verifica-se aqui, dentro do que defende Chevallier, que as organizações internacionais utilizam a capa do Estado para se organizar. Em um modelo identificado, sobretudo pelo pensamento weberiano, o Estado apresenta elementos de se organizar que servem de paradigma para as organizações políticas.

[252] "Essa emancipação do direito em relação ao Estado nacional teria ocorrido, segundo Teubner, com o surgimento de ordem jurídicas plurais que se desenvolvem mediante acoplamentos estruturais com os respectivos sistemas mundiais autônomos.[...]Nesse contexto, teria desapontado uma fragmentação de 'aldeias jurídicas globais', a exigir que, que contrariamente à concepção de hierarquia e unidade do direito no Estado constitucional, a teoria do direito e a dogmática jurídica enfatizem a pluralidade heterárquica de ordens jurídicas". (NEVES, Marcelo. *Transconstitucionalismo*, p. 109.)

3.2 Na democracia

A segunda forma como a globalização afeta a soberania interna é pelo ideal do regime democrático. O Estado de Direito que precisa ser reproduzido é um Estado de Direito não somente que reconheça o ser humano como fim em si mesmo e o garanta uma esfera de autonomia e proteção jurídica de suas liberdades, mas também que possibilite sua participação nas decisões do Estado[253]. Neste sentido, para que a proteção aos direitos fundamentais seja sólida, é preciso uma participação efetiva do cidadão na vida política do Estado.

Toda a discussão sobre o liame político entre cidadão e Estado esbarra na crise da democracia representativa e nos novos mecanismos de democracia direta. Não é o propósito aqui entrar nesse debate, todavia, seja qual for a forma de democracia, é um regime político imposto como o melhor para outros Estados que aparentemente não seriam democráticos. Apesar da democracia não ser uma ideia puramente ocidental – povos do oriente historicamente eram acostumados com a democracia[254] – o modelo de democracia ocidental acabou se tornando predominante sobre outras ideias de democracia e sobre as nações não democráticas.

Nesse sentido, a globalização empurra o modelo a todas as partes do mundo, interferindo também na soberania interna quanto a isso. Ser soberano nesse caso não é ter a liberdade de se autoadministrar e auto-organizar, mas adaptar o modelo às suas próprias condições jurídicas e políticas. A limitação à soberania interna vem de fora do sistema para dentro do sistema. A soberania popular pressupõe sua titularidade ao povo enquanto conjunto e uma participação do povo,

---

[253] É possível verificar com a disposição no Pacto sobre Direitos Civis e Políticos em seu Artigo 25 o modelo democrático básico a ser seguido pela globalização quando impõe essa exigência democrática. Nesse sentido, somente seria possível atender ao sistema internacional de proteção à pessoa humana se essas formas mínimas de participação do povo no assuntos públicos do Estado for repeitada. Dispõe a norma: "ARTIGO 25 Todo cidadão terá o direito e a possibilidade, sem qualquer das formas de discriminação mencionadas no artigo 2 e sem restrições infundadas:a) de participar da condução dos assuntos públicos, diretamente ou por meio de representantes livremente escolhidos; b) de votar e de ser eleito em eleições periódicas, autênticas, realizadas por sufrágio universal e igualitário e por voto secreto, que garantam a manifestação da vontade dos eleitores; c) de ter acesso, em condições gerais de igualdade, às funções públicas de seu país."
[254] SEN, Amartya. *Desenvolvimento como Liberdade*. p. 313.

direta ou indiretamente, nas tomadas decisões e na produção jurídica.

A ideia de como a globalização vai aos poucos impondo esse modelo democrático é visível em diversos momentos no pós-1945. Além dos tratados firmados entre muitos Estados obrigando-se a seguir esse modelo ou reafirmando suas disposições já consolidadas[255], a eclosão de muitas revoltas populares demonstra como a rejeição a ditadores e déspotas se torna latente em todas as partes, independentemente da tradição da nação. A democracia, como regime político possível pelo reconhecimento de direitos civis e políticos, possibilita que as pessoas tenham a "oportunidade de chamar a atenção eficazmente para necessidades gerais e exigir a ação pública apropriada"[256].

Tal rejeição aos ditadores, em diversos Estados africanos e asiáticos se dá principalmente ao avanço tecnológico da sociedade da informação, possibilitando pessoas de diversas partes do mundo receberem a mesma informação ao mesmo tempo e com isso se espelhar sua sociedade naquela que a globalização deseja criar. Neste caso, a globalização pelo meio de propagação da informação – acelerada pela internet a partir dos anos de 1990 – provoca a chegada do modelo democrático em Estados nos quais a soberania não obedeceu à historicidade da construção do Estado de Direito e continuava com características modernas dos séculos XVIII ou XIX. A globalização modifica essas soberanias e adaptas suas concepções diversas para atender às exigências dos tomadores de decisões na sociedade internacional.

Na historicidade da soberania, conforme a linha de raciocínio traçada por Ferrajoli, o Estado Moderno surge como resultado de uma consolidação do poder soberano interno e externo. Posteriormente, o constitucionalismo rompe com a ideia de soberania interna, a limitando enquanto o Estado de Direito ia se fortalecendo, mas para que isso ocorresse, externamente o poder soberano era reforçado de forma a evitar outras soberanias o invadirem. Após a Segunda Guerra, a soberania externa começa a se relativizar e a permitir a entrada de normas internacionais a imperar externa e internamente em seu Estado. Este foi o caminho seguido

---

[255] Exemplos disso são os Pactos sobre Direitos Civis e Políticos de 1966 (art. 25), Convenção Americana de Direitos Humanos de 1969 (art. 23).
[256] Ibidem, p. 199.

por alguns Estados, mas não por todos. Dessa forma, em alguns as limitações internas do poder soberano não estavam ainda sedimentadas na segunda metade do Século XX, provocando uma limitação vinda externamente, ainda que para a soberania externa já houvesse essa limitação.

O que se observa então era uma situação contrária à de alguns Estados ocidentais no Século XIX, com soberania interna limitada e externa absoluta. Em alguns Estados no pós-ONU, externamente sua soberania não era absoluta – uma vez que a subordinação aos ditames das Nações Unidas é praticamente compulsória – mas internamente continuavam absolutas.

Esse problema é o que contrasta a ideia de ingerência dos direitos humanos e democracia em Estados que não sejam ameaças internacionais. O grande desafio é a ponderação entre uma autodeterminação dos povos cada vez mais limitada e uma globalização que se torna cada vez mais presente em todos os cantos. Há uma ordem de se comparar isso, pois a autodeterminação dos povos, chave para uma igualdade soberana pressuposta da sociedade internacional, não corresponde ao poder interno absoluto do Estado e sim uma pequena margem de liberdade de adaptar e reproduzir sua cultura jurídica ao que é imposto pela globalização.

A democracia representa uma dessas limitações desejadas pelos Estados mais poderosos. Ainda que não em uma ação direta de derrubada de ditadores, a pressão política exercida via no sentido de tornar cada vez mais ilegítimo o direito produzido por autoridades que não mantenham um verdadeiro vínculo de representação com o povo.

A globalização impõe um modelo de Estado Democrático de Direito, mas ela em si não é democrática. Apesar da propagação da ideia de democracia em âmbito interno em todos os Estados, no âmbito externo "os países em desenvolvimento veem sua capacidade de agora dificultada por novos constrangimentos impostos de fora e pelo enfraquecimento de suas instituições existentes, para o qual a globalização contribuiu"[257].

---

[257] STIGLITZ, Joseph E. *Globalização: como dar certo..*, p.73.

3.3 Na estrutura jurídica

A soberania enquanto poder e monopólio da produção jurídica também é demasiadamente afetada pelo processo globalizante.

Uma das características basilares do Estado Moderno é a produção exclusiva das normas jurídicas pelas autoridades investidas pelo próprio direito. O direito moderno em um aspecto formal é autopoiético, se produz e reproduz dentro de seu próprio sistema pelas regras estabelecidas por ele[258]. O monopólio da produção do direito é um dos poderes que a soberania dá ao Estado. A alteração na soberania consequentemente altera a produção normativa. Da mesma forma, a estrutura formada pelo direito se modifica e adquire uma nova perspectiva.

Para a teoria do Estado de Kelsen, o Estado é o direito enquanto ordem jurídica. É o conjunto mais amplo de todas as normas em um mesmo sistema nacional. Pelas regras estabelecidas nesse sistema, o direito cria normas em seu interior a partir de uma cadeia de validade em cada ato, sendo que a norma mais individual retira a validade das mais gerais, até a Constituição, que estabelece as normas formais para o processo legiferante. A validade da Constituição por sua vez é retirada de uma hipótese lógico-transcendental, a norma fundamental[259], que somente é pressuposta para validar a Constituição. Com o sentido da normatividade da Constituição moderna, o direito está em uma realidade do dever-ser, diferente do

---

[258] " Um sistema autopoiético é um conjunto de processos cuja unidade dinâmica interna, comparável a 'um programa que se autoprograma', é tal que estamos diante da autogeração do dito sistema. No terreno jurídico, isso significa não só que há autonomização do direito (que então não necessita nem de transcendência moral ou religiosa, nem de causalidade natural ou sociopolítica), mas que o direito baseia-se unicamente no princípio de auto-referência: ele é um sistema normativo fechado, uma vez que apenas o direito determina o caráter jurídico dos elementos do sistema (mesmo que, do pondo de vista cognitivo, ele possa ser aberto e levar em consideração, a título puramente informativo, as modificações do ambiente)" (GOYARD-FABRE, Simone. *Os Fundamentos da Ordem Jurídica*. Trad. Claudia Berliner. São Paulo: Martins Fontes, 2002, p. 222).

[259] "A norma fundamental não é criada em um procedimento jurídico por um órgão criador do Direito. Ela não é – como a norma jurídica positiva – válida por ser criada de certa maneira por um ato jurídico, mas é valida por ser pressuposta como válida; e ela é pressuposta como válida porque sem essa pressuposição nenhum ato humano poderia ser interpretado como um ato jurídico e, especialmente, como um ato criador do Direito".(KELSEN, Hans. *Teoria Geral do Direito e do Estado*. p. 170.)

mundo do ser enquanto natureza. O direito moderno normativo rompe com a natureza, constituindo uma realidade diferente como produto da vontade humana. Todavia, uma vez criada, o dever-ser da norma adquire uma autonomia em relação à vontade humana. A exigência contida na norma significa uma imputação por abstração, em dissonância com o comando como um querer direto da vontade de alguém[260]. A soberania nesse sentido permite a normatividade do Estado, separa o Estado do mundo da natureza e o coloca em um plano ontológico diferente.

A estrutura normativa, consolidada pela soberania, se estrutura em uma norma constitucional que valida normas com graus de generalidade cada vez menor, sempre dentro das regras formais que por sua vez são validadas constitucionalmente. A norma superior dá validade a uma norma inferior, que por sua vez valida outra inferior. É um modelo piramidal.

O direito do Estado contemporâneo se altera diante da realidade da globalização. Para isso, é necessário apresentar algumas características do direito do Estado moderno com o propósito que as diferenças sejam percebidas.

Inicialmente é possível destacar a crise da racionalidade jurídica. O direito moderno foi fundado na razão (jusnaturalismo) ou na autoridade (juspositivismo) em uma estrutura na qual as normas poderiam ser explicadas de forma a serem devidamente conhecidas e compreendidas. Inclusive, a legitimação do Estado, de acordo com o direito natural moderno, tem sua fonte na racionalidade do homem. A razão está presente como fonte do direito natural em pensadores jusnaturalistas como em Grotius, Hobbes, Locke e tantos outros. Apesar da diferença no sentido do direito natural e sua legitimação para o Estado, a razão é a origem desse direito.

Dentro desse universo de racionalidade, as normas são legitimadas por sua racionalidade vinculada ao conhecimento humano. As normas seriam válidas ao serem emitidas por uma autoridade porque esta autoridade é investida em um poder racional. Da mesma forma, o processo de criação de normas é racional porque obedece a um procedimento específico e formal concentrado no Estado. O Estado Moderno, sobretudo após a separação dos poderes, é caracterizado por possuir um órgão com uma função

---

[260] Ibidem, p. 50

especializada de criar as normas, os pertencentes ao poder legislativo. Em busca de um processo de legitimação, os parlamentares têm uma função específica de criar essas normas enquanto os órgãos do poder executivo têm uma função específica de aplicá-las e realizar a administração do Estado com base nelas.

Nessa racionalidade, o Estado moderno é caracterizado, conforme Chevallier, pela sua sistematicidade, por ser o direito uma ordem coerente, pela sua generalidade, já que suas normas desenvolvem conceitos abstratos que estão em uma realidade ontológica diversa da natureza, e por sua estabilidade, uma vez que as normas criadas pelo poder especializado de forma coerente e abstrata deve se perpetuar no tempo em sua vigência, até que outra norma, criada com procedimento semelhante venha a revoga-la, sendo que esta regra de revogação é prescrita pelo próprio direito.

No Século XX, sobretudo com o advento da globalização em suas três últimas décadas, esses atributos são abalados e reconfiguram a ideia de racionalidade do direito do Estado contemporâneo, comprometendo sua estrutura jurídica.

Conforme já mencionado, com o aumento da complexidade das relações sociais, o aumento das normas jurídicas para regulá-las sofre uma progressão considerável, inclusive pelo aumento do número de normas regulando o sistema. Para uma sociedade com uma vida social que não necessitasse de tantas normas, o número de normas vigentes em um dado ordenamento jurídico seria uma constante. Conforme a necessidade de regulamentar situações do cotidiano cresce, o número de normas e agentes produtores e executores de normas também.

Esse superávit normativo não se inicia com a globalização, mas é por ela agravado. A quantidade de normas de diversas espécies (leis, decretos, portarias, sentenças) é em parte medida pelo papel que o Estado desempenha na vida da sociedade. Evidentemente, em um modelo liberal de Estado, o número de normas é consideravelmente pequeno perto de um Estado mais assistencialista e intervencionista, já que o primeiro modelo se limita à produção de normas para dar segurança às relações sociais e aos indivíduos enquanto o segundo exige uma atuação mais direta do Estado em políticas públicas.

Com a aceleração da globalização a proliferação de regras pelo Estado se torna quase anárquica, uma vez que o aumento dos órgãos burocráticos requer cada vez mais normas para regular as ações do Estado[261]. O princípio da legalidade, um dos mecanismos de consolidação do Estado de Direito, acata em um engessamento da ação do Estado e a necessidade de fundamentação de todos os seus atos em uma norma, que deve ser cada vez mais específica para atividades mais especializadas. Portanto, cresce o número de normas regulamentares com base em leis para permitir que o Estado realize suas políticas. O Estado de Direito em seu cunho social exige um trabalho constante de participação na vida do cidadão, e para tanto, um Estado com grande número de agentes e com grande número de normas de diversas espécies.

Essa estrutura também se abala com a porosidade do monopólio da produção jurídica em relação ao direito internacional. Com a integração normativa entre o direito interno e o direito internacional, principalmente após a entrada em vigor do sistema Nações Unidas, cresce o número de normas em vigor às quais os cidadãos e os órgãos de um Estado estão submetidos, além da liberdade de atuação do Estado enquanto ator do cenário internacional ser menor como efeito deste novo sistema, no qual rivaliza com as organizações internacionais.[262]

A antiga regra westfaliana *hujus regio, ejus religio* entra em crise, não tendo mais o Estado o predomínio das normas vigentes em seu território. Com o desenvolvimento do direito internacional em uma sociedade internacional cada vez mais integrada, cresce o número de normas às quais os Estados estão submetidos. Tais normas resvalam

---

[261] "Esse movimento foi considerado durante longo tempo como subproduto do surgimento do Estado-Providência: concebido como um instrumento ao serviço do Estado, servindo à realização das prolíticas públicas, o direito foi demandado a seguir a dinâmica da expansão estatal; mas ele se configurava não mais do que um direito instrumentalizado, tendo perdido alguns de seus atributos essenciais. Ora, a crise do Estado-Providência, longe de configurar uma rejeição, propiciou muito ao contrário um movimento de retorno ao direito, ele que testemunha eloquentemente o sucesso do tema do Estado de Direito, que envolve uma nova explosão jurídica" (CHEVALLIER, Jacques. *O Estado Pós-moderno...*, p. 126.)

[262] "Uma ordem jurídica internacional está inquestionavelmente constituída, a partirde um conjunto de fontes convencionais e não convencionais, e essa ordem tende a impor-se de maneira crescente sobre os Estados. Essa coerção é reforçada pelo fato de que as convenções firmadas pelos Estados são cada vez mais elaboradas em um quadro ou sob a égide das organizações internacionais; ora, embora essas organizações tenham sido criadas pelos Estados, elas dispõem, por via da institucionalização, uma lógica de ação que lhes é própria" (Ibidem. p. 148.).

na sistematicidade interna principalmente de duas maneiras: pelas normas que são internalizadas por um procedimento exigível para a entrada em vigor em território nacional do texto de tratados internacionais e pelos diversos regimes jurídicos de matérias diferentes aos quais o Estado está submetido[263]. Os compromissos internacionais da era a globalização são mais frequentes e obrigam o Estado a estreitar suas fronteiras jurídicas com outros e com organizações internacionais.

---

[263] "In fact, globalization has been accompanied by the creation of new legal regimes and practices and the expansion and renovation of some older forms that bypass national legal systems. Globalization and governmental deregulation have not meant the absence of regulatory regimes and institutions for the governance of international economic relations. Among the most important in the private sector today are international commercial arbitration and the variety of institutions that fulfill the rating and advisory functions that have become essential for the operation of the global economy" (SASSEN, Saskia. *Losing Control?* Sovereignty in an Age of Globalization. New York: Columbia University Press, 1996, p.12).

4

MONISMO E DUALISMO: UMA OBSOLETA DICOTOMIA TEÓRICA

A par das transformações ocorridas no mundo globalizado, o estudo do direito internacional remete à problemática da identificação. É o direito internacional uma ordem jurídica da mesma forma como o direito de um Estado? São duas ordens jurídicas diferentes ou fazem parte da mesma ordem? Neste caso, em uma situação de antinomia, qual norma deve prevalecer sobre a outra: a interna ou a internacional?

Essa é uma questão profunda que envolve outro questionamento: é o direito internacional direito, já que suas bases e seus pressupostos são em parte diferentes da ordem interna? Estudar a natureza das ordens jurídicas é também estudar o fundamento do direito internacional. Nesse caso, ao se questionar o que é direito internacional, há uma preocupação com categorias que funcionam especificamente para esse direito e uma delas especialmente é a soberania.

O conceito de soberania, que permeia todo esse trabalho, é algo fundamental para a compreensão do direito internacional e suas relações com o direito interno. Qualquer que seja o vínculo entre essas duas ordens ou entre sujeitos dessas duas ordens, a soberania está presente na aferição de validade da norma, assim como em sua

119

produção e aplicação.

Inicialmente, como foi demonstrado no Capítulo 1, a soberania surge no Estado moderno como uma categoria externa nas consolidações da ordem jurídica e política. Se ser soberano nos moldes de Vestfália significava o respeito à regra do *hujus regio, ejus religio*, então a soberania, inicialmente, permitia ao Estado se fazer identificar como tal entre tantas organizações de cunho político semelhante. Então, eram organizações que detinham alguns pontos comuns que poderiam ser compreendidos como Estados. Somente eram Estados os que detinham o poder soberano com fundamento no monarca ou na coletividade, exercido por uma autoridade de caráter público.

A soberania exercia então um poder interno e um externo no tocante à criação de normas jurídicas. Internamente a soberania não legitimava somente o monopólio da violência e da coesão social, mas também a produção de normas jurídicas, como leis e decretos. Externamente, era por ser soberano que um Estado tinha a capacidade de realizar tratados internacionais e os executar quando houvesse alguma violação.

Nesse contexto, desde a criação da ideia de Estado moderno, com reforço pelo seu marco jurídico, a Paz de Vestfália, a soberania é compreendida em um âmbito interno e externo por gerar tanto o direito do Estado quanto o direito entre Estados. Apesar de já existente antes do Estado moderno a diferença entre a ordem jurídica de um Estado e as normas a serem aplicadas externamente, somente com a instituição do Estado como ente soberano é possível efetivamente teorizar um direito internacional separado do direito do Estado.

Com o princípio da territorialidade foi possível dar completude à ideia de império de um direito em um território determinado. Além de uma determinação de domínio pessoal da norma, o território delimita o espaço físico no qual o direito será aplicado, já que será válido não para determinadas pessoas em razão de vinculadas à autoridade soberana, mas principalmente por estarem fisicamente dentro do espaço.

O direito aplicável aos fatos fora do território não deve ser igual ao aplicado dentro dele. Dessa forma, se completa a ideia de que o espaço geográfico é vinculado ao Estado e que existem normas diferentes a serem aplicadas entre esses Estados e que não são dependentes de espaço geográfico, pois seu domínio de validade territorial corresponderá aos dos Estados envolvidos.

Um Estado na modernidade então podia conviver com três espécies de ordenamentos que decorriam de sua condição de soberano: o seu direito interno, que sob uma perspectiva jurídica equivale a ele mesmo como uma composição de normas jurídicas destinadas a regular a conduta dos cidadãos e autoridades públicas e à identificação e produção de novas normas; o direito interno de outros Estados, em esferas incomunicáveis, pois a não submissão de suas autoridades ao direito de outro era porque há poder soberano que evita a ingerência de criação e aplicação de normas em seu território por outras autoridades; e o direito das gentes, que era uma criação de soberanos com o fim de regulamentar a conduta entre eles por quaisquer assuntos que não fossem de interesse exclusivamente interno.

No século XIX, a configuração westfaliana da sociedade internacional que era predominante possibilitou o estudo do direito internacional como uma ordem diversa do direito interno, não apenas em uma visão científica, mas sim em uma realidade ontológica. A essência do direito internacional era diversa da do direito interno e por isso as duas ordens não poderiam fazer parte de um mesmo sistema[264].

O estudo do direito internacional necessitava de uma consideração da existência dessas duas ordens por uma questão de

---

[264] Devido à imprecisão do termo "sistema", deve-se esclarecer que o sentido usado no trabalho é o explicado por Büllesbach, como "uma série de elementos e de relações entre eles existentes, que em todas as totalidades isomórficas pertencentes a um tipo são consideradas como um e o mesmo sistema. A série de relações entre os elementos representa a estrutura do sistema. Do ponto de vista da estrutura de um sistema é a ordenação pela qual a complexidade se transforma em uma ordem." (BÜLLESBACH, Alfred. Princípios de teoria dos sistemas. In: KAUFMANN, Arthur; HASSEMER, Winfried. *Introdução à Filosofia do Direito e à Teoria do Direito Contemporâneas.* Lisboa: Fundação CalousteGulbenkian, 2002, p. 410.). Nesse mesmo raciocínio, leciona Ferrari: " le norme giuridiche reperibili presso um grupo social e constituiscono um sistema, intenso come insieme ordinato od ordinabile di elementi dra loro collegati. Fralenorme, infatti, esistonocollegamentistrutturali, funzionali, semantici, logici, che ne definiscono i rapporti reciproci, contribuendo, por ciòstesso, a orientarel'agireumano" (FERRARI,. Vincenzo. *Lineamenti di sociologia del Diritto:* I. Azionegiuridica e sistema normativo. Roma: Laterza, 1997, p.213.).

fundamento. Entre as tantas explicações a respeito disso, o nacionalismo e o voluntarismo se destacam no Século XIX com a consolidação do Estado-nação, que chegaria ao seu auge no Século XX e que seriam confrontadas com os objetivistas. Conjuntamente ao fundamento do próprio direito internacional estão as teorias que explicam suas relações com o direito interno, que são imprescindíveis para a compreensão do tema e que, conforme Obata, são tratados em todos os manuais e cursos sobre direito internacional[265].

Para explicar essa dicotomia entre direito interno e direito internacional que a globalização contemporânea alterou no Século XX, é necessário expor essas principais correntes de pensamento e posteriormente demonstrar o porquê da imperfeição de serem aplicadas atualmente[266].

4.1 O dualismo e a distinção das ordens jurídicas

O dualismo jurídico geralmente é a apresentado como a primeira corrente teórica a explicar como as normas internas e a internacional se relacionam. Segundo esta concepção, o direito internacional é uma ordem normativa totalmente distinta do direito interno, não havendo entre as duas nenhum ponto de encontro e, portanto, não seria possível pensar em vigência direta de normas pertencentes a um campo no outro.

A oposição e incomunicabilidade entre essas ordens são resultantes de algumas diferenças resultantes entre essas duas ordens jurídicas.

Inicialmente a diferença se dá em razão das fontes do direito. Segundo o dualismo, as duas ordens não são comunicáveis porque são constituídas de diferentes fontes. Enquanto o direito interno

---

[265] "The issue of the relationship between international law and national law has been treated by almost all textbooks on international law. It is not, however, na issue of international law in a propersensen or one of national or constitucional law, but it concerns the relationship between them" (OBATA, Kaoru. Historical Functions of Monism with primacy of international law. *The Japanese Annual of International Law*. Tokio, The International Law AssociationofJapan, n º 49, p. 1-35, 2006, p. 3-4.).

[266] Esse é um dos questionamentos feitos por Marcelo Neves na elaboração da metodologia do transconstitucionalismo como alternativa a essas teorias que explicam as relações entre o direito interno e o direito internacional. Conferir o tópico específico sobre o Transconstitucionalismo.

seria uma ordem produzida como um ato da vontade soberana de um Estado, o direito internacional é formado por uma coletividade de vontades, manifestada no costume internacional e nos tratados.

A questão da fonte remete o tema novamente ao problema do fundamento das ordens jurídicas. O estudo das fontes é um dos mais emblemáticos em teoria do direito e que é crucial para uma compreensão do direito internacional enquanto categoria de direito distinta ou não do direito interno.

Posteriormente, outra diferença fundamental entre as duas ordens é o sujeito que compõe a sociedade submetida ao direito. O direito interno é composto por basicamente indivíduos e o Estado como pessoa artificial que se relaciona com a sociedade. Por sua vez, em uma concepção ainda muito influenciada pelos padrões de Vestfália, o direito internacional somente teria como sujeitos os Estados, pois os indivíduos, sujeitos ao direito interno, não estariam sujeitos também ao direito internacional.

Essa é uma questão interessante ao se analisar a emergência das organizações internacionais (enquanto sujeito de direito internacional) e o exponencial crescimento do número delas. Conforme a lição e João Mota de Campos, as primeiras organizações internacionais começaram a surgir no Século XIX, sob a forma de uniões administrativas de caráter regional ou universal "instituídas sucessivamente, à medida que o progresso das técnicas – especialmente no domínio dos transportes e das comunicações – o aconselhara, e a crescente necessidade de mais fácil contacto entre os povos o impunha"[267].

Algumas dessas organizações eram a União Telégrafa Internacional, criada em 1865, a União Postal Universal em 1874, o Bureau Internacional dos Pesos e Medidas etc[268]. Posteriormente, com final da Primeira Guerra Mundial, formam-se organizações com finalidades muito maiores do que simplesmente a regulamentação administrativa para a facilitação da comunicação, transporte e comércio entre os povos.

As mais icônicas no período entre Guerras foram a Liga das Nações, com propósitos de manutenção da paz, a Organização

---

[267] MOTA DE CAMPOS, João. (org.) Organizações Internacionais. Lisboa, Fundação Calouste Gulbekian, p. 28.

[268] Vide CREVELD, Martin von. *Ascensão e Declínio do Estado...*, p.546-548.

Internacional do Trabalho, cuja finalidade era auspiciar convenções de proteção á figura do trabalhador, o que possibilitou uma proteção a nível internacional da parte mais fraca nas relações de trabalho, e a Corte Permanente de Justiça Internacional, como instância consultiva e contenciosa para a resolução de lides entre Estados.

Mesmo com a proliferação do fenômeno das organizações internacionais, para o dualismo, as normas por elas instituídas não passariam de uma decorrência da vontade dos Estados signatários de seu pacto constitutivo. Portanto, as normas do direito internacional não submeteriam o indivíduo diretamente, já que em seu plano de validade, as normas internacionais valeriam meramente para regulamentar a conduta entre os Estados e as organizações internacionais.

Em terceiro lugar, a diferença entre as duas ordens se dá por uma questão de estrutura: o direito interno, pela tradição da modernidade, se estrutura em uma relação de superioridade com o indivíduo. Os cidadãos (ou súditos) de um Estado são a ele subordinados, uma vez que o Estado detém o monopólio da criação e aplicação das normas jurídicas, seu fundamento de validade, é um referencial simbólico e representa uma vontade geral que se sobrepõe às vontades individuais.

O direito internacional, segundo o padrão de Vestfália, é estruturado por uma relação horizontal entre os Estados. A sociedade internacional é caracterizada por um sistema de paridade entre soberanias, na qual todas as soberanias têm o mesmo valor político e jurídico, como um corolário da igualdade na relação jurídica diante o direito internacional.

Essa característica de ordem coordenada remete a outros dois pontos importantes: a ausência de especialização funcional na criação e aplicação das normas internacionais, sendo que cada qual Estado pode participar ativamente da criação das normas às quais está submetido e é capaz de executar as sanções pela violação do direito internacional pelo princípio da autotutela; um formalismo paritário entre nações que desconsidera a violência política e econômica das potências em relação a outros Estados menores, uma vez que uma relação de coordenação implicaria que nenhum Estado juridicamente está totalmente sujeito a outro[269].

Um dos maiores expoentes do dualismo como teoria para se explicar as relações entre o direito interno e o direito internacional é Carl Heinrich Triepel. Em 1923 suas ideias ganharam grande notoriedade com seu curso na Academia de Direito Internacional de Haia, intitulado *Les rapports entre le droit interne et le droit international*. Segundo Triepel, o direito interno e o direito internacional importam em duas noções distintas e, portanto, em sistemas separados. A oposição entre os dois sistemas se daria por algumas características.

A primeira dela é a oposição em razão das relações sociais que são regidas respectivamente pelo direito interno e pelo direito internacional. O direito interno tem como finalidade a regulamentação de questões internas à sua soberania, sejam os indivíduos nacionais ou estrangeiros subordinados à sua ordem[270]. Por sua vez, o direito internacional (e Triepel salienta que se trata somente do público) regulamenta as relações entre Estados soberanos perfeitamente iguais[271].

A oposição entre os dois sistemas é, em si, para Triepel, um contraste entre fontes do direito. Segundo o autor (neste ponto especifico bem próximo a Kelsen) a formação do direito é produto de um ato de vontade. No âmbito interno, a fonte do direito é, portanto, a vontade do Estado. A vontade do Estado cria obrigações em seu interior, mas não obrigações em relação aos outros Estados[272].

---

[269] Sobre a violência política realizada pelas potências em detrimento aos pequenos Estados, Celso Mello observa que "É verdade que, em certos casos, pequenos Estados podem tornar efetivos seus atos unilaterais, contudo, são exceções no plano internacional. Os países em desenvolvimento encontram-se presos às grandes potências pela assistência externa, que por sua vez atende á política de blocos. As Grandes Potências por sua vez nos assuntos mais importantes impõem sua vontade nos tratados, esta imposição é feita em dois momentos: o primeiro é a negociação e se apesar disto a norma jurídica internacional é aprovada na conferência, existe um segundo momento para esta pressão a fim de que o tratado não seja ratificado. Quanto as atos unilaterais visando a formação de um costume este é impedido de se formar devido ao protesto da grande potência" (MELLO, Celso D. de Albuquerque. *O Direito Internacional Público em Transformação*. São Paulo:Resenha Universitária, 1976, p 17.).

[270] TRIEPEL, Carl Heinrich. Les Rapports entre le droit interne et le droit international. *RCADI*, v. 1, 1923, p. 80

[271] Ibidem, p. 81.

[272] Ibidem, p. 82.

Por sua vez, o direito internacional não poderia ter origem na vontade de um Estado específico. Neste ponto, Triepel utiliza um artifício ao conceber que a vontade que gera o direito internacional é uma vontade comum dos Estados, uma forma de *Vereibarung* do direito alemão aplicada ao raciocínio para compreensão do direito internacional. Os tratados, sejam multilaterais mais abrangentes envolvendo numerosos países, sejam mais contidos ao envolverem poucos (mesmo apenas dois), constituem direito objetivo. Portanto, a *Vereibarung* é encontrada como fonte que origina regras de conduta originadas por um tratado internacional que devam ser obedecidas pelas Estados[273].

Uma vez que possuem fontes diferentes, segundo este raciocínio de Triepel, direito interno e internacional seriam sistemas jurídicos diferentes. Por regulamentarem sociedades diferentes, não entrariam em conflito ou concorrência. Este aspecto diz respeito sobretudo à transformação do direito internacional em direito interno; na verdade, segundo Triepel, é uma reprodução modificada. Assim, o direito internacional não poderia jamais criar o direito interno; a fonte residiria exclusivamente na vontade do Estado[274].

A incomunicabilidade entre as ordens jurídicas significaria dizer que, de acordo com o dualismo, o direito internacional não provoca influências diretas no direito interno de Estados muito diferentes, como França e Uganda por exemplo.

Decorrente dessa separação ontológica entre direito interno e direito internacional, a teoria da incorporação surge para reforçar a ideia de interdependência entre as ordens. Qualquer norma internacional para se aplicar ao direito interno de um Estado necessita ser transformada em direito interno. Assim, um tratado para ter validade no domínio estatal, para criar direitos e obrigações entre o Estado e os indivíduos, deve ser transformado em norma interna por procedimentos específicos para essa finalidade. Somente por essa transformação, uma norma internacional teria vigência no território de um Estado e sobre suas pessoas e seus poderes públicos.

O processo de transformação da norma internacional para a vigência no território de um Estado é uma característica desta corrente dualista, mas não significa que todo Estado que necessite

---

[273] Ibidem, p. 83.
[274] Ibidem, p. 84.

realizar a transformação seja necessariamente adepto a essa doutrina. O foco principal é que nenhuma norma internacional poderia ter vigência no território estatal sem passar pelo procedimento de incorporação.

A incorporação se coaduna exatamente com as três características básicas do dualismo que foram apresentadas. Uma norma jurídica positiva precisa ter um fundamento e isso significa ser criada por meio de uma autoridade competente, que por sua vez tem sua competência de criação estabelecido por outra norma. Portanto, uma norma cujo fundamento de validade seja diferente do ordenamento não poderia nele próprio ter vigência, ao menos que fosse validada para isso. Neste caso, o a incorporação serviria para dar um fundamento de validade a uma norma de um campo normativo diferente[275].

Nesse curso de 1923, no qual Triepel apresenta o dualismo como a teoria que seria mais adequada para compreender as relações entre o direito interno e o direito internacional, um de seus principais alvos é justamente Hans Kelsen. Kelsen, três anos antes, havia publicado uma das mais significativas obras até então de sua carreira: *Das Problem der Souveränitat und die Theorie des Völkerrechts*. Nesta obra, Kelsen traz algumas discussões já presentes seus escritos anteriores e, particularmente, trata das relações entre o direito interno e o direito internacional na segunda parte. Em especial no Capítulo Seis, debate a posição dualista defendida pelo próprio Triepel[276].

A incorporação também transforma a norma no tocante aos seus destinatários. Enquanto a norma internacional se destina a obrigar Estados a certa conduta, somente com a devida transformação em direito interno a norma poderia obrigar o Estado em relação aos seus cidadãos e estes entre si e ao poder público. A incorporação também

---

[275] "Portanto, para que uma norma internacional penetre na esfera interna do Estado, representado por seus limites territoriais, que dão a dimensão geográfica de sua soberania e possa operar juridicamente, produzindo plena eficácia, com a possibilidade de ser invocável ou oponível pelos indivíduos, como o direito liquido e certo e exigível, é necessária a ratificação da norma e sua devida incorporação ao direito interno" (MENEZES, Wagner. O direito internacional contemporâneo e a teoria da transnormatividade. In: DIREITO, Carlos Alberto Menezes; TRNDADE, Antonio Augusto Cançado; PEREIRA, Antonio Celso Alves. *Novas Perspectivas do Direito Internacional Contemporâneo*. Rio de Janeiro: Renovar, 2008, p. 981).
[276] Vide KELSEN, Hans. *Das Problem der Souveränität und die Theorie des Völkerrechts*: Beitrag zu einer reinen Rechtslehre. Tübingen: JCB Mohr, 1920.

seria necessária para permitir que o particular possa reivindicar a tutela do Estado no caso de violação de algum direito ou descumprimento de alguma norma, o que segundo a corrente dualista, não seria possível internacionalmente, já que a estrutura descentralizada da sociedade internacional não permite o exercício da função julgadora a um órgão específico e que pudesse ordenar seu cumprimento diretamente.

As críticas ao dualismo são diversas, principalmente no tocante à separação entre as ordens jurídicas interna e internacional como se existissem em planos ontológicos diversos, além de sustentar que a não independência das duas ordens legitimaria a ideia de não submissão às normas internacionais pelo Estado.[277] Entre as teorias que tratam da dicotomia entre o direito interno e o direito internacional, é a mais obsoleta, pois é incapaz de se adequar ao reconhecimento da pessoa humana como sujeito de direito internacional, inclusive como jurisdicionado, além dos Estados e das organizações internacionais, como será demonstrado posteriormente[278].

Em oposição ao dualismo, o monismo considera o Estado e o direito internacional como integrantes da mesma ordem jurídica. Apesar da diferença entre essas ordens, ambas têm o mesmo fundamento de validade e coexistem em um mesmo plano normativo, sendo possível uma antinomia entre normas

---

[277] Kelsen ao criticar o dualismo (que ele também denomina como pluralismo), observa que " podemos, assim, conjecturar que o real propósito da doutrina pluralista não é tanto assegurar a independência mútua dos dois direitos, e sim sustentar a ideia de que o direito nacional, e isso significa determinada ordem jurídica nacional, não esteja subordinado ao direito internacional, podendo ser considerado a autoridade jurídica máxima". (KELSEN, Hans. *Princípios de Direito Internacional...*, p. 538.).

[278] Explica Yolanda Catão que "a condição humana é o único requisito para ser sujeito de direitos. A soberania relativa do Estado e a proteção internacional do indivíduo quanto a seus direitos são importantes inovações na concepção contemporânea dos direitos humanos. O conceito de soberania absoluta é relativizado uma vez que a comunidade internacional pode intervir diante de casos graves de violação de direitos e o Estado pode ser responsabilizado. Os indivíduos são sujeitos de direito internacional e, portanto, tem a jurisdição internacional." (CATÃO, Yolanda. Direitos Humanos: Chegaremos à plenitude democrática, dentro do processo de globalização com os direitos humanos universalizados? Avanços ou simples retórica? In: ARNAUD, André-Jean (org.). *Globalização de Direito*: Impactos nacionais, regionais e transacionais. 2 ed. Rio de Janeiro: Lumen Juris, 2005, p. 361.).

internacionais e internas.

4.2 O monismo e a unidade do direito

O monismo é uma corrente heterogênea de pensamento no estudo das relações entre o direito interno e o direito internacional que entendem serem as duas ordens integrantes de um mesmo sistema jurídico. Significa dizer primeiramente que o fundamento faz duas ordens jurídicas é o mesmo e sua diferença estaria apenas na estrutura, mais centralizada internamente e descentralizada no âmbito externo.

As duas ordens fornecem um mesmo sistema de validade para todas as normas nacionais ou internacionais, sendo possível entre elas existir contradição. O direito internacional é apenas parte de uma ordem jurídica maior que inclui o direito interno, ou melhor tantos quantos forem os direitos internos existentes dos Estados.

O debate sobre o fundamento do direito internacional é relacionado com o estudo ontológico das ordens jurídicas, principalmente no monismo, em que é questionado se a vontade soberana dos Estados forma o direito interno e o direito internacional como integrantes de uma mesma ordem, ou se há uma norma superior à vontade soberana que as limitam mutualmente. Essa oposição foi brevemente apresentada no Capítulo 2, quando se tratou sobre a concepção globalizante de comunidade internacional e cenário internacional, dependendo do grau de vínculos entre as soberanias.

É possível destacar algumas características comuns do monismo em oposição ao dualismo para defender o ponto de vista da unidade sistêmica. Inicialmente, o fundamento de validade das duas ordens seria o mesmo. Direito internacional e o Direito dos Estados constituiriam um mesmo sistema jurídico que retirariam validade da mesma fonte, ainda que seja diferente dependendo da visão monista adotada.

Os destinatários das normas sistêmicas também seriam os mesmos. Seria possível que Estados enquanto sujeitos de direito internacional e como pessoa de direito interno coexistisse em um único plano, ao invés de ser encarado como uma mesma pessoa respondendo a duas ordens diversas. Do mesmo modo, uma norma de direito internacional poderia viger diretamente dentro do território de um Estado sem a necessidade da incorporação.

Uma vez que permite a existência de antinomias entre norma de direito interno e de direito internacional, o monismo as reconhecendo como integrantes de um mesmo sistema jurídico necessita ter uma explicação da resolução dessas antinomias. Uma vez que se trata de um só ordenamento, o princípio da unidade exige que não deve haver normas contraditórias dentro desse ordenamento. Há então a problemática de resolução em caso de conflitos entre as normas de direito interno e de direito internacional. Neste ponto, o monismo pode ser compreendido tendo a supremacia das normas nacionais ou internacionais.

Ao se questionar sobre o valor normativo entre essas duas ordens jurídicas, é necessário se questionar no fundamento do próprio direito internacional. A primeira reflexão que pode ser levantada é se o direito internacional é realmente direito em razão da grande diferença de estrutura em relação ao direito do Estado.

O direito estatal é uma ordem centralizada, com a atribuição do exercício da soberania a órgãos especializados que, de acordo com a divisão do trabalho, executam as atividades estatais de criação e aplicação das normas. Essa máquina burocrática resultante da própria ideia de modernidade, sem a qual o Estado não se consolidaria como organização política, cria uma diferença relação de verticalidade entre ela e a sociedade. Mesmo nos Estados que rejeitam a filosofia das separações, há distinção entre os funcionários do Estado que exercem seu poder em uma esfera pública e o restante da sociedade que não participam diretamente da atividade estatal.

Esta separação tem uma consequência importante que é crucial de acordo com o que o trabalho defende: a legitimidade de aplicação de sanções que é consequência do princípio da autotutela. A autotutela do direito na lógica do Estado moderno foi reduzida a poucos atos no qual o cidadão pode usar a força contra outro. Do restante, o monopólio da força pertence ao Estado, o que reforça essa relação de verticalidade. No direito internacional, a autotutela seria maior, ainda que não exacerbada, caso contrário haveria um estado de guerra de todos contra todos. Mesmo na ideia de cenário internacional como uma concepção de sociedade na qual há um fraquíssimo vínculo obrigacional entre os Estados, apoiada na conveniência em se submeter à norma e que gera uma desconfiança mútua entre os soberanos que gera uma constante tensão de força, ainda sim a prudência política gera uma obrigatoriedade de critérios no exercício da autotutela.

O monismo então pode ser encarado dentro da maior ou menor força obrigatória na conduta externa dos Estados, bem como na interna em se comportar de acordo com normas internacionais. Inicialmente, será verificado o monismo com a primazia do direito nacional e posteriormente o monismo com primazia do direito internacional.

4.2.1 Monismo com primazia do direito nacional

Essa corrente de pensamento é largamente influenciada pelo hegelianismo, em razão da concepção do Estado como manifestação da derradeira razão além da qual não se obriga, mas apenas obriga. Como foi demonstrado no Capítulo 1, a ideia de soberania nas bases construídas por Hegel influenciou diversos autores que trabalhavam com a tendência absoluta da soberania.

Segundo Hegel, em seu entendimento do Estado ser o ente absoluto e por consequência absolutamente independente de outros absolutos soberanos, "o direito internacional resulta das relações entre Estados independentes. O seu conteúdo em si e para si tem a forma do dever ser porque a sua realização depende de vontades soberanas diferentes"[279].

O Estado apenas se sujeita a uma ordem jurídica conforme sua vontade, seja o direito interno, seja o internacional. Há uma questão na ideologia de dualismo entre Estado e direito importante por trás dessa visão, que inevitavelmente conduz ao entendimento da vontade dos Estados como fundamento do direito internacional. Se a soberania é o poder que permite ao Estado a produção do direito conforme seus interesses, então todo o direito emanado, nacional ou internacional, é resultado exclusivo da vontade estatal de exercer um controle sobre a sociedade.

Nesse sentido, o voluntarismo juspositivista se afirmou como fundamento da obrigatoriedade do direito internacional, que se coaduna perfeitamente com o monismo com primazia do direito nacional e com o dualismo. Os Estados estão, de acordo com essa

---

[279] HEGEL, Georg. W. F. *Princípios da Filosofia do Direito..*, p. 330.

teoria, seriam obrigados somente por sua vontade e toda conduta que realizada em concordância com uma norma internacional, por sua vez, apenas seria uma ação autolimitada de suas soberanias[280].

O Estado não pode ser identificado com o direito de acordo com essa concepção porque a identificação retiraria o caráter absoluto do Estado enquanto aquele ente abstrato e metajurídico que cria o direito conforme sua exclusiva vontade. O direito internacional nada mais seria do que as normas às quais os Estados se submeteriam por mera conveniência, ou seja, seu fundamento se encontraria na autolimitação soberana[281].

Dentro do que foi apresentado sobre as aporias da soberania identificadas por Ferrajoli, na historicidade do Estado de Direito se observou uma supremacia do direito interno em relação à soberania e no âmbito externo, a soberania continuava a se consolidar apoiada em uma necessidade de manutenção das tensões políticas entre os Estados. Enquanto no Século XIX, sobretudo com o aperfeiçoamento dos mecanismos jurídicos de controle sobre o poder político – e o constitucionalismo significou uma ruptura com a soberania absolutista –, a soberania interna se enfraquece, ela passa a ser mais absoluta no âmbito externo.

O Estado, como ente absoluto nas relações internacionais, é de onde se emitiriam os polos normativos. A obrigatoriedade do direito internacional nesse caso não está em uma norma superior à vontade dos Estados, mas sim no direito interno do próprio Estado em questão. Ao se considerar que direito nacional e internacional são partes do mesmo ordenamento, o fundamento do segundo estaria

---

[280] "O voluntarismo jurídico convém perfeitamente ao positivismo clássico em direito internacional, o qual assenta numa concepção absoluta da soberania do Estado. De Vattel a Jellinek e Triepel, é unânime a afirmação de que a força obrigatória do direito internacional assenta na vontade do Estado soberano". (DINH, Nguyen Quoc; DAILLIER, Patrick; PELLET, Alain. *Direito Internacional Público*. p. 101.).

[281] Essa posição completa a teoria de Jellinek sobre a autolimitação do Estado, na explicação de Bercovici: "Um dos elementos mais célebres da teoria geral do Estado de Jellinek é sua concepção de que o Estado se obriga a cumprir o direito que ele mesmo estabelece. A auto-limitação do Estado é uma garantia jurídica, ou seja, permite o seu controle pela jurisdição, para os cidadãos, entendida como fundamental para a formação do constitucionalismo" (BERCOVICI, Gilberto. *Soberania e Constituição:* para uma Crítica do Constitucionalismo. São Paulo: Quartier Latin, 2008, p. 256.).

inserido no primeiro[282]. Neste raciocínio, a validade do direito interno e do direito internacional são encontradas no interior do ordenamento de cada Estado.

O direito internacional nada mais seria do que algumas normas do direito de cada Estado aplicadas à sociedade internacional. O mais notório defensor dessa corrente é Georg Jellinek, para quem o direito internacional é um mero direito estatal externo e que fundamento do direito internacional estaria na autolimitação das soberanias estatais[283]. Segundo Cançado Trindade, essa teoria "mostrou-se contraditória ao tentar reconciliar o irreconciliável: as regras e obrigações emanando de uma vontade livre dificilmente poderiam ser obrigatórias, podendo sempre ser revogadas por atos de vontade contrários"[284].

A primazia do direito interno é suscetível a críticas decorrentes da ideia quase anárquica e frágil que faz do direito internacional. Em primeiro lugar, ao se conceber que as obrigações entre os Estados são fundamentadas apenas em sua autolimitação soberana, então as normas não conferem a segurança necessária para se constituir um sistema de direito. É praticamente uma negação ao direito internacional. Neste sentido, se fossem as normas externas partes integrantes do direito nacional, a obrigatoriedade seria resultante de uma verdadeira coação, já que os Estados cumpririam os tratados quando apenas fosse conveniente. A sociedade internacional seria um cenário de soberanos que se relacionariam politicamente apenas. Ainda assim, o direito internacional seria uma desordem em que qualquer compromisso seria frágil e totalmente dependente de uma relação de força.

Outra crítica interessante é em relação à matéria de sucessão dos Estados. Se o fundamento de validade se encontra na soberania estatal, um novo Estado não teria que ser submetido a quaisquer normas que não fossem resultantes de sua vontade. O que se verifica

---

[282] Conforme explica Kelsen sobre essa teoria, "a ordem jurídica nacional é superior à ordem jurídica internacional, que recebe sua validade da primeira. Por conseguinte, o Direito internacional é uma parte do Direito nacional, e a unidade de ambos é também estabelecida por essa teoria". (KELSEN, Hans. *Teoria Geral do Direito e do Estado.* p. 544.).

[283] MELLO, Celso D. de Albuquerque. *Curso de Direito Internacional Público* vol. I, p. 111.

[284] TRINDADE, Antonio Augusto Cançado. *O Direito Internacional em Transformação.* Rio de Janeiro: Renovar, 2002, p. 167.

na sociedade internacional é uma total dependência do novo Estado às normas internacionais já existentes, inclusive pela necessidade de ter sua soberania reconhecida por outro Estado já soberano.[285] Ainda que exista uma divergência teórica sobre o efeito do reconhecimento[286], seja ele um ato constitutivo, seja ele um ato declaratório, um ato volitivo por outra soberania é necessário para que o Estado possa existir por si, ainda que tácito.

Conforme a literatura jurídica internacionalista, geralmente há uma divisão entre os que entendem ser o reconhecimento de estado um ato declaratório, no qual o Estado, uma vez tendo atendido os requisitos básicos que o colocam em condições de ser reconhecido (governo soberano, território, população), faz jus a ter sua personalidade jurídica reconhecida, não ficando essa dependente da vontade de outros Estados para se formar. É a posição de autores mais contemporâneos como Scelle, Cassesse e Accioly. De outro lado, os que entendem ser o reconhecimento um ato constitutivo e que sem ele o novo Estado não teria personalidade jurídica. Este é o entendimento de autores do início do Século XX como Triepel, Kelsen e Jellinek. O atual entendimento tende mais ao reconhecimento como ato declaratório, que pode retroagir e produzir efeitos antes do ato.

O reconhecimento formal, apesar de ser uma praxe na diplomacia, não exclui o novo Estado de ter acesso à tutela internacional, se não criado em desacordo com o direito internacional, ainda que não tenha sido reconhecido formalmente por algum Estado. Há uma tensão evidente entre a autodeterminação dos povos e a vontade política dos Estados.

A criação e reconhecimento de um Estado por si, apesar de ser uma decisão política, precisa se realizar mediante a forma estabelecida por normas internacionais.[287] Ao ser inserido no

---

[285] Nesse sentido, Wight observa a necessidade do reconhecimento da condição de soberano por um outro Estado: "It would be impossible to have a society of sovereign states um lesseach state, while claiming sovereignty for it self, recognized that every other state had the right to claim and enjoy its own sovereignty as well. This reciprocity was inherent in the Western conception of sovereignty." (WIGHT, Martin. *System of States.* p. 135.).

[286]. Consultar MELLO, Celso D. de Albuquerque. *Curso de Direito Internacional Público.* 13ªed. rev.ampl. Rio de Janeiro: Renovar, 2001.2 v. pp 383-384.

[287] A Carta da Organização dos Estados Americanos – OEA de 1948, prescreve em seu artigo 13 que "A existência política do Estado é independente do seu

mundo, o novo Estado já se encontra em uma sociedade internacional é regida por normas à qual ele terá que se submeter e ao mesmo tempo poderá participar ativamente da criação das normas de acordo com os interesses de seu governo.

O reconhecimento do Estado produz efeitos na sociedade internacional ao atribuir o caráter de sujeito de direito internacional àquela nova organização política que atende aos requisitos de ser identificada como tal e a submetê-lo a uma situação pré-existente de normas que comprometem a sua liberdade de atuação. A existência do Estado depende do reconhecimento de uma soberania por outra. Neste raciocínio, a soberania é uma condição conferida por outra soberania, que reconhece no novo Estado um sujeito formalmente igual e que está apto naquele momento a manter relações de cunho político, econômico e jurídico com ele.

O caráter obrigatório das normas que regem as condutas externas dos novos Estados não poderia encontrar fundamento em sua vontade soberana, formalizada em suas constituições, tampouco serem integrantes do próprio direito interno[288].

Ainda que houvesse uma maior coerência nessa teoria, a globalização contemporânea torná-la-ia ainda mais obsoleta. A primazia do direito nacional ilustra um cenário de uma sociedade apenas de potências que pouca influência teria umas nas outras, seja

---

reconhecimento pelos outros Estados. Mesmo antes de ser reconhecido, o Estado tem o direito de defender a sua integridade e independência, de promover a sua conservação e prosperidade, e, por conseguinte, de se organizar como melhor entender, de legislar sobre os seus interesses, de administrar os seus serviços e de determinar a jurisdição e a competência dos seus tribunais. O exercício desses direitos não tem outros limites senão o do exercício dos direitos de outros Estados, conforme o direito internacional." Com essa norma, o reconhecimento político é prescrito internacionalmente como um direito fundamental dos Estados, direitos esses que o Estados possuem apenas por serem sujeitos de direito internacional, ainda que tenham poder para assegurar seu exercício (Art. 10).

[288]"Monists with primacy of international law frequently refer to the fact that States cannot evade international legal obligations in spite of fundamental changes in national legal systems (they call such 'revolutions'). It would be a lethal blow for monist with primacy of national law. Dualists may well reply, however, that such phenomenon does not support primacy of international law, but it is not Independence from national law. But for them, nothing but the naked fact of control would provide a legitimate basis for the continuity of persons serving both old and new regimes." (OBATA, Kaoru. Historical Functions of Monism with primacy of international law. *The Japanese Annual of International Law*.Tokio, The International Law AssociationofJapan, n º 49, 2006, pp 1-35.).

na conduta externa dos Estados, seja internamente em relação com os indivíduos.

Em oposição a este entendimento, apesar de coerentemente lógica, a prática internacional direciona o entendimento em favor do monismo com primazia do direito internacional, que era razoavelmente satisfatório para explicar a gradativa transformação da sociedade internacional enquanto cenário para comunidade, no contexto do estabelecimento do sistema Nações Unidas em ruptura com o de Vestfália. Com a globalização contemporânea, os processos de integração e transformação do Estado gerados em parte pelo novo sistema nas relações internacionais gerou uma obsolescência dessa teoria que se baseia nos padrões da modernidade estatal[289].

4.2.2 Monismo com primazia do direito internacional

O monismo com primazia do direito internacional parte do princípio da unidade entre as duas ordens jurídicas, mas que há uma norma superior que dá a validade de ambas, cujo fundamento encontra além da soberania dos Estados, ou de sua autolimitação. Essa teoria relativiza a noção de soberania como uma pressuposição da existência dos Estados.

Hans Kelsen foi o mais conhecido defensor dessa teoria, que em grande parte se coaduna com todo seu pensamento enquanto teórico do Direito. Segundo o autor, o direito interno e o internacional são compreendidos como partes de uma mesma ordem maior, na qual a primazia de qualquer um deles teria sentido lógico, já que das duas

---

[289] Explica a respeito da obsolescência da modernidade Morosini, ao lecionar sobre o efeito da globalização no direito: "a globalização no direito é traduzida pela aproximação de culturas legais internacionais. Tal aproximação harmoniza as legislações nacionais, mas pode, em um nível mais adiantado, até mesmo as unficar. Com o crescimento da globalização, alguns juristas, europeus em particular, observaram o fenômeno paralelo da emergência de movimentos sóciofilosoficos para reformular internamente o direito. A pós-modernidade aparece no contexto para implementar os novos contornos do direito, com um olhar mais direto em favor de estudos interdisciplinares"(MOROSINI, Fabio. Globalização e Novas Tendências em Filosofia do Direito Internacional: a Dicotomia entre Público e Privado da Cláusula de Estabilização. In: MARQUES, Claudia Lima; ARAUJO, Nadia. *O Novo Direito Internacional*: Estudos em Homenagem a Erik Jayme. Rio de Janeiro: Renovar, 2005, p. 550.).

formas a ordem retiraria sua validade de uma única fonte[290].

Kelsen faz uma opção pelo direito interacional não por uma questão lógica, mas sim uma escolha filosófica[291]. O Estado, com toda a ordem fundamentada em sua própria soberania, seria levado inevitavelmente ao solipsismo, o que na prática poderia enfraquecer as obrigações com outros Estados.

Nesse sentido, Kelsen organiza um sistema de direito internacional baseado na delimitação por meio dessas normas em quatro domínios de validade, que nada mais seriam que os Estados. Os quatro domínios de validade seriam o territorial, o pessoal, o material e o temporal. Como o direito existe no mundo em uma totalidade, as normas internacionais limitam esses domínios nos Estados. Assim, um Estado é um campo de validade territorial, pessoal, material e temporal definido pelo direito internacional. O sistema é composto por todos os Estados, que são ordens jurídicas pessoais e pelo direito internacional, que tem como principal função a delimitação dos domínios de validade de cada um.

Integrantes de um mesmo sistema jurídico, os direitos nacionais e o internacional retiram sua validade de uma mesma norma fundamental, ainda que haja diferença entre estruturas, já que o Estado é uma ordem jurídica centralizada. Essa é uma completude da norma fundamental de Kelsen, que somente encontra sua real função quando pensada no âmbito do direito internacional[292], que dá validade aos costumes, sua fonte primária e consequentemente de todas as ordens jurídicas parciais.

O monismo com primazia do direito internacional se coaduna com a corrente objetivista de seu fundamento. Em oposição ao

---

[290] "O direito internacional pode ser superior ao direito nacional e vice-versa: o direito internacional pode estar coordenado com o direito nacional. Coordenação supõe uma ordem terceira, superior a ambas. Como não há terceira ordem superior a ambas, elas devem manter em si uma relação de superioridade e inferioridade. Totalmente excluída está a possibilidade de existirem lado a lado, uma independente da outra, sem serem coordenadas por uma ordem superior" (KELSEN, Hans. *Princípios de Direito Internacional..*, p. 520-521.).

[291] KELSEN, Hans. *Teoria Pura do Direito.* Trad. João Baptista Machado. São Paulo: Martins Fontes, 2006, p. 385.

[292] "A única norma fundamental verdadeira, uma norma que não é criada por um procedimento jurídico, mas pressuposta pelo pensamento jurídico, é a norma fundamental do Direito internacional" (KELSEN, Hans. *Teoria Geral do Direito e do Estado.* p. 177-178.).

voluntarismo, os objetivistas entendem que a existência de uma ordem que leva os Estados a se submeterem ao direito internacional sem que este seja o resultado da autolimitação da soberania. A soberania estatal já estaria limitada independentemente da vontade do Estado sem se submeter à norma internacional.

A primazia do direito internacional influencia diretamente em cada ordem normativa. Assim, a incorporação do tratado internacional para se transformar em direito interno seria mera formalidade, porque normas internacionais são destinadas aos Estados a se comportarem de tal maneira, independentemente da incorporação.

Como um exemplo de como o direito internacional pode imperar diretamente no direito interno de um Estado ainda após uma nova ordem constitucional, Obata[293] explica a situação japonesa após a Segunda Guerra Mundial, em que o Japão foi obrigado a assinar um armistício e a se submeter diretamente ao controle internacional. Em 1946 o Japão promulgou uma nova Constituição, mas entre o tempo de seu instrumento de rendição, de setembro de 1945 e a nova Constituição que substituiu a Constituição do Meiji, as normas que vigoraram foram baseadas no direito internacional e em algumas normas do direito norte-americano. A soberania popular foi introduzida pela primeira vez no Japão na Constituição de 1946, como um reflexo da limitação provocada pelo direito internacional.

O exemplo mais notório é em matéria de direitos humanos, como leciona Herdeger[294], criando a possibilidade de ingerência internacional em violações cometidas por um Estado contra sua população, além de que os Estados podem reconhecer direitos previstos em tratados internacionais ainda que não estivessem necessariamente prescritos em suas Constituições. Todavia, a não aplicação do direito internacional por uma não competência dada na Constituição de cada Estado. Desta forma, a incorporação seria

---

[293] Segundo Oblata, "he could exercise this power when hedeemed it necessary. Against his background, Japanese government's existence would betermed as in twilight. No formal authority to govern was denied, but the government was merely a medium which could be by passed at any time." (OBATA, Kaoru. Historical Functions of Monism with primacy of international law. *The Japanese Annual of International Law*. Tokio, The International Law Association of Japan, n º 49, 2006, pp 1-35. p.5)

[294] HERDEGEN, Matthias. *Derecho Internacional Público*. Ciudaddel México. UNAM, Fundación Konrad Adenauer, 2005, p. 44.

necessária no caso de a ordem não prever a aplicabilidade do direito internacional[295].

No tocante ao problema da antinomia, já que todo ordenamento necessita de eliminar as contradições entre normas, as normas internacionais prevaleceriam sobre as internas, uma vez que daquelas são retiradas a validade. Sendo uma questão de hierarquia normativa, "o conflito entre uma norma de direito internacional e uma norma de direito nacional é um conflito entre uma norma superior e uma inferior"[296]. Nos casos em que uma norma internacional e uma nacional entrarem em conflito, a decisão deve ser tomada de acordo com o direito nacional, uma vez que a aplicabilidade deve ser feita de acordo com as competências prescritas constitucionalmente.

Ainda assim, mesmo que haja a criação da uma norma jurídica nacional que viole ou contrarie uma internacional, não significa que ela será necessariamente inválida. Uma norma interna que contrarie o sistema internacional não compromete sua estrutura, mas permite por sua vez que se figure uma sanção no caso dessa violação[297].

O monismo também é suscetível a críticas, sobretudo na perspectiva dualista. O monismo, ao considerar uma integração entre ordens, possibilita uma visão demasiadamente idealizadora do direito internacional, sobretudo em uma configuração de comunidade entre Estados na qual os vínculos de obrigatoriedade e sujeição do direito do Estado seria algo quase pressuposto. Além disso, o monismo com primazia do direito internacional enfraquece o poder constituinte de cada Estado, como se juridicamente toda a produção normativa dependesse das normas internacionais.

Entre as três teorias apresentadas, o monismo com primazia do direito internacional parece ser a mais coerente para explicar as relações entre o direito internacional e o direito interno tendo como paradigma o Estado Moderno. Mesmo com a terceira aporia da soberania e seu marco, a instituição do sistema Nações Unidas, o modelo de Estado hoje verificado se modificou e por isso a linha

---

[295] KELSEN, Hans. *Princípios de Direito Internacional*, p. 536.

[296] Ibidem, p. 521.

[297] "O direito internacional obriga normalmente um Estado a dar as suas normas determinados conteúdos no sentido de o Estado estar sujeito à sanção internacional se autorizar normas de outro teor. Uma norma que, como se diz, seja autorizada sob a 'violação' de uma norma de direito internacional geral permanece válida de acordo com este direito". (Ibidem, pp. 518-519.)

que separava o direito interno do internacional, ou ainda, que nunca separou, necessita ser repensada.

Como visto no Capítulo 2, a globalização afetou a soberania de algumas formas e isso se coaduna com o monismo. Se um de seus pressupostos é a vigência direta das normas internacionais sobre os cidadãos, então a elevação e reconhecimento da pessoa humana como sujeito de direito internacional é um argumento favorável a essa teoria. Se fossem duas ordens completamente distintas, um cidadão jamais poderia ingressar diretamente com um pedido de tutela internacional ou ser julgado por uma corte internacional.

O monismo com primazia do direito internacional não é suficiente – apesar de ser a mais adequada – para explicar como o direito internacional e o Estado se integram atualmente. Obviamente é inexistente uma teoria perfeita que consiga explicar isso, mas uma nova metodologia de estudo se faz necessária para se compreender o que significa ser soberano no mundo contemporâneo, e essa questão perfaz inteiramente em redefinir as funções do direito internacional.

5

POLICENTRISMO: UM NOVO PARADIGMA POSSÍVEL PARA A SOBERANIA

É possível definir um raciocínio sobre o conceito de soberania no Estado contemporâneo que obedece a uma historicidade marcada por rupturas de paradigmas em suas concepções externas e internas.

Qual o conceito de soberania mais adequado hoje de forma a se adequar ao Estado contemporâneo e ao consequente direito internacional? O sistema Nações Unidas continua suficiente após a aceleração da globalização na segunda metade do Século XX? Para isso pode-se tentar um ponto de partida para essa discussão.

A instituição da Organização das Nações Unidas rompeu com o paradigma da soberania externa e alterou a configuração da sociedade internacional para outro padrão de relacionamento ao tornar a guerra um ilícito internacional[298], que resultou em

---

[298] " A Carta da ONU, rompendo com os paradigmas estabelecidos pela ordem vestfaliana, tornou a guerra um ilícito internacional, determinando que somente nas situações por ela apontadas os Estados podem recorrer ao uso da força em suas relações internacionais." (PEREIRA, Antônio Celso Alves. O Recurso à Força pelos Estados e a Legítima Defesa no Direito Internacional Contemporâneo. In: DIREITO, Carlos Alberto Menezes; TRNDADE, Antonio Augusto Cançado; PEREIRA, Antonio Celso Alves. *Novas Perspectivas do Direito Internacional Contemporâneo.* Rio de Janeiro: Renovar, 2008, p. 24.).

fenômenos tais com a codificação dos direitos dos tratados e um novo prisma em matéria de responsabilidade internacional por crimes contra a humanidade.[299] A soberania externa em um contexto do paradigma anterior apresenta uma aporia à elevação do Estado de Direito internacional. Neste sentido, da Constituição da comunidade internacional no sentido formal de Kelsen[300], ao constitucionalismo global conforme denomina Canotilho, houve uma alteração na concepção de Estado soberano que vinha de uma tradição moderna, ainda que internamente já houvesse ocorrido esse fenômeno.[301]

No Século XX, pode-se observar a alteração da soberania em dois momentos por conjunto de fatores, dentro da ideia deste trabalho: a) a criação da ONU e suas consequências em toda a esfera internacional, como um espaço além da soberania estatal, que auspicia as relações internacionais a partir de então e um papel ativo – embora com falta de força às vezes – na emissão de normas internacionais, inclusive pelo grande número de outras organizações internacionais que trabalham com certa dependência; b) a globalização contemporânea, sobretudo nas últimas duas décadas do

---

[299] "The Charter of the Nuremberg Military Tribunal and the Charter of the United Nations mark the beginning of a new era. Several projects of the International Law Commission (ILC) provide evidence of a change in paradigm, particularly so the Draft Code of Offences against the Peace and Security of Mankind, the codification of the law of treaties and the long-lasting work on state responsibility." (KADELBACH, Stefan. Jus Cogens, Obligations Erga Omnes andotherRules – The Identification of Fundamental Norms. In: TOMUSCHAT, Christian; TOUVENIN, Jean-Marc (org.). *The Fundamental Rules of the International Legal Order:* Jus Cogens and Obligations Erga Omnes. Leiden, Boston: Martinus Nijhoff, 2006, p.22.).

[300] "a Constituição da comunidade jurídica é o conjunto de normas de Direito Internacional que regula na criação de Direito Internacional, ou, em outros termos, que estabelece as 'fontes' de Direito Internacional". (KELSEN, Hans. *Princípios de Direito Internacional*, p. 375.)

[301] "De uma forma sintética, os traços caracterizadores deste novo paradigma emergente são: (1)alicerçamento do sistema jurídico-político internacional não apenas no clássico paradigma das relações horizontais entre estados (paradigma hobbesiano/westfaliano, na tradição ocidental) mas no novo paradigma centrados nas relações entre Estado/povo (as populações dos próprios estados); (2) emergência de um jus cogens internacional materialmente informado por valores, princípios e regras universais progressivamente plasmados em declarações e documentos internacionais; (3) tendencial elevação da dignidade humana a pressuposto inelimin\u00e1vel de todos os constitucionalismos." (CANOTILHO, José Joaquim Gomes. *Direito Constitucional.* 6 ed. Coimbra: Almedina, 2006, p. 1354.).

século, cuja integração entre as pessoas, expansão do mercado e desenvolvimento das tecnologias de transporte e comunicação tornaram a figura do Estado obsoleta e permitiu a entrada de novos atores, ou núcleos de poder, que escapam da lógica da territorialidade soberana estatal.

A soberania não é mais a soberania moderna. Mesmo com toda a carga simbólica que o nome "soberania" apresenta, nota-se uma mutação em sua significação[302]. A soberania significa ainda um poder detido pelo Estado e o fundamenta, mas não na mesma intensidade de outrora. Como seria possível entender o que é o soberano tendo em vista das modificações do Estado?

A nova soberania acompanha o problema de se definir o que é o Estado contemporâneo, ou melhor, a adjetivação contemporânea. O uso do termo é uma forma de separar a organização política atual denominada por Estado do Estado no sentido moderno. Para evitar entrar em um debate sobre a correção ou não do termo "pós-modernidade", que envolveria um aprofundamento além do sentido do presente trabalho, a contemporaneidade estatal caracteriza um rompimento com a configuração moderna, interna e internacionalmente.

Conforme a lição de Chevallier, a partir dos anos 80,

> Assiste-se um movimento de desintegração, que se traduz pela diversificação crescente das estruturas administrativas (estatuto jurídico, valores de referência, direito aplicável, princípios de organização), o afrouxamento dos laços que asseguram a integração do conjunto e a manutenção da coesão como um todo; tudo se passa como se a complexidade, a diversidade, a desordem características da pós-modernidade tivessem conquistado o aparelho do Estado[303]

Nesse contexto, o Estado altera sua configuração piramidal, tão declamada na ciência jurídica como uma estrutura hierarquizada, composta por categorias burocráticas dotadas de coerência e

---

[302] "Ao abandonar qualquer pretensão de definir a ideia de soberania de maneira fixa e imutável, torna-se possível divisar de que maneira o seu significado precípuo varia não só com o tempo, mas conforme a situação em exame. O conceito apresenta distintas acepções, dependendo da situação em análise, o que permite falar em uma 'gramática' para o termo, no sentido proposto por Wittgenstein." (HERMANN, Breno. *Soberania, não intervenção e não indiferença:* reflexões sobre o discurso diplomático brasileiro. Brasília: FUNAG, 2011, p. 142.).
[303] CHEVALLIER, Jacques. *O Estado Pós-moderno.*pp. 98-99.

unidade, por uma estrutura em rede, onde o policentrismo permite o fluxo de conexões livres entre os agentes, que se relacionam não mais verticalmente e sim horizontalmente, com algumas conversões na interdependência.

O vértice de um possível modelo imagético piramidal, a Constituição, também sofreu mudanças em suas funções modernas diante o cenário da globalização e a nova estrutura do direito internacional, conforme a lição de Canotilho:

> Se a Constituição procura um arrimo preformador ou pré-constitutivo esse já não pode ser o do estado-pessoa-soberano. Em primeiro lugar, ele não estaria em condições de explicarcrescente pluralismo social, os processos extrajudiciais e a pulverização dos princípios ordenadores. No plano externo, mostrar-se-á impotente para explicar o aparecimento de ordenamentos jurídicos supranacionais. Isso significará que o estado e sua constituição estão feridos num princípio básico do seu discurso – o princípio da universalidade[304].

O policentrismo estatal permite a fragmentação do poder em núcleos de exercício da soberania, seja na criação, seja na aplicação das normas. Isso pode ser observado no tocante ao território e as estruturas do direito do Estado. Completa este raciocínio Chevallier: "cada uma das estruturas tende a se tornar uma pequena ilha de direito, apta a produzir regras e a tomar decisões dotadas de força obrigatória associada aos enunciados jurídicos"[305].

O direito como ordem jurídica também é umbilicalmente ligado à ideia de território, como um de seus domínios de validade. O Estado moderno é uma organização política estritamente dependente de território. A unidade do poder soberano imperante sobre um determinado território, condição que por sua vez exclui de seu poder todos os territórios que não o seu próprio, é de origem westfaliana e caracterizou todas as formas que o Estado moderno conheceu. Tanto o Estado unitário quanto o Estado federal se estruturam sobre suas bases territoriais, variando na unidade de ordens, como no primeiro, ou em uma pluralidade e sobreposição, como no segundo.

Enquanto no Estado unitário soberania e autonomia não

---

[304] CANOTILHO, José Joaquim Gomes. *Direito Constitucional.*p. 1333.

[305] CHEVALLIER, Jacques. *O Estado Pós-moderno*, p. 153.

encontram lógica em se diferenciar, já que a ordem unitária mesmo descentralizada não pode ser figurar núcleos autônomos, no Estado federal a soberania se diferencia da autonomia, como uma maneira estabelecer os limites de cada ente. Assim, os Estados federados são autônomos, mas a soberania pertence à totalidade deles, representado pela União ou poder federado. A soberania é um poder político de emissão e aplicação de normas que os membros da federação não possuem. É o poder soberano, por meio da Constituição Federal, que distribui os poderes na forma de competências legislativas e executivas para cada ente.[306] Pertente à soberania tanto sua coesão interna da unidade que resulta na coexistência dos poderes federados, quanto às relações exteriores, que em uma tradicional acepção de federalismo, não caberia aos entes autônomos produzir normas internacionais independentemente de sua representação soberana. Ainda assim, a criação de entes com poderes regionais cada vez maiores, em conformidade com a tendência globalizante, reforça a fraqueza do poder Estatal soberano em controlar sozinho as relações internas e exteriores.[307] Neste caso, a soberania do Estado, com o novo equilíbrio entre poder central e poderes regionais, não mais é o poder que tende a centralizar todos os atos de seu exercício.

A estrutura do direito do Estado também se transformou com a globalização, gerando o que Chevallier denomina por esfacelamento da regulação jurídica, gerado pelo surgimento de uma sociedade de direito que "implica uma ruptura radical com a concepção monolítica de um direito emanado de uma fonte única e ordenado de maneira piramidal"[308]. O direito concebido como uma ordem hierarquizada se modifica com a contemporaneidade do Estado, e passa a se estruturar por uma relação horizontal.

---

[306] Nesse raciocínio, a lição de Menezes Direito: A federação supõe Constituição. É a expressão do direito interno na linha do fundamental que atrai Estados com grau de hierarquia delimitado pela Constituição. Há distribuição interna de competências, ou seja, há balanceamento entre as competências distribuídas para a estrutura central e para a local. [...] no Estado federal, exatamente porque existe partilha interna de competências, o que ocorre é que o poder constituinte da unidade federada passa a compor o poder constituinte da federação, reservada a competência constitucional específica de 'constituir' a unidade federada". (DIREITO, Carlos Alberto Menezes; MELLO, Celso D. de Albuquerque; MESTIERI, João. *Estudo das Transformações da Ordem Política.* Rio de Janeiro: Renes, 1971, p.31)

[307] CHEVALLIER, Jacques. *O Estado Pós-moderno,* p 108.

[308] Ibidem, p. 145.

O edifício jurídico moderno é repensado, podendo ser configurado além da uma escala de validade, na qual a norma superior dá validade para a inferior, que por sua vez se caracteriza por ser menos geral e menos abstrata. Desta forma, como é tradicionalmente estudado no ordenamento, as normas individuais retiram sua validade das leis que por sua vez se submetem à Constituição, o topo do ordenamento jurídico de cada um Estados. Ainda em Estados sem uma Constituição escrita, é possível perceber um conjunto de normas que servem de equivalente funcional.

A Constituição moderna se caracteriza pela sua normatividade e, como foi estudado no Capítulo 1, sua existência em uma ordem jurídica limita o alcance do poder estatal, seja nas ações, seja na criação das normas, legitimadas na racionalidade na produção de tais e na proteção do indivíduo[309]. Em um Estado de Direito pode-se dizer que é necessário a submissão do poder político às leis, evitando um governo dos homens, e por sua vez, essas leis não devem ser emitidas pragmaticamente como no Leviatã hobbesiano porque precisam se revestir em forma e, contudo, com a Constituição, que possui um valor jurídico maior e tem funções tais como ser o consenso fundamental de uma comunidade política e oferecer legitimação aos respectivos titulares do poder político[310].

A convergência de todo o ordenamento do Estado na Constituição completa a moderna concepção do monismo jurídico. As normas constitucionais estabelecem as autoridades competentes para a criação e aplicação do direito. Logo, todo o direito reconhecido como tal precisa passar por procedimentos de criação que se fundamentam na Constituição. O ordenamento jurídico é regido por princípios de coerência e unidade, no qual as normas precisam ser validadas com uma tendência á harmonia entre elas, ainda que uma contradição entre elas não as invalidasse de pronto.

O Estado, seja unitário, seja federal, concentra a criação de

---

[309] "No Estado de direito edificado pelo pensamento moderno, a Constituição republicana não tem apenas a fenomenalidade do texto fundamental e primeirodo aparelho jurídico e dos poderes públicos. Ela ser o resultado de um trabalho construtivo pelo qual as categorias, os conceitos e os procedimentos do direito politico se precisam e se articulam não está claro em questão: é claro que o aparelho do direito político do Estado edificou-se sobre bases racionais que faziam contrapeso à espontaneidade". (GOYARD-FABRE, Simone. *Os Princípios Filosóficos do Direito Político Moderno*. p. 497.).

[310] CANOTILHO, José Joaquim Gomes. *Direito Constitucional*.pp 1492-1493.

normas sob sua autoridade. Ainda que a descentralização vertical e horizontal do Estado se figure como mecanismos de garantias dos direitos, a fonte de emissão normativa ainda se encontra na figura estatal. A conduta social está, conforme as bases modernas, vinculada aos atos de vontade das autoridades estatais. A soberania, legitimada na titularidade do povo, dá ao Estado a prerrogativa de emissão e criação das normas, delegando aos cidadãos uma parcela de formação normativa, sempre limitada pelo poder público.

A globalização modificou a soberania no alcance de sua estrutura jurídica. A lógica globalizante necessita da regulação das relações sociais que muitas vezes escapam ao poder e vontade do Estado, ora rivalizando, ora complementando sua ordem jurídica. Neste sentido, "direito da globalização se apresenta como um direito extraestatal na medida em que ele é em boa parte construído pela iniciativa dos operadores econômicos".[311] Para André-Jean Arnaud, "a globalização ameaça, assim, em muitos aspectos e de maneira bastante radical, a regulação jurídica do tipo clássico. Esta foi, até aqui, o apanágio dos Estados soberanos, tanto no que tende os limites de seus territórios, como os laços que eles sustentavam com outras nações"[312]. O Estado, pelo aumento da complexidade social, não é capaz mais de ser o único regulamentador; figura-se uma ideia de delegação das funções a outros entes que funcionam como fontes autônomas de regulamentação da vida social, ainda que o Estado se reserve na convergência da validade de tais ordens.

As normas também tornam a vida internacional mais complexa, pelo cada vez mais crescente processo de integração entre povos que escapam do controle dos Estados. Além disso, a margem de liberdade dos Estados é cada vez mais limitada pelos regimes internacionais que vão sendo elaborado por meio de convenções que obedecem aos propósitos das organizações internacionais.

O paradoxal caminho da soberania, desde a instituição do Estado moderno, encontra no direito internacional um novo contraste com o direito interno. Enquanto se assiste uma reorganização de seu direito em uma ordem horizontal marcada pelas relações interdependentes, que giram em torno de um núcleo, a Constituição,

---

[311] CHEVALLIER, Jacques. *O Estado Pós-moderno*, p. 145.

[312] ARNAUD, André-Jean. Introdução. In: ARNAUD, André-Jean (org.). *Globalização de Direito*: Impactos nacionais, regionais e transacionais. 2 ed. Rio de Janeiro: Lumen Juris, 2005, p. 2.

com uma multiplicidade de fontes, o direito internacional inicia um processo de concentração das atividades jurídicas que formam ordens independentes da territorialidade estatal. Os Estados funcionam como sujeitos dessas ordens, que devem a elas se submeterem, seja aplicando diretamente, seja adaptando e modificando seu direito interno com o propósito de realizarem a integração. Essa é uma questão de se adotar um entendimento mais dualista ou mais monista, ainda que essa forma de se explicar as relações entre os dois direitos possa ser repensada na contemporaneidade por ainda estar muito enraizada na ideia de modernidade jurídica[313].

Inicialmente a questão de hierarquia entre direito interno e direito internacional precisa ser repensada no mundo contemporâneo, devido à obsolescência da modernidade. Há ainda uma concepção ainda hierarquizada do direito internacional, reflexo de uma tradição moderna e piramidal do direito nacional pautada no princípio da hierarquia na qual o Estado é formado.[314] No caso de conflito entre normas internacionais e nacionais, qual deve prevalecer? Qual o alcance que o direito internacional tem no direito interno? A Constituição realmente é soberana e não precisa se pautar na vontade de outros Estados?

A alteração na estrutura do direito internacional, em uma tendência à centralização das funções, pode por si figurar uma ideia de como repensar a dicotomia direito interno e direito internacional tendo em vista a ressignificação da soberania no Estado

---

[313] Em sua tese "Fundamentos do Direito Internacional Pós-moderno", Casella formula uma teoria no sentido de se pensar o direito internacional em que o "a construção, de patamar internacional de juridicidade, se há de fazer combinando a reflexão, somada à curiosidade em relação ao passado, ao mesmo tempoem que esta se volte, para determinar o patamar de regulação a ser aplicado ao futuro". (CASELLA, Paulo Borba. *Fundamentos do Direito Internacional Pós-moderno*. São Paulo: Quartier Latin, 2008, p. 25.).

[314] "Il principio digerarchiaèquellochesottolinea come lastrutturadegliorgani sia piramidale, com al vértice um organo supremo ha ilpoteriassolutididirezione e divigilanza. L'organo supremo che ha potere, rispetto a tutti gliorganigerarchicamentedipendenti, didareordini, in forma specifica o in via generale, m,ediante, istruzioni e circolrali; diemanaredirettive per l'ordenamentogenerale dela loro attività [...] questiorganihannoall'interno una loro struttura, chépuòessere símplice, così come anchemoltocomplessa." (BARILE, Paolo; CHELI, Enzo; GRASSI, Stefano. *Istituzioni diDirittoPubblico*. 7 ed. Padova: CEDAM, 1995, p.154.).

contemporâneo, um novo modelo de Estado cujas linhas não podem ser esboçadas senão de maneira fluida, apesar das função essenciais que o Estado continua possuindo nas relações internacionais e em sua ordem interna. Tais funções, destaca Chevallier, o Estado exerce com outros atores, mas permanece como subsidiário em elas, como a função de garantir a coesão social, reconstruir os vínculos sociais que a globalização continuamente vai rompendo, manter a ordem e fornecer a segurança contra novas ameaças e proteger a sociedade contra riscos de qualquer natureza.[315]

O Estado contemporâneo permanece como subsidiário ente que dita a pauta nas relações internacionais, mas diante do cenário político, principalmente após a entrada em vigor do sistema Nações Unidas, a tomada de decisões em último caso passa a ter uma centralização maior nas organizações internacionais, que constituem regimes de normas que superam as fronteiras estatais.

A tendência à centralização no direito internacional se dá por sua constitucionalização. Ainda que o direito internacional não tenha propriamente uma Constituição, há algumas normas que podem desempenhar um equivalente funcional nisso, conforme a lição de Cançado Trindade[316], ainda que haja a tensão constante com o poder político por trás que quebra com a lógica da igualdade soberana, ainda que seja para preservá-la formalmente.

Nesse ponto, faz-se importante destacar, dentro das sugestões do constitucionalismo global de Canotilho[317], da constitucionalização da ordem internacional no Transconstitucionalismo de Neves[318]e demais teorias que defendem uma nova ordem internacional com um paradigma diferente do de Vestfália, outra ideia fundamental que possibilita completar uma concepção de soberania no Estado contemporâneo a consequente nova configuração do direito

---

[315] CHEVALLIER, Jacques. *O Estado Pós-moderno*, p. 59.

[316] Para Cançado Trindade, "era preocupação crescente dos analistas a de se saber se a Carta de uma Organização como as Nações Unidas deveria ser tida como uma constituição ou um tratado. [...] Felizmente hoje já há um consenso generalizado de que a Carta da ONU não é um tratado como qualquer outra convenção multilateral, nem tampouco uma constituição; é um tratado 'sui generis', a ser interpretado como tal, que dá origem a uma complexa entidade internacional que passa a ter vida própria". (TRINDADE, Antonio Augusto Cançado. *Princípios do Direito Internacional Contemporâneo*. Brasília, UnB, 1981, p. 198.).

[317] CANOTILHO, José Joaquim Gomes. *Direito Constitucional.*p. 1354.

[318] NEVES, Marcelo. *Transconstitucionalismo*. São Paulo: Martins Fontes, 2009, p. 80.

internacional: o surgimento de uma categoria de normas cogentes e imutáveis do direito internacional, o denominado *jus cogens*.

O estudo do *jus cogens* é hoje uma das mais controversas áreas de estudo dentro da disciplina do direito internacional e que sugere uma leitura constitucionalizante dessa matéria.[319] Essa nova visão do direito internacional se dá pela modificação de si próprio como objeto. Um direito internacional de configuração moderna, no paradigma westfaliano necessitava de uma leitura mais contratualista, baseada na autonomia da vontade soberana, conforme as bases firmadas no século XVII.

As alterações do Século XX, que provocaram uma verdadeira remodelagem na sociedade internacional, exigem uma visão com certa lógica constitucional, uma vez que há uma tendência de centralização no direito internacional atualmente, de acordo com a terceira aporia da soberania identificada por Ferrajoli[320]. Apenas após a Primeira Guerra Mundial as bases para o novo direito internacional começaram a ganhar força, principalmente com o Tratado de Versailles em 1919 e se consolida com a Carta da ONU em 1945[321].

Em termos gerais, *jus cogens* pode ser definido como uma categoria de normas internacionais que são imutáveis em relação a quaisquer outras normas que não sejam de sua categoria e que limitam a liberdade soberana dos Estados. O *jus cogens* se destaca das outras normas internacionais não somente em razão de sua fonte ou da forma como a norma é emitida, mas também pelo seu conteúdo, predizendo um verdadeiro limite formal e material à soberania estatal. Ao mesmo tempo, somente em razão de uma nova concepção de soberania, o sistema internacional permitiu o surgimento e consolidação de tais normas.

O *jus cogens* cria uma nova categoria de normas internacionais que não se modificam, a não ser por outras de mesmo "valor jurídico". É uma dimensão que fica paralela à moderna configuração escalonada das normas. Apesar de ser um termo contemporâneo, desde o surgimento do direito internacional moderno, como

---

[319] Ibidem, p, 92.

[320] FERRAJOLI, Luigi. *A Soberania no Mundo Moderno*, p. 40.

[321] FIORATI, Jete Jane. *Jus Cogens:* As Normas Imperativas do Direito Internacional Público como Modalidade Extintiva dos Tratados Internacionais. Franca: Unesp, 2002, p.51

defendem Casella[322] e Fiorati[323], já é possível observar que determinadas normas detinham uma imperatividade maior que outras, como regras quase absolutas na conduta dos Estados uns com os outros, ainda que não dotados da obrigatoriedade. Contudo, há um problema em denominar tais normas mais importantes no direito internacional pré-contemporâneo como *jus cogens* porque a sociedade internacional não havia ainda chegado ao grau de centralização que somente alcançou após a vigência do sistema Nações Unidas e a proibição do *jus ad bellum* nas relações internacionais.

A primeira vez que o termo surgiu escrito em um documento internacional, assim sendo previsto em uma norma primária do direito internacional, foi na Convenção de Viena sobre Direito dos Tratados de 1969. Essa convenção é um marco no processo de codificação do direito internacional, ao uniformizar os procedimentos para a realização de tratados, seus requisitos de validade, suas fases e causas de extinção e de nulidade. Assim como o termo que prescreveu, a Convenção de Viena também serve para demonstrar como o direito internacional estava em transformação após vigência do sistema Nações Unidas, já que retira da conveniência soberana dos Estados signatários a realização das regras procedimentais e as unifica em um único documento.

A definição de normas peremptórias do direito internacional não era tão clara até a promulgação da Convenção de Viena. Os fundamentos eram diversos. Para os naturalistas, as normas cogentes seriam as que tinham o conteúdo humanitário, dentro da ideia de uma moral dos direitos humanos entendido por direitos naturais que deveriam servir como fundamento para o direito internacional. Por outro lado, os juspositivistas se ancoravam em um fundamento na obrigação de cumprir os tratados, como o *pacta sunt servanda*, que a partir de então se estruturaria uma escala normativa hierarquizada, em costumes e tratados[324].

---

[322] CASELLA, Paulo Borba. *Fundamentos do Direito Internacional Pós-moderno*, p. 729.
[323] FIORATI, Jete Jane. *Jus Cogens:* As Normas Imperativas do Direito Internacional Público como Modalidade Extintiva dos Tratados Internacionais, p.50.
[324] Segundo Kelsen, a autêntica norma fundamental, que é a do direito internacional, "representa o pressuposto sob o qual o chamado Direito internacional geral, isto é, as normas globalmente eficazes, que regulam a conduta de todos os Estados entre si, são consideradas como normas jurídicas que vinculam os Estados.[...] Nesta norma consuetudinariamene criada tem seu fundamento de vigência as normas

Kadelbach[325] entende que há uma categorização das normas de direito internacional denominadas por "regras fundamentais". Essas regras fundamentais por sua vez se dividiriam em dois grandes grupos, dependendo das consequências jurídicas atribuídas a elas. O primeiro grupo de regras fundamentais seria o *jus cogens*, cujo efeito seria relativo à revogação dos tratados internacionais, de acordo com a previsão dos Artigos 53 e 64 da Convenção de Viena de 1969. O outro grupo seria os das obrigações *erga omnes*. Essas obrigações são impostas pela sociedade internacional que podem configurar uma responsabilidade a um Estado ofensor que ultrapasse a das obrigações bilaterais. São definidas como aquelas normas de direito internacional que se violadas pelo Estado podem comprometer mais gravosamente a soberania do Estado, possibilitando uma maior ingerência por parte da sociedade internacional.

Essa definição comumente não é bem delineada e geralmente o *jus cogens* e as obrigações *erga omnes* são denominadas por *jus cogens*. A distinção feita por Kadelbach, apesar de esclarecedora, é pouco utilizada na prática do direito internacional. O autor explica que boa parte das normas primárias que se referem a *jus cogens* são também as que *são erga omnes*.

Para Casella, "o termo *jus cogens* se usa para designar o núcleo de normas consuetudinárias de direito internacional geral, que se reveste de características materiais e formais precisas".[326] Essas características materiais dizem respeito ao conteúdo das normas cogentes que são supostamente do direito internacional geral e que devem ser aplicadas *erga omnes*, criando obrigações a todos os Estados. Assim, são normas por seu conteúdo estão em um grau diferenciado das outras normas, mas não necessariamente superior, pois a configuração contemporânea do direito internacional não se

---

jurídicas do Direito internacional criadas por tratados. Esta norma é usualmente formulada no princípio: *pacta sunt servanda*. Na norma fundamental que instituiu o costume dos Estados como fato gerador de Direito exprime-se um princípio que é o pressuposto de todo Direito consuetudinário". (KELSEN, Hans. *Teoria Pura do Direito*. Trad. João Baptista Machado. São Paulo: Martins Fontes, 2006, pp.240-241)

[325] KADELBACH, Stefan. Jus Cogens, Obligations Erga Omnes andotherRules – The Identificationof Fundamental Norms. In: TOMUSCHAT, Christian; TOUVENIN, Jean-Marc (org.). *The Fundamental RulesoftheInternational Legal Order*: Jus Cogens andObligations Erga Omnes. Leiden, Boston: Martinus Nijhoff, 2006, p 26.

[326] CASELLA, Paulo Borba. *Fundamentos do Direito Internacional Pós-moderno*, p. 730

coaduna com a ideia de hierarquia entre normas. No aspecto formal, servem de critério para a aferição de nulidade das normas, já que qualquer tratado internacional que contrarie normas consideradas como *jus cogens* são nulas.

Nesse mesmo sentido, Yoram Dinstein leciona que "quando uma norma jurídica internacional é classificada como *jus cogens*, o que importa não é somente interditar um padrão específico da conduta do Estado. A natureza peremptória da injunção significa que a liberdade contratual dos Estados é cerceada"[327].

A existência do *jus cogens* cria uma situação particularmente interessante no direito internacional contemporâneo e que está profundamente ligada ao novo conceito de soberania. É possível verificar isso tanto no seu aspecto propriamente peremptório de derrogação de tratados que ocontrariem quanto materialmente, pela criação de obrigações inerentes a todos os Estados, ainda que isso escape à sua vontade soberana[328].

É uma ruptura na soberania moderna que complementa a proibição do *jus ad bellum* nas relações internacionais e que cerceia a liberdade dos Estados de produção de normas, sejam normas externas, sejam de assunto de interesse doméstico, como corolário da autodeterminação dos povos contida no Artigo 2º (7) da Carta da ONU.

Há certo impasse nesse cenário. O *jus cogens* evitaria em certa medida a imersão do Estado no estado de natureza que foi descrito no Capítulo 2, como a situação em que os Estados temem o poder de destruição das guerras, mas que vivem em constantes tensões políticas uns com os outros e que se relacionam por meio de um direito internacional cuja obrigatoriedade atualmente provém da força de certas potências que mandam e desmandam na cena internacional sobre os Estados com menor poder econômico e bélico. Por sua vez, a consolidação da noção de *jus cogens* ainda que

---

[327]DISTEIN, Yoram. *Guerra, Agressão e Legítima Defesa.* Trad. Mauro Raposo de Mello. Barueri: Manole, 2004, p. 143.

[328] "A imperatividade do *jus cogens* não implica somente na sua obrigatoriedade, uma vez que também as normas derivadas de *jus dispositivum* são obrigatórias para as partes, mas, principalmente, na proibição da derrogação de suas normas. A imperatividade encontra sua outra face na inderrogabilidade." (FIORATI, Jete Jane. *Jus Cogens:* As Normas Imperativas do Direito Internacional Público como Modalidade Extintiva dos Tratados Internacionais, p.86)

não seja definido necessariamente quais normas são *jus cogens* de efeitos *erga omnes* e quais não são, estabelecem uma forma dependência de certos Estados por outros, já que resultam da globalização jurídica do Século XX. Assim, não resta muita alternativa aos Estados mais fracos: o estado de natureza é ruim pelo risco maior de *debellatio*[329], mas a dominação dos Estados por outros também é ruim, porque a liberdade na sociedade internacional e efetiva participação na produção de normas fica inteiramente comprometida à sua força econômica e bélica.

O que foi desenvolvido no Capítulo 2, sobre como a globalização afeta a soberania, é complementado pela noção de *jus cogens*, que cria essa categoria de normas diferenciadas de direito internacional, mas que não dizem respeito necessariamente à forma ou a fonte e, portanto, não estão em grau de hierarquia maior ou menor que outras fontes. As normas definidas como *jus cogens* podem assumir tanto a forma de tratados quanto o de costume e está alheio ao grau de hierarquia para a fundamentação de validade entre esses dois.

Da mesma forma, o *jus cogens* não assume necessariamente uma função constitucional, mas de certa forma compartilha características ao que no direito interno são chamados de assuntos de ordem pública[330]. Neste ponto, há uma noção de que determinados assuntos interessam a todos os Estados e que por isso não podem ser violados, seja pela criação de normas (*jus cogens* em sua função de crivo de nulidade), seja pela ação do Estado (*jus cogens* como criador de obrigações *erga omnes*).

---

[329] "*Debellatio* é a situação na qual um dos beligerantes é inteiramente derrotado, ao ponto de sua total desintegração como nação soberana. [...] Os três parâmetros básicos da *debellatio* são os seguintes: (i) o território do antigo beligerante é ocupado inteiramente, não sendo deixado nenhum resquício para o exercício da soberania; (ii) as Forças Armadas do beligerante não se encontram mais em campo (geralmente há uma rendição incondicional) e nenhuma força armada aliada continua lutando representativamente; (iii) o governo do antigo beligerante deixa de existir e nenhum outro governo (nem mesmo um governo no exílio) continua a oferecer oposição efetiva." ." (DISTEIN, Yoram. *Guerra, Agressão e Legítima Defesa*, pp. 69-70.).

[330] "Inegável a existência de uma Ordem Pública no Direito Internacional Público sobre o qual repouse a Comunidade Internacional, cujo conteúdo é definido por valores éticos universais, mutáveis conforme a evolução dos tempos, ligados à preservação de uma conteúdo mínimo necessário à sobrevivência da Comunidade Internacional." (FIORATI, Jete Jane. *Jus Cogens*: As Normas Imperativas do Direito Internacional Público como Modalidade Extintiva dos Tratados Internacionais, p. 84.).

Duas questões podem surgir dessa reflexão: quais normas em espécie são *jus cogens*? A obrigatoriedade é uniforme na desigual sociedade internacional?

A definição de jus cogens por meio de tratados é demasiadamente problemática. Em primeiro lugar pelo de revogabilidade: somente normas posteriores que sejam *jus cogens* podem revogar *jus cogens* anterior. Então definir quais normas seriam *jus cogens* necessariamente precisaria ser estabelecido por um tratado e necessitaria de um consenso geral sobre o que é e o que não é *jus cogens*, inclusive com a criação de critérios para se definir no futuro o que poderia ser considerado como tal. O grande problema é que como se cria uma obrigação erga omnes a Estados que não concordam com essa ou aquela ou ainda nenhuma norma definida como *jus cogens*? Como criar uma obrigação a um Estado dessa forma senão pela força em último caso?

Em segundo lugar, definir *jus cogens* tiraria do sistema Nações Unidas um recurso muito poderoso no controle dos pequenos Estados e na configuração da soberania no mundo contemporâneo. Cabe à doutrina internacionalista e às decisões da Corte Internacional de Justiça e demais tribunais internacionais a definição das normas cogentes em espécie, que são fontes secundárias do direito internacional e de maior maleabilidade que as primárias.[331]

A segunda reflexão, a igualdade na obrigatoriedade do *jus cogens*, completa a ideia de que essa categoria de normas reforça a dominação das potências na sociedade internacional. A lógica da igualdade soberana é quebrada ao se verificar quem se obriga pelo *jus cogens*. Como foi dito no Capítulo 2, os fluxos da globalização – e um conjunto de normas cogentes internacionais é claro exemplo da tendência globalizante do direito – não são os mesmo em todos os lugares.

---

[331] "Os arts. 53 e 64 não especificam quando uma norma de direito internacional deve ser considerada peremptória por natureza. Contudo, a Comissão de Direito Internacional, em seu comentário sobre a minuta da Convenção de Viena, identificou a proibição da Carta do uso da força internacional como exemplo conspícuo do *jus cogens*. A posição da Comissão foi mencionada pela Corte Internacional de Justiça no Caso Nicarágua. No seu parecer apertado, o Presidente Singh ressaltou que 'o princípio da não-utilização da força pertence à presença imperativa do *jus cogens*." (DISTEIN, Yoram. *Guerra, Agressão e Legítima Defesa*, p. 142-143.).

As normas cogentes são definidas de acordo com o interesse das grandes potências internacionais, por esse sistema de justiça dos vencedores que se estabeleceu após a Segunda Guerra Mundial. Desta forma, a obrigatoriedade dessas normas se dá muito mais nos Estados com menor poder de decisão na sociedade internacional do que nas potências. Como é possível exemplificar isso?

A cultura dos direitos humanos após a Segunda Guerra Mundial é uma das formas como a globalização modificou a soberania. O sistema internacional de proteção aos direitos humanos integra o que é geralmente entendido como *jus cogens*[332]. Portanto, nenhuma ação de nenhum Estado é válida ou ainda pode ter sua validade questionada, de acordo com o direito internacional, se violar o que é prescrito em tratados de direitos humanos.

A obrigatoriedade de respeito aos direitos humanos, seja interno, seja externamente, é uma obrigação *erga omnes* que conforme for a conveniência das potências – ou da ONU em alguns casos – pode configurar uma violação da paz e da segurança internacionais[333]. Em muitos casos, como a violação a direitos humanos pelo governo de um Estado, pode configurar um motivo para a ingerência das potências na soberania desse Estado, ainda que seja um ilícito internacional.

O *jus cogens* é resultado da configuração contemporânea do direito internacional. Se por um lado, impõe obrigações a todos os Estados, seja na criação de tratados internacionais, seja nos atos de Estado, por outro o *jus cogens* compromete até mesmo os casos de jurisdição interna, fazendo com que esse conceito seja entregue à conveniência das potências.

---

[332] "Sinces over eignty is not any longer regarded as a status of independence from the legal order international law prevails over the States and the State community as a whole. Although this change occurred over a long period of time and developed collaterally with the prohibition on the use of force on the one hand and with the growth of mechanisms for theen forcement of human rights on the other, the precise moment that led to there cognition of this new situation can be identified: the community of States decided to codify the international law of treaties in the Vienna Convention on the Law of Treaties (VCLT) in 1969" (SCHMAHL, Stefanie. An Example of Jus Cogens: The Status of Prisoners of War. In: TOMUSCHAT, Christian; TOUVENIN, Jean-Marc (org.). *The Fundamental Rules of the International Legal Order*: Jus Cogens and Obligations Erga Omnes. Leiden, Boston: Martinus Nijhoff, 2006, p 42.).

[333] DISTEIN, Yoram. *Guerra, Agressão e Legítima Defesa*, p. 123.

A Constituição de um novo Estado não pode contrariar *jus cogens*, ainda que não diretamente retire dele sua validade. O reconhecimento de um novo Estado pressupõe que esse novo Estado não seja criado com graves violações ao direito internacional geral. Então, a Constituição, que é a expressão jurídica da soberania estatal, está limitada ao direito internacional geral, que por sua vez é ditado pela vontade soberana das maiores potências.

A diferença entre o direito interno e o direito internacional fica muito tênue porque muitos assuntos que deveriam ser necessariamente de interesse nacional e logo apenas dizer respeito ao direito interno, acabam sofrendo a interferência do direito internacional. Inclusive o próprio ato de inaugurar um novo Estado jurídico por uma nova Constituição: não é a pura e simples vontade popular – ou qualquer outro que seja o titular da soberania –mas há uma relação de interdependência entre essa nova Constituição com o direito internacional e com outras Constituições dos outros Estados.

Ainda que a Constituição de um novo Estado constitua toda a ordem jurídica interna, estará vinculada ao direito internacional e aos outros Estados, uma vez que para ser reconhecido, de certa forma precisará se submeter e ser configurado de acordo com o modelo de Estado de Direito propagado pelas grandes potências ocidentais atualmente.

Para repensar a dicotomia, é necessário ver o direito em determinados campos materiais internacionais que escapam do domínio do Estado e que possam configurar uma ideia de regimes jurídicos. O direito internacional possui com a globalização campos cada vez mais especializados e não dependentes do direito nacional, o que demonstra ao mesmo tempo uma convergência a certos assuntos e a insuficiência da soberania como fundamento exclusivo do direito internacional, pelo menos a soberania em sua concepção moderna.

Por sua vez, a soberania permanece como o poder que mantém os Estados como os principais sujeitos do direito internacional, sendo necessária para que o direito internacional contemporâneo, apesar de suas bases não mais modernas, continue a se estruturar, como leciona Casella[334]. Mesma posição de Anderson Teixeira, para quem, os Estados continuam com "central significância na função de distribuir o poder, atribuir legitimidade, ordenar e dar forma aos poderes e agentes que dele decorrem, porque somente o Estado-nação possui a exclusiva representatividade política da população estabelecida em seu território"[335]. Ainda, Milton Santos leciona: "o Estado continua forte e a prova disso é que nem as empresas transnacionais, nem as instituições supranacionais dispõem de força normativa para impor, sozinhas, dentro de cada território, sua vontade política ou econômica"[336].

Por isso, por mais que o direito internacional provoque a ingerência nos assuntos internos, acentuada pelo fenômeno globalizante que faz os assuntos de interesse exclusivamente nacionais cada vez mais de interesse global, a soberania no sistema Nações Unidas possibilita a garantia de um espaço normativo exclusivo que mantem certa coesão de um Estado em seus assuntos internos, o que é verificado no princípio contido no Artigo 2° (7) da Carta da ONU[337].

Mesmo com um sistema internacional que é centralizado nos fenômenos e tendências de poderes internacionais em detrimento de outros, com a porosidade das fronteiras políticas e jurídicas, a sociedade internacional se organiza ainda em Estados, que são integrantes de um mesmo direito e assumem o papel central e subsidiário na sociedade internacional.

Ian Browlie observa que, em um aspecto prático, muitos dos assuntos de jurisdição interna dos Estados podem ser entendidos como de interesse internacional, principalmente sob a ótica da

---

[334] "Manter a independência, a soberania, e as esferas de atuação específicas das unidades que compõem o sistema internacional, são dados de vase para a preservação da natureza (internacional) do sistema. É dado básico para qualquer sistema internacional" (CASELLA, Paulo Borba. *Fundamentos do Direito Internacional Pós-moderno*, p. 394.).

[335] TEIXEIRA, André Vichinkeski. *Teoria Pluriversalista do Direito Internacional*, p.139.

[336] SANTOS, Milton. *Por uma outra Globalização*. São Paulo: Record, 2000, p.77.

[337] É assim prescrito como um princípio no Artigo 2°(7) a não intervenção internacional em assuntos de interesse domésticos de um Estado: "Nenhum dispositivo da presente Carta autorizará as Nações Unidas a intervirem em assuntos que dependam essencialmente da jurisdição de qualquer Estado ou obrigará os Membros a submeterem tais assuntos a uma solução, nos termos da presente Carta; este princípio, porém, não prejudicará a aplicação das medidas coercitivas constantes do Capitulo VII"

justificação em cima do discurso retórico dos direitos humanos.

Como uma demonstração da alteração da ideia de soberania no mundo contemporâneo, a definição do que são ou do que não são assuntos dependentes exclusivamente de jurisdição interna foge em alguns casos do próprio poder soberano do Estado e acaba sendo dito pelos órgãos internacionais ao invocar as obrigações assumidas. De acordo com o Browlie, "os órgãos políticos não têm toda dificuldade em encontrar uma justificação nas disposições abrangentes da Carta para considerar como uma 'preocupação internacional' um grande número de questões suscitadas pelos métodos de governação em várias partes do mundo. Além disso, a prática liberal ao abrigo dos artigos 55 e 56 da Carta pode mudar drasticamente o conceito de jurisdição interna"[338]. Esse argumento se coaduna com o que foi descrito no capítulo 2 sobre os efeitos da globalização na soberania em algumas matérias, como a questão dos direitos humanos. Conforme a lógica da globalização contemporânea, nos Estados que não são potencias há uma ingerência maior nos assuntos internos do que nas potências. A regra do artigo 2ª (7) da Carta da ONU não é aplicada da mesma forma por Estados com a posição cratológica diferente: As potências ou mesmo os Estados que possuem uma maior influência internacional na tomada de decisões

Nessa linha de raciocínio, leciona Wagner Menezes que o direito internacional contemporâneo "pode ser caracterizado basicamente pela mudança circunstancial nas formas e mecanismos de aplicação de suas normas e numa influencia cada vez maior do direito internacional no direito interno dos Estados"[339].

A soberania no contemporâneo direito internacional, segundo Casella, surge

> Como a expressão do poder, no campo do direito internacional. Aí, igualmente, a institucionalização, i.e., a criação de instituições e normas par a regulação da atuação dos estados, no plano externo, pode atuar no sentido de direcionar o exercício do poder, segundo

---

[338] BROWLIE, Ian. *Princípios de Direito Internacional Público*. Trad. Maria Manuela Farrajotaet al. 4ª ed. Lisboa: Fundação CalousteGulbenkian, 1997, p. 578

[339] MENEZES, Wagner. O direito internacional contemporâneo e a teoria da transnormatividade. (DIREITO, Carlos Alberto Menezes; TRINDADE, Antonio Augusto Cançado; PEREIRA, Antonio Celso Alves. *Novas Perspectivas do Direito Internacional Contemporâneo*. Rio de Janeiro: Renovar, 2008, p. 967.).

mecanismo que preservam em considerável medida, as respectivas esferas de atuação (soberania, na sua face interna, ou domínio reservado do estado), ação conjunta, ou institucionalização coordenada, como se dá no contexto de direito internacional de cooperação[340].

Para se falar em uma nova soberania, o contemporâneo cenário das relações internacionais importa a demanda por uma atividade de maior complexidade e cooperação entre Estados e outros sujeitos de direito internacional. Nos dias atuais, cada vez mais certo que nenhum Estado, qualquer que seja sua extensão territorial e seu poder bélico e econômico, consiga atingir seus objetivos sem se conectar e depender de outro sujeito internacional. Essa relação de interdependência caracteriza, como lecionam Chayes e Chayes, a condição para o que se pode chamar por nova soberania, ou soberania do Estado Contemporâneo[341].

---

[340] CASELLA, Paulo Borba. *Fundamentos do Direito Internacional Pós-moderno*. São Paulo: Quartier Latin, 2008, p.315

[341] "Contemporary developments in the field of international relations impose new demands for complex cooperative activity among states and other international actors, extending over time. It isincreasingly clearthat no single country—or small group of countries—no matter how powerful, can consistently achieve its objectives through unilateral actionor ad hoc coalition. It is this condition that wecall the new sovereignty." (CHAYES, Abram; CHAYES, Antonia Handler. *The New Sovereignty*. Cambridge: Harvard University Press, 1995, p. 123.).

6

O TRANSCONSTITUCIONALISMO: UMA COMPREENSÃO ENTRE ORDENS ADEQUADA AO NOVO CONCEITO DE SOBERANIA

As três teorias apresentadas (dualismo, monismo com primazia do direito interno e monismo com primazia do direito internacional) são insuficientes para explicar de forma mais contemporânea as relações entre o direito interno e o direito internacional. Chega-se então à questão de como conciliar em uma mesma ordem os Estados que não são igualmente soberanos, com um direito que obrigue mais a uns que a outros. Como fazer valer o direito internacional em um Estado que é uma potência bélica e econômica sem que isso resulte em uma ineficácia da própria ordem, já que boa parte dos poucos meios coercitivos depende das potências no sistema Nações Unidas.

Veja-se o problema: de um lado há a soberania do Estado em sua nova função, que é de possibilitar que o Estado pertença a uma ordem, mas que o torna interdependente dela. Essa soberania em sua forma jurídica, a Constituição, não está acima do direito internacional, nem é a ele submetido, mas está integrada diretamente com ele.

A forma rígida e hierarquizada não condiz mais com a realidade do Estado contemporâneo. Da mesma forma, a centralização do direito internacional não é ainda suficiente para ser considerada uma ordem centralizada. Nesse ínterim, a emergência do direito comunitário resultado da integração internacional, como o da União Europeia, mostra que pode existir uma terceira ordem entre as duas, que é mais centralizada que a ordem internacional, mas que ao mesmo tempo permite certa autonomia dos Estados participantes.

Ao mesmo tempo, o direito aplicável mostra-se cada vai mais complexo pelo aumento no número de normas que compõem cada ordenamento. Se com o esfacelamento da moderna soberania, permitiu-se mais integração normativa entre o direito interno e o internacional, além de outras ordens normativas.

Com isso, o direito inicia um caráter de materialidade conjugado com o formalismo. O direito policêntrico não se coaduna mais com uma ideia de nomodinâmica pura, pois a validade de todas as normas nem sempre estão vinculadas somente na autoridade que as produziu no direito internacional.

Significaria dizer que há um vínculo constitucional entre todas as ordens a uma materialidade específica. Ou seja, em determinados assuntos, o direito internacional torna-se material, não dependente somente da autoridade que o produziu – seja pela vontade soberana por meio de tratados, seja por resoluções das organizações internacionais –, perfazendo-se numa conjugação entre o formalismo jurídico constitucional e assuntos que integram e obrigam os Estados que não são vinculados necessariamente a uma autoridade internacional, até mesmo porque é contestável a ideia de autoridade na sociedade internacional, ainda que a ONU exerça em algumas situações uma função como se autoridade fosse.

Essa materialidade se configura no direito internacional sob a forma do *jus cogens*, que vinculam materialmente os Estados em obrigações *erga omnes*.[342]Então pode ser descrita a seguinte situação, após o sistema Nações Unidas, no direito internacional relativo às suas normas:

---

[342] KADELBACH, Stefan. Jus Cogens, Obligations Erga Omnes andotherRules – The Identificationof Fundamental Norms. In: TOMUSCHAT, Christian; TOUVENIN, Jean-Marc (org.). *The Fundamental Rules of the International Legal Order*: Jus Cogens and Obligations Erga Omnes. Leiden, Boston: Martinus Nijhoff, 2006, p. 27.

1) Normas internacionais que se classificam materialmente com uma relativa dependência de suas fontes. Na atual conjectura, há basicamente nesse aspecto, três tipos de normas: a) as peremptórias ou *jus cogens*, que são mais difíceis de serem mudadas em razão de só poderem ser revogadas por outras de igual valor material, apesar de ficar a cargo das fontes secundárias definir quais normas em espécie são peremptórias; b) as normas dispositivas, que são todas as normas que podem ser revogadas pelas normas peremptórias, ou seja, as normas por excelência do direito internacional, que resultados de tratados, costumes e outras fontes que não tratam diretamente dos assuntos das normas peremptórias; c) as normas maleáveis ou *soft law*, que tem pouca formalidade e atendem à velocidade necessárias de alguns assuntos das relações internacionais que precisam de uma forma jurídica para se realizar.

2) Normas internacionais que se classificam formalmente, que são as tradicionais fontes do direito internacional público, consagradas no Artigo 38 do Estatuto da Corte Internacional de Justiça, divididas em primárias – tratados, costumes e princípios gerais do direito – e secundárias – doutrina, jurisprudência e equidade. Estas normas podem ou não se conjugar com as peremptórias, mas o interessante é que dificilmente uma das normas resultantes de uma fonte secundárias poderia ser considerada peremptória, uma vez que geralmente se trata de normas aplicáveis a um caso concreto ou mesmo como fundamento para a tomada de decisões.

Por outro lado, as normas peremptórias são provenientes das fontes primárias, mas escapam da hierarquia de validade delas e são reconhecidas e dadas pelas fontes secundárias. Neste caso, na ordem internacional as fontes secundárias, normas ou não, serviriam como as regras de reconhecimento de Hart[343], já que permitem identificar quais são e quais não são peremptórias. E o caráter peremptório delas deriva de sua materialidade, não de sua forma, já que podem ser tanto costume, quanto tratados, ou mesmo normas contidas em tratados.

---

[343] "A forma mais simples de remédio paraa incerteza do regime das regras primárias é a introdução daquilo a que chamaremos uma 'regra de reconhecimento'.[...] Onde exista tal reconhecimento, existe uma forma muito simples de regra secundária: uma regra para a identificação concludente das regras primárias de obrigação. " (HART, Herbert L.A. *O Conceito de Direito*. 6 ed. Lisboa: Calouste Gulbenkian, 2011, p. 104.).

Não há uma hierarquia clara entre as fontes, apesar da relação de validade dependente do tratado ao costume. Também, não há hierarquia clara entre o direito interno e o direito internacional, apesar de uma crescente força do segundo, por ser determinante no surgimento de novos Estados e, portanto, necessário para que o direito interno em tese se constitua. Ainda assim, há geralmente uma exigência constitucional de incorporação ao direito interno na forma de decretos, ou mesmo onde não há, existe uma coexistência de normas internas e externas no mesmo território, ainda que vindas de fontes ou formas diversas.

Em razão dessas insuficiências, os clássicos critérios de resolução de antinomia precisam ser repensados, inclusive porque não podem mais se coadunar com o Estado contemporâneo, que não é mais formado nas estruturas do Estado moderno.

A resolução de antinomias é um dos principais assuntos que interessam nas relações entre os dois ordenamentos jurídicos. Algumas questões que são levantas são relativos à preponderância de normas internacionais e nacionais conflitantes ou então sobre o critério para se verificar a validade de uma norma internacional. São diversos os casos em que as duas ordens jurídicas são colocadas em confronto e dependendo da teoria adotada, dá-se a prevalência a um ou a outro.

O aspecto material para resolver essas antinomias revela-se em alguns assuntos, que pouco importa qual é a origem da norma, mas que ela deve ser aplicada em detrimento de outras. Geralmente essas normas cogentes têm relação direta com normas constitucionais de proteção aos direitos fundamentais.

O único dos três critérios clássicos de resolução de antinomias com características materiais seria o da especialidade, mesmo assim não é o caso de sua aplicabilidade. Normas protetivas aos direitos fundamentais prescritas nas constituições ou aos direitos humanos prescritos nos tratados. São normas dotadas de generalidade, o que não se configura na especialidade. Uma norma pode ser mais específica que uma de direitos fundamentais, mas no que os violar pode ser invalidada, ainda que não dependa diretamente da hierarquia.

Isso se observa pela aplicabilidade direta da Carta de Direitos Fundamentais da União Europeia em detrimento e outras normas internas pelos países membros, ou pela fundamentação na Convenção Americana de Direitos Humanos por tribunais dos signatários. Neste caso, não é em razão de ser uma norma de direito internacional que se adequa ou não ao direito interno, mas sim por seu aspecto material que conferem direitos diretamente aos cidadãos, ainda que normas nacionais prescrevam o contrário, cumprindo uma função constitucional.[344]

Como uma das formas de dar uma nova explicação às relações entre o direito interno e o direito internacional, dentro da distinção entre essas ordens ser cada vez menos rígida, o transconstitucionalismo, que propõe uma nova metodologia de se estudar o direito internacional conjugado ao direito interno.

6.1 O transconstitucionalismo como metodologia contemporânea alternativa

O transconstitucionalismo é uma metodologia desenvolvida por Marcelo Neves, com fortes influências de Teubner e Luhmann, que preza a integração entre sistemas jurídicos como um meio alternativo para explicar suas atuais relações. O ponto chave nessa metodologia é considerar um sistema jurídico como um sistema fechado, mas que se abre para troca de fluxos com outros sistemas, no luhmannianas interações input /output[345].

O ponto de partida do método do transconstitucionalismo é a dupla contingência, ou seja, a relação de trocas recíprocas entre

---

[344] "Em nosso entender, a simples celebração da Carta de Direitos Fundamentais da EU é motivo suficiente para atribuir o qualificativo constitucional a tal documento, tal a grandeza e a importância das matérias que nele são versadas. Advogar em favor da desnecessidade de constitucionalizar a Carta de Direitos Fundamentais do ser humano da EU só poderia encontrar justificação no valor constitucional que a Carta, intrinsecamente, já possui. A sua constitucionalização seria imediata pela simples consagração do respectivo conteúdo. Poderia fazer parte do direito primário da EU sem constar do texto do TUE, e sem que beliscasse a sua dignidade constitucional" (MAIOR, Paulo Vitor; LEITE, Isabel Costa; CARDOSO, João Casqueira. *O Tratado de Nice e o Futuro da União Europeia*. Porto: Edições Universidade Fernando Pessoa, 2003, p.80.).
[345] "The input/output modelsallowed for systems to use their output as input. The later development of the theory 'internalized' this feedback loop and declares it to be a necessary conditionof its operation." (LUHMANN, Niklas. *Law as a Social System*. Trad. Klaus A. Ziegert. New York: Oxford University Press, 2004, p. 79.).

sistemas. Marcelo Neves trabalha com a interação entre *alter* e *ego* nos sistemas que realizam permanentes ações de troca de informações.[346] A interação implica em que o ego de um sistema tem a possiblidade de interagir com a ação de *alter* diversa da sua, como também se espera do outro sistema. A dupla contingência não é uniforme: dependendo do grau de absorção de um sistema, seus mecanismos de condicionamento e as expectativas geradas para a ação *alter*, a interação pode ser mais fraca ou mais forte, todavia há uma combinação de identidade e não identidade reconhecida pelos sistemas. A dupla contingência é vinculada com o reconhecimento: o ego de um sistema vivencia e reconhece o outro como um *alter ego*. Isso pressupõe que os dois sistemas precisam interagir de forma a estabelecerem uma relação de confiança um no outro[347].

Ao trabalhar com a confiança entre sistemas, o transconstitucionalismo rejeita a identidade cega de um sistema. O que isso significa? Que em uma interação com o ambiente, isoladas ordens jurídicas, como os tribunais constitucionais de certo Estados, ao analisar qualquer questão, priorizam realizam a identificação de seu sistema para evitar que haja uma diluição no ambiente. Para o transconstitucionalismo deve haver uma prontidão de alteridade entre as ordens jurídicas[348], para uma interação normativa de forma a entrelaçar as ordens e enfraquecer a solipsista identidade de um Estado em face de outros. Desta forma, "o desenvolvimento de um

---

[346] NEVES, Marcelo. *Transconstitucionalismo..*, p. 270.

[347] Sobre esse assunto, leciona Teixeira: "Reconhecer uma coisa como ela mesma, como idêntica ao eu que se encontra no outro e não como qualquer outra coisa que não seja ela mesma, implica distingui-la de todas as demais coisas. Da mesma forma que o meu eu se encontrou no outro, a reciprocidade da relação faz com que o outro deva se encontrar em mim. Entretanto, por se tratar de um processo subjetivo, somente ao agente cognoscente (o outro) cabe a prerrogativa de me reconhecer (o eu)" (TEIXEIRA, André Vichinkeski. *Teoria Pluriversalista do Direito Internacional...*, p. 257-258.).

[348] Explica Douzinas sobre a ética da alteridade: "O imperativo proveniente do Outro e a minha obrigação de responder representam a essência da ética da alteridade. Porém, essa 'essência' baseia-se no caráter não-essencial do Outro que não quer ser transformado na instância de um conceito, na aplicação de uma lei ou na particularização do ego universal [...] A ética da alteridade é uma poderosa metafísica como todo humanismo. Mas este é um humanismo da outra pessoa; ao contrário da ênfase ontológica do liberalismo e da natureza abstrata do sujeito (jurídico), ele carrega o mais forte compromisso histórico com as necessidades singulares do Outro concreto" (DOUZINAS, Costas. *O Fim dos Direitos Humanos...*, p. 355-357.).

método do transconstitucionalismo abre a possibilidade de construção de uma racionalidade transversal na relação entre princípios e regras distintas"[349].

É essencial entender a ideia de Constituição que Marcelo Neves utiliza para permitir uma conversação entre ordens, a denominada Constituição transversal[350]. A Constituição, conforme a influência luhmanniana de Neves, caracteriza-se por ser o mecanismo que permite a diferenciação da política e do direito, mas que também cumpre a função de ser um acoplamento estrutural[351] entre o sistema jurídico e o político de um Estado[352].

A Constituição também funciona como mecanismo de diferenciação da política e do direito de forma a se evitar uma corrupção sistêmica, principalmente no campo jurídico ser dominado pelos interesses políticos. Nesta perspectiva luhmanniana,

---

[349] NEVES, Marcelo. *Transconstitucionalismo...*, p. 275.

[350] "Pode-se compreender a Constituição do Estado constitucional não apenas como filtro de irritações e influencias recíprocas entre sistemas autônomos de comunicação, mas também como instância da relação recíproca e duradoura de aprendizado e intercâmbio de experiências com as racionalidades particulares já processadas, respectivamente, na política e no direito. Isso envolve entrelaçamentos como 'pontes de transição' entre ambos os sistemas, de tal maneira que pode desenvolver-se uma racionalidade transversal específica" (Ibidem, p. 275).

[351] Acoplamento estrutural é um conceito na teoria dos sistemas de Luhmann, que se refere ao mecanismo de operação nos sistemas com seu ambiente, mais precisamente que se manifestam em dois sistemas ao mesmo tempo e que permitem a comunicação entre eles, de forma permitir o equilíbrio sistêmico. Explica Luhmann, "coupling mechanisms are called structural couplings if a system presupposes certain features of its environment on an on going basis and relies on them structurally —for example, the fact that money is accepted, or that it could bea nticipated, that people can find out what time it is. Hence structural couplingis a form, too, and a two-sided formatt hat, and that means it is a distinction. What it includes (coupleswith) is as important as what it excludes. Accordingly the forms of a structural coupling reduce and so facilitate influences of the environmenton the system" (LUHMANN, Niklas. *Law as a Social System.*, p. 382.).

[352] "A Constituição, por um lado, torna-se o código-diferença 'lícito/ilícito' relevante para o sistema político; isso implica que as exigências do Estado de direito e dos direitos fundamentais passam a constituir contornosestruturais da reprodução dos processos políticos de busca pelo poder e de tomada de decisões coletivamente vinculantes, inclusive na medida em que decisões majoritárias democraticamente deliberadas podem ser declaradas inconstitucionais. Por outro lado, torna o código-diferença 'poder/não-poder' ou em termos contemporâneos, 'governo/oposição' relevante para o sistema jurídico". (NEVES, Marcelo. *Transconstitucionalismo*, pp. 57-59.).

"o problema do acoplamento estrutural pode ser restrito à relação entre a política e o direito - os dois sistemas funcionam como uma unidade, que convergem em seu topo, ou acoplam-se, com a instituição especial da Constituição"[353]. A Constituição de um Estado fecha seu sistema jurídico, enquanto no plano político, permite a legitimação que, no caso do constitucionalismo moderno, se pauta na soberania popular.

Além de ter a função de ser um acoplamento estrutural do sistema jurídico e político e também como a norma que ao mesmo tempo os identifica e separa, a Constituição em sua função de transversalidade serve como instância reflexiva, como uma ponte de transição entre suas experiências com suas particularidades. Há uma síntese do político e do jurídico na Constituição: o direito é legitimado pelo político e o político se legitima de acordo com as normas da ordem jurídica. A Constituição constitui todo o sistema, mas sintetiza o político e o jurídico e permite uma racionalidade transversal entre eles.

Segundo Neves, "a Constituição transversal não se restringe a uma conexão estrutural no nível da observação de primeira ordem entre os sistemas. Ela pressupõe que a política e o direito se vinculem construtivamente no plano reflexivo"[354].

Essa visão transversal da Constituição se adequa muito bem à soberania do Estado contemporâneo, mais ainda do que o monismo com primazia do direito internacional[355]. A soberania no início da modernidade, como verificado no Capítulo 1, se encontra numa instância política como obstáculo do direito interno e do direito internacional. No constitucionalismo moderno, a soberania se fragmentou e se adaptou ao Estado de Direito (com todas as ressalvas desta generalização, considerando os conceitos de

---

[353] LUHMANN, Niklas. *Law as a Social System,* p. 263. O original em inglês: "O original em inglês: "the problem of structural coupling can be restricted to the relationship between politics and law—either by taking these functioning systems as a unit, which converges atthe top, orby coupling them with the special institution of the constitution"

[354] NEVES, Marcelo. *Transconstitucionalismo.* p. 63.

[355] "O transconstitucionalismo, como modelo de entrelaçamento que serve à racionalidade transversal entre ordens jurídicas diversas, abre-se a uma pluralidade de perspectivas para a solução de problemas constitucionais, melhor adequando-se às relações entre ordens jurídicas do sistema jurídico heterárquico da sociedade mundial." (Ibidem, p. 131.).

Constituição nominalista e instrumental nos países da modernidade periférica). Se antes existia um antagonismo entre a vontade do soberano e a lei, com a Constituição moderna normativa, a lei passa a ser o produto da vontade de uma soberania formalizada no direito (também com as ressalvas das Constituições nominalistas e instrumentais).

A fragmentação da soberania a transformou de uma instância política em um plano também jurídico, no qual a Constituição encontra seu ponto de encontro e equilíbrio: a Constituição é a soberania do Estado no plano interno, uma vez que sua relativização significou uma incorporação jurídica ao seu conceito.

Na contemporaneidade, o plano externo da soberania sofre uma juridicização, não representando mais um obstáculo ao plano jurídico internacional, mas sim uma condição de integração do Estado no direito internacional, no qual não há uma visão necessariamente antagônica, mas sim integralista[356]. Neste raciocínio, "assim como há um alcance internacional das normas constitucionais do Estado, há um alcance constitucionais das normas internacionais"[357].

Direito interno e direito internacional são partes de uma mesma ordem jurídica que funciona de uma forma transversal, na qual nem a ordem interna, nem a ordem externa são tidas como superiores em razão de sua origem, mas sim em razão da matéria que consolida e comanda a transversalidade entre essas ordens, como entre o direito internacional e as Constituições, tendo como vetor os problemas constitucionais mais relevantes, principalmente no tocante aos direitos e garantias fundamentais e às limitações do poder político.

Nesse sentido:

> O transconstitucionalismo tende ao envolvimento de mais de duas ordens jurídicas, sejam elas da mesma espécie ou de diversos tipos. Essas situações complexas apontam para um sistema jurídicos mundial de níveis múltiplos, no qual ocorre um transconstitucionalismo pluridimensional, que resulta da relevância simultânea de um mesmo problema jurídico-constitucional para

---

[356] "Não só o provincianismo estatalista deve ser aqui rejeitado; igualmente é prejudicial a um modelo racionalmente adequado de solução de conflitos o pseudouniversalismo internacionalista, que, antes, constitui uma outra forma de visão provinciana dos problemas constitucionais." (Ibidem, p. 135.).
[357] Idem.

uma diversidade de ordens jurídicas[358].

Importa frisar novamente as palavras de Canotilho sobre uma das características do novo paradigma do direito internacional: "tendencial elevação da dignidade humana a pressuposto ineliminável de todos os constitucionalismos"[359]. Deste modo, "para que o transconstitucionalismo se desenvolva plenamente é fundamental que, nas respectivas ordens envolvidas, estejam presentes princípios e regras de organização que levem a sério os problemas básicos do constitucionalismo"[360].

Entre tais problemas, o central não é outro senão a proteção aos direitos humanos ou direitos fundamentais no plano interno, que devem no transconstitucionalismo ser tratados em uma conversação entre ordens, seja interna, internacional ou comunitária. A questão fundamental é "precisar que os problemas constitucionais surgem em diversas ordens jurídicas, exigindo soluções fundadas no entrelaçamento entre elas"[361].

Dentro do que está sendo trabalhado, esse direito material internacional se coaduna com a emergência do *jus cogens* no direito internacional, mas se aplicando também à racionalidade transversal entre ordens internas e a ordem internacional. Para Ferrajoli, a soberania "se esvanece também em sua dimensão externa na presença de um sistema de normas internacionais caracterizáveis como *ius cogens*, ou seja, como direito imediatamente vinculador para os Estados-membros"[362].

É exatamente o caminho que Neves trilha ao tratar do constitucionalismo na ordem internacional.

> E no que se refere ao direito constitucional em sentido formal a ênfase é dada ao princípio do *jus cogens*, nos termos expressos do art. 53 da Convenção de Viena sobre o Direito dos Tratados (1969), e à decisão definidora das obrigações erga omnes no julgamento do caso Barcelona-Traction pela Corte Internacional de Justiça, em 1970, que acrescentaram uma verticalidade parcial no sistema horizontal do direito internacional público[363].

---

[358] Ibidem, p.235.

[359] CANOTILHO, José Joaquim Gomes. *Direito Constitucional...*, p. 1354.

[360] NEVES, Marcelo. *Transconstitucionalismo..*, p.129.

[361] Ibidem, p. 121.

[362] FERRAJOLI, Luigi. *A Soberania no Mundo Moderno...*, p. 41.

[363] Ibidem, p. 90.

Como apresentado, o *jus cogens* é definido internacionalmente como uma norma peremptória, mas não em espécie quais são essas normas. Tradicionalmente são entendidos como *jus cogens* normas internacionais que se referem à proteção da pessoa humana e à proibição do uso da força bélica nas relações internacionais, proibição de crimes contra a humanidade, autodeterminação dos povos e outras normas pertencentes ao *jus in bello.*[364]

O transconstitucionalismo necessita de uma visão não potencializada de um sistema; não há um sistema específico dos quais são provenientes as informações a serem levados a outros. Para Neves, "o método do transconstitucionalismo não pode ter como ponto de partida uma determinada ordem jurídica, muito menos as ordens dos mais poderosos, mas sim os problemas constitucionais que se apresentam enredando diversas ordens"[365].

Ao se pensar em ordens jurídicas, tem-se em mente que não significa apenas os diversos Estados, mas também as ordens supranacionais e a internacional. No caso desse trabalho, o transconstitucionalismo, ao tratar de uma vinculação material de problemas constitucionais entre as ordens, prediz uma nova visão da dicotomia entre o direito interno e o direito internacional e que é mais condizente com uma visão crítica da globalização contemporânea[366]. Como eixo do transconstitucionalismo, Neves propõe que "os direitos humanos sejam definidos primariamente como expectativas normativas de inclusão jurídica de toda e qualquer pessoa na sociedade (mundial) e, portanto, de acesso universal ao

---

[364] "The examples usually given for both are the prohibition against aggressive war, genocide, crimes against humanity and war crimes, the core elements of humanitarian law and of the human rights conventions, the right of peoples to self-determination and the protection of the environment from severe and lasting degradation" (KADELBACH, Stefan. Jus Cogens, Obligations Erga Omnes and other Rules – The Identificationof Fundamental Norms. In: TOMUSCHAT, Christian; TOUVENIN, Jean-Marc (org.). *The Fundamental Rules of the International Legal Order:* Jus Cogens and Obligations Erga Omnes. Leiden, Boston: Martinus Nijhoff, 2006, p 26)

[365] NEVES, Marcelo. *Transconstitucionalismo..*, p. 275

[366] "No caso do transconstitucionalismo, as ordens se inte-relacionam no plano reflexivo de suas estruturas normativas que são autovinculantes e dispõem de primazia. Trata-se de uma 'conversação constitucional', que é incompatível com um 'constitucional diktat' de uma ordem em relação a outra. Ou seja, não cabe falar de uma estrutura hierárquica entre ordens: a incorporação reciproca de conteúdos implica uma releitura de sentido à luz da ordem receptora". (Ibidem, p. 119.).

direito enquanto subsistema social"[367].

Nesse caso, o transconstitucionalismo se adequa melhor ao Estado contemporâneo, por ser uma metodologia desenvolvida apta a considerar a possiblidade de abertura e troca de fluxos entre sistemas de forma preferencialmente igualitárias, mas com a previsão de desigualdades decorrentes pela estrutura de cada ordem, com uma tendência ao reconhecimento por meio dos tribunais constitucionais ou internacionais, de uma nova ideia de proteção a determinados valores universais – direitos humanos e a propagação do modelo ocidental de Estado de Direito[368].

Neves demonstra diversos casos em sua obra a conversação constitucional entre as cortes supremas e os tribunais internacionais a respeito desses valores, como a relação entre o Tribunal Europeu de Direitos Humanos (TEDH) e os demais Estados europeus que estão sob sua jurisdição[369]. Há um complemento nesse caso entre os direitos fundamentais protegidos em cada Constituição e na Convenção Europeia de Direitos Humanos (CEDH). Um caso especial que chama a atenção é o do Tribunal Constitucional Alemão, que consolidou a posição de limitar a aplicação interna das decisões do TEDH no que for contrário aos direitos fundamentais estabelecidos na Constituição. Desta forma, o Tribunal não está vinculado ao TEDH, mas deve levar em considerações suas decisões[370].

O texto da Convenção Europeia de Direitos Humanos e as jurisprudências do TEDH são meios de complementar o sistema protetivo dos direitos fundamentais no Estado alemão, mas não devem ser considerados no tocante à sua restrição. Por outro lado, uma interpretação sistemática sem considerar o tribunal internacional causaria uma alta entropia na ideia de integração entre os Estados europeus[371]. Neste ponto, é possível verificar a ideia de

---

[367] Ibidem, pp. 252-253.

[368] "Em nome da comunidade internacional, reage-se ao desenvolvimento de experiências constitucionais que não correspondem ao modelo estrito do Ocidente desenvolvido." (Ibidem, pp. 136-137.).

[369] Ibidem, p. 137.

[370] Ibidem, p. 139.

[371] Marcelo Neves demonstra como a conversação constitucional entre cortes internacionais e internas acontecem em diversos Estados da União Europeia em alguns casos mais emblemáticos. Em relação ao Tribunal Federal Alemão, destaca o caso Caroline von Hannover vs Germany, no qual havia uma discrepância no

uma vinculação jurídica material entre essas ordens, porque é imprescindível, no raciocínio de Neves, que os tribunais envolvidos na solução de questões relativas a direitos humanos desenvolvam uma racionalidade transversal em face da ordem jurídica da CEDH[372].

É possível pensar então em uma racionalidade transversal não somente na Europa – apesar da integração europeia ser um fator que favoreça – mas também em outras cortes internacionais que devem dialogar com os supremos tribunais internos e vice-versa. O transconstitucionalismo evitaria um autismo constitucional, que rejeita a dupla contingência tão essencial ao método proposto de conversação constitucional.

Na sociedade internacional contemporânea, de configuração policêntrica demonstrada por Chevallier, o modo de se pensar as relações entre o direito interno e o internacional que não leve em consideração essa vinculação material – a proteção a direitos fundamentais – mostra-se obsoleto.

Nesse sentido é que o transconstitucionalismo surge para Neves como o direito constitucional do futuro, porque se desprendendo do formalismo moderno,

> O constitucionalismo abre-se para esferas além do Estado, não propriamente porque surjam outras Constituições (não estatais), mas sim porque os problemas eminentemente constitucionais, especialmente os referentes aos direitos humanos, perpassam simultaneamente ordens jurídicas diversas, que atuam

entendimento do TEDH, no sentido de maior liberdade de imprensa em relação ao dano causado pela divulgação de fotos de intimidade da princesa de Mônaco, e do Tribunal Federal Alemão, que entendeu pela prevalência da proteção à intimidade da pessoa. Nesse caso, o julgamento do TEDH serviu como base para a tomada de decisão pela corte suprema. Na França, do caso Leyla Sahir vs Turquia versava sobre o direito de usar o véu conforme a obrigação islâmica nas escolas públicas francesas, o TEDH entendeu que a CEDH deixa margem para que cada Estado signatário interprete conforme seu direito a respeito de manifestações religiosas. O alcance do transconstitucionalismo relacionado ao TEDH se dá na abertura do sistema de interpretação na tomada de decisão por não somente cortes europeias. No caso americano Lawrence vs Texas, foi reconhecido o uso da jurisprudência do TEDH na interpretação do Direito Constitucional Norte-americano. Esses casos podem ser conferidos em NEVES, Marcelo. *Transconstitucionalismo*. São Paulo: Martins Fontes, 2009, p. 138-141.

[372] Ibidem, p. 139.

entrelaçadamente na busca de soluções[373].

Ainda assim, mostra-se um obstáculo ao transconstitucionalismo a força demasiada de uma potência em detrimento a Estados menos poderosos que ficam à mercê da tomada de decisão em âmbito internacional, mesmo não estando com as potências em uma relação direta de submissão ou vinculação jurídica[374].

Em uma estrutura que não pode ser mais observada com os olhares modernos de uma hierarquia, o desequilíbrio do poder no cenário internacional "conduz a mecanismos difusos de opressão ou negação da autonomia de formas de direito por outras"[375]. Esta negação da autonomia se coaduna com o que foi dito sobre a propagação do modelo ocidental de Estado de Direito, principalmente no tocante aos efeitos dissolutivos que a globalização provoca na soberania dos Estados. Como observa Chevallier, a globalização provocou uma base de valores que reforçam as relações de interdependência entre os Estados, ao mesmo tempo em que os enquadra, pois uma "o processo de globalização se apoia sobre a difusão de um modelo impregnado da racionalidade ocidental"[376]. O modelo jurídico propagado é o "Estado de Direito", que "é de agora em diante erigido em verdadeiro modelo padrão internacional a que todo Estado deve respeitar"[377].

Nesses termos, o modelo de Estado de Direito propagado pela globalização e que deve ser adaptado a todos os Estados pode ser um obstáculo ao transconstitucionalismo caso não haja uma conversação intersistêmica que seja tendente a harmonizar as assimetrias das soberanias. Isto quer dizer que a propagação de um modelo considerado mais adequado não deve ser a ferro e fogo imposto a outro Estado, mas sim que deve haver uma interação material entre esses sistemas em seu ponto de contato, de forma a permitir a dupla contingência que o transconstitucionalismo precisa como método de se explicar as relações entre ordens jurídicas.

---

[373] Ibidem, p. 269.

[374] "Não se compatibiliza com o transconstitucionalismo a simples imposição unilateral e heterônoma de 'direitos humanos' a membros da respectiva comunidade, pois tal medida pode ter efeitos destrutivos em suas mentes e em seus corpos, sendo contrária ao próprio conceito de direitos humanos". (Ibidem, p. 130.).

[375] Ibidem, p. 280

[376] CHEVALLIER, Jacques. *O Estado Pós-moderno*, p. 38.

[377] Ibidem, p. 39.

OBSERVAÇÃO FINAL: A COMPREENSÃO CONTEMPORÂNEA POSSÍVEL DE SOBERANIA

O que atualmente significa dizer que a soberania assumiu novas funções no direito internacional contemporâneo? Como essa nova soberania, modificada pelo fenômeno globalizante, modifica a estrutura jurídica como um todo, em seus aspectos interno e externo? Até que ponto é possível pensar em limites que permitam identificar o direito interno e o direito internacional? Essas são algumas reflexões possíveis a se pensar as funções da soberania na teoria do direito atualmente.

De acordo com o que foi desenvolvido neste trabalho, é possível reunir alguns pressupostos breves sobre as transmutações do Estado a partir da modernidade até os presentes dias e como suas bases foram afetadas pela globalização. Com base neles, é possível rediscutir a dicotomia entre o direito interno e o direito internacional.

O Estado não tem mais as básicas estruturas nas quais se constituiu na modernidade, como um ente metafísico que mantém uma estrutura política e burocrática, detentor do monopólio da produção jurídica resultante de seu poder soberano, a imperar sobre pessoas que vivem em um espaço geográfico limitado.

Um trabalho sobre a soberania e sobre direito é

consequentemente um trabalho sobre o Estado. O Estado é sempre objeto de análise de qualquer trabalho que verse sobre esses temas, seja para reforçar seu papel predominante na sociedade internacional, seja para desconsiderá-lo como ente principal nas relações globais.

O Estado contemporâneo, como lecionado por Chevallier, teve suas estruturas modificadas, perdendo ou transmutando seus atributos modernos. A modernidade entrou em crise no Século XX e todas as suas instituições, como o Estado, também passaram por processo de profundas transformações.

Os elementos que compunham o Estado alcançam novas dimensões. O território, com a globalização, passou a significar cada vez menos uma delimitação de fronteira entre povos. O povo por sua vez, com o início da centralização do direito internacional, passa a ser visto como um conjunto que pode ultrapassar as fronteiras de cada Estado. Além do mais, com a elevação da figura do indivíduo ao status de sujeito de direito internacional, sendo diretamente protegido por normas que não provém somente do direito interno, a cidadania alcança um novo nível, estando a pessoa humana ao menos protegida tanto pelo direito do Estado quanto pelos tratados internacionais.

A criação do Tribunal Penal Internacional representou um marco no processo de centralização do direito internacional e para afirmar a relatividade da soberania estatal, sendo que a partir de então o ser humano é definitivamente sujeito ao julgamento por uma corte permanente internacional que ultrapassa a territorialidade moderna.

O constitucionalismo provocou a ruptura no paradigma da soberania e permitiu a emergência do que se entende por Estado de Direito, permitindo a criação de uma normatividade em níveis diferentes no ordenamento e os mecanismos de controle do poder do governante do Estado, no intuito de proteger direitos e liberdades tidas como fundamentais. Ainda que, dependendo da tradição jurídica, o fenômeno tenha se dado de forma diferente, ainda sim ele representa uma quebra na ideia de supremacia e identificação do monarca quando altera a noção de titularidade da soberania e representatividade em seu exercício.

A soberania seria necessariamente um atributo do Estado contrário ao chamado Estado de Direito, conforme delineado por

Ferrajoli? Se a ideia de soberania moderna for o poder político do Estado, sim. Porém com o constitucionalismo, entende-se que a soberania como elemento do Estado foi ressignificado no campo jurídico, a Constituição de cada Estado. Se o Poder Constituinte, em sua forma originária, permite a edificação de um novo Estado, o resultado do exercício de tal poder, a Constituição, é a expressão jurídica da soberania política. Neste raciocínio, a Constituição normativa funciona como um acoplamento estrutural entre o direito e a política, pois nela reside a soberania do Estado, ainda que em um primeiro momento, no âmbito interno.

Isso não significa uma autolimitação da soberania no Estado de Direito: o Estado de Direito não se pauta na limitação da vontade soberana, mas ao contrário: a soberania no Estado de Direito é o que o garante como tal, pois uma vez que a Constituição é a expressão jurídica da soberania, nada contrário às suas prescrições pode ser um exercício de tal. A proteção a uma categoria de direitos fundamentais, como fundamento e propósito do Estado de Direito, não é uma mera condição jurídica dada pelo Estado, mas sim o que o norteia e dá sentido de existir. Da mesma forma, qualquer ação do Estado não prevista constitucionalmente contrária à descentralização horizontal do Poder soberano não é um exercício da soberania, pois contraria ao projeto de Estado dado pela própria soberania no ato de seu Poder Constituinte.

O padrão de direito internacional construído nas racionais bases de Vestfália foi modificado com a instauração da Organização das Nações Unidas, o que significa o rompimento de um paradigma da soberania em seu âmbito externo e que guarda semelhanças com o segundo pressuposto. A instituição da ONU modificou a estrutura da sociedade internacional e formou uma nova dimensão do que meramente um conjunto de relações entre Estados, além de alterar as relações jurídicas entre eles, com a instituição do *jus ad belum* como um poder negativo e a criação de órgãos especializados em exercer funções e Estado, ainda que a sociedade internacional não tenha se transformado e tão cedo se transformará em um.

O sistema Nações Unidas inaugurou um novo paradigma das relações internacionais, que ficou em constante transformação na segunda metade do Século XX, até o fim da Guerra Fria. Apesar do poder ativo da ONU ser com razão constantemente questionado, principalmente em sua disparidade de tratamento em relação aos seus membros, é difícil negar que houve uma crescente institucionalização na sociedade internacional após 1945. Boa parte dos tratados internacionais são realizados sob os auspícios da ONU ou de alguma organização internacional com fim específico vinculada a ONU pelo Conselho Econômico e Social. Além disso suas decisões, como as declarações da Assembleia Geral ou as resoluções do Conselho de Segurança – as únicas decisões que efetivamente estabelecem obrigações para os Estados-membros – tomam parte da vida corrente da sociedade internacional.

Na linha de raciocínio estabelecida pela terceira aporia de Ferrajoli e também por Chevallier no tocante à transformação do Estado moderno em pós-moderno, a instituição da ONU relativiza de forma até o momento irreversível a soberania estatal no âmbito interno. Isso permitiu não somente uma maior integração diplomática entre os Estados, como também maior integração entre eles, apesar de todos os malefícios sociais que a globalização causou.

Ao proibir o uso da força nas relações internacionais, a ONU retirou da soberania estatal um de seus tradicionais direitos, o de declarar a guerra contra outro Estado em busca de seus propósitos. Rejeitando a ideia de que o *jus ad belum* é um direito inerente à soberania do Estado, o sistema Nações Unidas inaugurou uma nova soberania limitada externamente em seu exercício da autotutela e avoca para si a resolução dos litígios no âmbito internacional. O direito à legítima defesa, o último recurso do exercício da autotutela foi mantido, da mesma forma que internamente o Estado na modernidade manteve isso ao cidadão, quando tomou para si o monopólio do uso legítimo da força.

É curioso como o Conselho de Segurança centraliza toda a segurança coletiva atualmente nas mãos dos cinco membros permanentes, mas não encontra limites práticos para seu poder. A segurança coletiva conforme a Carta, permite ao Conselho determinar quando há e quando não há uma ameaça à paz e segurança internacionais e estabelece gradativamente medidas que podem ser tomadas para manter ou reestabelecer esse primeiro propósito das Nações Unidas. Há um grande poder nas mãos do órgão que pode inclusive ultrapassar os limites estabelecidos na Carta ao prescrever o poder para o conselho determinar "ação que julgar necessária".

Além disso, o poder de veto dos cinco membros permanentes

impossibilita na prática sanções tomadas contra esses Estados, principalmente ao mais poderoso deles que dita boa parte de tomadas de decisões, os Estados Unidos da América. Neste sentido, ainda que haja uma ação ilícita contra um Estado, um membro permanente pode reclamar uma legitimidade na sua ação, ainda que fora da esfera da licitude. Este é o caso dos Estados Unidos em muitas ofensivas claramente ilegais contra Estados de menor potencial ofensivo que eles, em nome da paz e segurança internacionais, atacam alegando uma enorme ameaça, desconsiderando as decisões da ONU, uma vez que como consequência do sistema, sanção militar alguma pode ser imposta a eles.

Esse argumento reforça o que foi apresentado sobre disparidades na igualdade soberana. A soberania, apesar de ser um poder inerente ao Estado desde a emergência da modernidade, sempre dependeu da força bélica e econômica para se manter. Assim, pelo sistema de Vestfália, a permissão da guerra em casos justos, como por exemplo uma resposta a uma injúria ou como um exercício da autotutela se alguma obrigação internacional fosse violada, era permitida e representava uma ameaça não institucionalizada à soberania de outro Estado.

Com a mudança de paradigma do direito internacional provocado pela inauguração sistema Nações Unidas, a desigualdade entre soberania é institucionalizada pela criação do Conselho de Segurança, com o fim de manter a paz e a segurança na sociedade internacional e assim, ser o órgão responsável por dizer o que é e o que não é uma violação. No fundo, como analisa Thales Castro, o verdadeiro propósito é a manutenção do *status quo* do cenário inaugurado a partir do final da Segunda Guerra Mundial. A condição de membro permanente é uma desigualdade institucionalizada para manter a igualdade entre os demais.

Nesse caso, a moderna soberania Estatal encontra no Estado contemporâneo um limite, não só interno, pela consolidação do Estado de Direito – sobretudo no que diz respeito à garantia dos direitos fundamentais –, mas também externamente, já que está limitada não somente pelo direito internacional, como indiretamente pelos interesses das soberanias dos Estados mais poderosos, principalmente pelos membros permanentes do Conselho de Segurança. Da mesma, forma, os Estados mais poderosos, por menor que possa parecer sua dependência em relação aos demais, precisam reconhecer a soberania dos demais, ainda que no intuito de controlar as tomadas de decisões na sociedade interacional.

A soberania do Estado contemporâneo não é mais uma questão da vontade de um Estado, mas depende do reconhecimento e da constante comunicação com outra soberania, em um mundo cada vez mais integrado em diversas esferas, no qual as normas emitidas entre determinados Estados ou pelas organizações internacionais interferem cada vez mais no direito interno e internacional. Essa constante transformação é um dos efeitos causados pela globalização contemporânea, que acelerou o processo de trocas de informações, fazendo cada soberania ficar dependente das demais, quebrando a lógica moderna de unidade e individualidade de cada uma, independente das demais. A soberania do Estado contemporâneo é uma soberania interdependente.

A globalização do Século XX, sobretudo após 1945, permitiu uma maior mitigação na soberania já relativizada com a instituição do sistema ONU, permitindo uma integração entre os povos forma como nunca vista por meio da celeridade das comunicações, que alterou as noções de limites culturais e ampliou o fluxo entre Estados. Neste raciocínio, a globalização alterou as funções do Estado e somado ao fato de estarem já limitados juridicamente pelo sistema normativo internacional.

As clássicas teorias que explicam as relações entre o direito interno e o direito internacional não são mais suficientes para uma ciência jurídica que tem como objeto um direito diferente do Estado moderno, que era a referência para a divisão entre esferas inseparáveis – no caso do dualismo – ou pela subordinação de um ao outro – como nas duas correntes do monismo. Nesse contexto, novas teorias – como o transconstitucionalismo de Marcelo Neves – que explicam a relação entre essas duas ordens procuram considerar o Direito não mais como uma estrutura formal sistemicamente constituído por relações de validade, mas também alguns vínculos materiais, que independentemente da fonte, tornam-se o eixo em torno do qual toda rede jurídica, seja ela interna, seja internacional, se constitui.

A nova configuração da sociedade internacional permitiu que o direito, entendido enquanto um sistema formalmente coeso e fechado, fosse remodelado de acordo com as pretensões oriundas do reconhecimento dos direitos fundamentais em diversas ordens constitucionais. Desta forma, o direito do Estado contemporâneo tem um sentido norteador de se aproximar o máximo possível do idealizado "Estado de Direito", e para isso, a proteção aos direitos fundamentais torna-se o eixo dos policêntrico sistemas jurídicos, que por sua vez pertencem a uma sociedade internacional menos descentralizada.

Para se pensar o direito interno e o direito internacional, de acordo com o que foi defendido nesse trabalho, é necessário considerar que a dicotomia, herdeira de um paradigma westfaliano não pode mais ser mais vista como uma exclusão de uma ordem pela outra ou por uma relação de subjugação, mas sim de integração e conexão entre os diversos sistemas de direito encontrados na sociedade internacional.

O Estado como parte da sociedade internacional tem seu alcance de sua soberania restrita aos limites da atual configuração da sociedade internacional. A limitação da soberania se faz necessário para que o Estado possa existir, pois nenhum Estado sem limites para atuação conseguiria sobreviver numa guerra constante contra outros. Do mesmo modo, a ideia de soberania absoluta, como era defendida pelos autores da corrente voluntarista do Século XIX, leva ao esfacelamento da segurança da própria soberania, pois o Estado estaria inserido em um verdadeiro estado de natureza. A soberania é necessária, transformada para se adaptar a novas funções pela mudança no paradigma da sociedade internacional e pela globalização, para poder conferir ao Estado personalidade jurídica e o identificar como tal diante dos outros sujeitos de direito internacional.

BIBLIOGRAFIA

ARENDT. Hannah. *As Origens do Totalitarismo*. Tradução de Roberto Raposo. São Paulo: Companhia das Letras, 1989.

ARISTÓTELES. *A Política*. Trad. Nestor Chaves. Rio de Janeiro: Edições de ouro, 1973

ARNAUD, André-Jean. Introdução. In: ARNAUD, André-Jean (org.). *Globalização de Direito*: Impactos nacionais, regionais e transacionais. 2 ed. Rio de Janeiro: Lumen Juris, 2005.

BARILE, Paolo; CHELI, Enzo; GRASSI, Stefano. *Istituzioni di Diritto Pubblico*. 7 ed. Padova: CEDAM, 1995.

BAUMAN, Zygmunt. *A Sociedade Individualizada:* Vidas Contadas e Histórias Vividas. Tradução de José Gradel. Rio de Janeiro: Zahar, 2008.

BERNAL-MEZA. Raúl. *Sistema Mundial y Mercosur:* Globalización, Regionalismo y Políticas Exteriores Comparadas. Buenos Aires: Nuevohacer, 2000.

BILLIER, Jean-Cassien; MARYIOLI, Aglaé. *História da Filosofia do Direito*. Tradução de Maurício de Andrade. Barueri: Manole, 2005.

BITTAR, Eduardo C.B. *O Direito na Pós-Modernidade*. Rio de Janeiro: Forense Universitária, 2005.

BOBBIO, Norberto. *O positivismo jurídico*. Tradução de Márcio Pugliesi. São Paulo: Ícone, 1995.

______. *Teoria Geral do Direito*. Tradução de Denise Agostineti. São Paulo: Martins Fontes, 2006.

BROWLIE, Ian. *Princípios de Direito Internacional Público*. Tradução de Maria Manuela Farrajota et al. 4. ed. Lisboa: Fundação CalousteGulbenkian, 1997.

CANOTILHO, José Joaquim Gomes. *Direito Constitucional.* 6 ed. Coimbra: Almedina, 2006.

CASELLA, Paulo Borba. *Direito Internacional dos Espaços*. São Paulo: Atlas, 2009.

______. *Fundamentos do Direito Internacional Pós-moderno*. São Paulo: Quartier Latin, 2008.

CASTRO, Thales. *Teoria das Relações Internacionais*. Brasília, FUNAG, 2012.

CHÂTELET, François (org.). *História da Filosofia: Ideias, Doutrinas*. Tradução de Guido de Almeida. Rio de Janeiro: Zahar, 1974. V.5.

______. *Hegel.* Tradução de Alda Porto. Rio de Janeiro: Zahar, 1995.

CHAYES, Abram; CHAYES, Antonia Handler. *The New Sovereignty*. Cambridge: Harvard University Press, 1995.

CHEVALLIER, Jean-Jacques. *As Grandes Obras Políticas de Maquiavel a Nossos Dias*. 4 ed. Tradução de Lydia Christina. Rio de Janeiro: Agir, 1989.

CHEVALLIER, Jacques. *O Estado Pós-Moderno*. Tradução de Marçal Justen Filho. Belo Horizonte: Fórum, 2009.

CHOMSKY, Noam. *Razões de Estado*. Tradução de Vera Ribeiro. São Paulo: Record, 2008.

CREVELD, Martin van. *Ascensão e declínio do Estado*. Tradução de Jussara Simões. São Paulo: Martins Fontes, 2004.

CUEVA, Mario de la. *La Idéia del Estado*. México, D.F.: UNAM, 1994.

DALLARI, Dalmo de Abreu. *Elementos de Teoria Geral do Estado*. 29 ed. São Paulo: Saraiva, 2010.

DAVID, René. *Os Grandes Sistemas do Direito Contemporâneo*. Tradução de Hermínio Carvalho. São Paulo: Martins Fontes, 2002.

DINH, Nguyen Quoc; DAILLIER, Patrick; PELLET, Alain. *Direito Internacional Público*. Tradução de Vítor Marques Coelho. 2 ed. Lisboa: Fundação CalousteGulbenkian, 2003.

DIREITO, Carlos Alberto Menezes; MELLO, Celso D. de Albuquerque; MESTIERI, João. *Estudo das Transformações da Ordem Política*. Rio de Janeiro: Renes, 1971.

DISTEIN, Yoram. *Guerra, Agressão e Legítima Defesa*. Tradução deMauro Raposo de Mello. Barueri: Manole, 2004, p. 143.

DOUZINAS, Costas. *O Fim dos Direitos Humanos*. Tradução de Luzia Araujo. São Leopoldo: Unisinos, 2009.

FARAGO, France. *A Justiça*. Tradução de Maria José Pontieri. Barueri: Manole, 2004.

FERRAJOLI, Luigi. *A Soberania no Mundo Moderno*. São Paulo: Martins Fontes, 2003.

______. O Estado de Direito entre o passado e o futuro. In: ZOLO, Danilo (org.) *O Estado de Direito:* História, Teoria, Crítica. Tradução deCarlos Alberto Dastoli. São Paulo: Martins Fontes, 2006.

FERREIRA, Silvestre Pinheiro. *Observações sobre a Constituição do Imperio do Brazil e sobre a Carta Constitucional de Portugal*. 2 ed. Paris: Rey e Gravier, 1835.

FLEINER-GERSTER, Thomas. *Teoria Geral do Estado*. Tradução de Marlene Holzhausen. São Paulo: Martins Fontes, 2006.

GOYARD-FABRE, Simone. *Os Fundamentos da Ordem Jurídica*. Tradução deClaudia Berliner. São Paulo: Martins Fontes, 2002.

______. *Os Princípios Filosóficos do Direito Político Moderno.*Tradução deIrene Paternot. São Paulo: Martins Fontes, 1999

HABERMAS, Jürgen. *A Constelação Pós-nacional:* ensaios políticos. Tradução deMárcio Seligmann-Silva. São Paulo: LitteraMundi, 2001.

HAMON, Francis; TROPER, Michel; BURDEAU, George. *Direito Constitucional*. 27ª ed. Tradução deCarlos Souza. Barueri: Manole, 2005

HEGEL, Georg. W. F. *Princípios da Filosofia do Direito*. 2 ed. Tradução de Orlando Vitorino. São Paulo: Martins Fontes, 2001.

HELD, David et al. Rethinking Globalization. In: HELD, David; MCGREW, Anthony (org.). *The Global transformations reader*: An introduction to Globalizations Debate. 2 ed. Cambridge: Polity, 2003

HELLER, Hermann. *La Soberania*. Tradução de Mario de la Cueva. México D.F.:UNAM, 1965.

HERDEGEN, Matthias. *Derecho Internacional Público*. Ciudaddel México. UNAM, Fundación Konrad Adenauer, 2005.

HOBBES, Thomas. *Leviatã*. Tradução deJoão Paulo Monteiro. São Paulo: Abril Cultural, 1983. (Os Pensadores).

HUME, David. *Ensaios Morais, Políticos e Literários*. São Paulo: Abril Cultural, 1973. (Os Pensadores)

KADELBACH, Stefan. Jus Cogens, Obligations ErgaOmnes and other Rules – The Identification of Fundamental Norms. In: TOMUSCHAT, Christian; TOUVENIN, Jean-Marc (org.). *The Fundamental Rules of the International Legal Order*: Jus Cogens and Obligations ErgaOmnes. Leiden, Boston: Martinus Nijhoff, 2006.

KAMAL, Leandro. [et al.]. *História dos Estados Unidos*. 2 ed. São Paulo: Contexto, 2007

KANT, Immanuel. *The Philosophy of Law.*Trad. W. Hastie. Edinburgh: T&T. Clark, 38 Georg Street, 1887.

KANTOROWICZ, Ernst H. *The King's Two Bodies:* A Study in Mediaeval Political Theology.Princeton: Princeton University Press, 1957.

KELLY, Bob; PROKHOVNIK.Economic globalization? In: HELD, David (org.). *A Globalizing World? Culture, Economics, Politics*. London: Routledge, 2004.

KELSEN, Hans. *A Paz pelo Direito.*Tradução de Lenita Ananias do Nascimento. São Paulo: Martins Fontes, 2011.

________. *Das Problem der Souveränität und die Theorie des Völkerrechts*: Beitrag zu einer reinen Rechtslehre. Tübingen: JCB Mohr, 1920.

________. Les Rapports de Système entre droit interne et le droit international public.*RCADI*, v. 14, 1926.

________. *Princípios de Direito Internacional*. Tradução de Ulrich Dressel e Gilmar Antonio Bedin. Ijuí: Ed. Unijuí, 2010.

________. *Teoria Geral do Direito e do Estado*. Tradução de Luiz Carlos Borges. São Paulo: Martins Fontes, 2005.

______. *Teoria Pura do Direito*. Tradução de João Baptista Machado. São Paulo: Martins Fontes, 2006.

KENNEDY, Paul. *The Rise and Fall of the Great Powers*. New York: First Vintage Books, 1989.

KÉRVERGAN, Jean-François. *Hegel, Carl Schmitt:* o político entre a especulação e a positividade. Tradução de Carolina Huan. Barueri: Manole, 2006.

KILLIAM, Johnny H. *Constitution of the United States.* United StatesPreamble. Washington: US Senate, 2012. Disponível em: http://www.senate.gov/civics/constitution_item/constitution.htm >. Acesso em: 11 ago. 2012.

KOJÈVE, Alexandre. *Introdução à Leitura de Hegel*. Tradução deEstela dos Santos Abreu. Rio de Janeiro: Contraponto – EDUERJ, 2002.

LAQUEUR, Walter. *The Dream that Failed:* Reflections on the Sovietic Union. New York: Oxford, 1994

LIMA, Alceu Amoroso. *Introdução ao Direito Moderno*. 4. ed. Rio de Janeiro: Loyola, 2001.

LOCKE, John. *Segundo Tratado Sobre o Governo*. São Paulo: Abril Cultural, 1979.

LOEWENSTEIN, Karl. *Teoría de la Constitucíon*. Traducción por Alfredo Gallego Anabitarte. Barcelona: Editorial Ariel, 1979.

LOVECRAFT, Howard Philips. The Call of Cthulhu. In: PRICE, Robert M. (ed.) *The Cthulhu Cycle*. Oakland, CA, Chaosium Publications, 1996.

LUHMANN, Niklas. *Law as a Social System.*Tradução deKlaus A. Ziegert. New York: Oxford University Press, 2004.

______. *Legitimação pelo Procedimento*. Tradução deMaria da Conceição Côrte-Real. Brasília, Editora da Universidade de Brasília, 1980.

MACEDO, Paulo Emílio Vauthier Borges de. A Genealogia da Noção de Direito Internacional. *Revista da Faculdade de Direito da UERJ*. Rio de Janeiro, vol. 1, nº 18, p. 1-35, 2010.

MACFARLANE. L.J. *Teoria Política Moderna.* Tradução de Jório Dauster M. e Silva. Brasília: Editora Universidade de Brasília, 1970

MAGNOLI, Demétrio. Congresso de Viena (1814-1815). In: MAGNOLI, Demétrio (org.). *História da Paz.* São Paulo: Contexto, 2008.

MANCINI, Pasquale Stanislao. *Direito Internacional.* Tradução de Tito Ballarino. Ijuí: Unijuí, 2003.

MARTINS, Alexandre Sobreira. O Chamado de Cthulhu: O Naturalismo Fantástico de Howard Philips Lovecraft e a Transformação do Conto de Horror no Século XX. *Revista Fragmentos.* v. 1, n. 1, p. 169-181, 2006.

MAUROIS, André. *História da França.* Tradução Rangel. São Paulo: Cia Editora Nacional, 1950

MELLO, Celso D. de Albuquerque. A Soberania através da História. In: MELLO, Celso D. de Albuquerque. (org.) *Anuário: Direito e Globalização 1:* A Soberania. Rio de Janeiro: Forense, 1999.

______. *Curso de Direito Internacional Público.* 13. ed. Rio de Janeiro: Renovar, 2001.

MENEZES, Wagner. O direito internacional contemporâneo e a teoria da transnormatividade. In: DIREITO, Carlos Alberto Menezes; TRINDADE, Antonio Augusto Cançado; PEREIRA, Antonio Celso Alves. *Novas Perspectivas do Direito Internacional Contemporâneo.* Rio de Janeiro: Renovar, 2008.

MIAILLE, Michel. *Introdução Crítica ao Direito.* 3 ed.Tradução de Ana Prata. Lisboa, Editorial Estampa, 2005

MORE, Thomas. *A Utopia.* São Paulo: Abril Cultural, 1979. (Os Pensadores).

NEVES, Marcelo. *Constituição e Direito na Modernidade Periférica*: uma abordagem teórica e uma inrepretação do caso brasileiro. Tradução de Antonio Luz Costa. São Paulo: Martins Fontes, 2018.

______. *Transconstitucionalismo.* São Paulo: Martins Fontes, 2009.

NOVAIS, Jorge Reis. *Contributo para uma Teoria do Estado de Direito.* Lisboa: Almedina, 2006.

OBATA, Kaoru. Historical Functions of Monism with primacy of international law. *The Japanese Annual of International Law.*Tokio, The International Law Association of Japan, n° 49, 2006, pp 1-35.

OROPEZA, Jose Herrera. *Politica y Conflictos Internacionales*. Caracas: Edicones del Congreso de La República, 1976.

PEREIRA, Antônio Celso Alves. O Recurso à Força pelos Estados e a Legítima Defesa no Direito Internacional Contemporâneo. In: DIREITO, Carlos Alberto Menezes; TRINDADE, Antonio Augusto Cançado; PEREIRA, Antonio Celso Alves. *Novas Perspectivas do Direito Internacional Contemporâneo*. Rio de Janeiro: Renovar, 2008.

PERELMAN, Chaïm. *Ética e Direito*. São Paulo: Martins Fontes, 1996.

PUTTERMAN, Ethan. *Rousseau, Law and Sovereignty of the People*. New York: Cambridge University Press, 2010

REALE, Miguel. *Teoria do Direito e do Estado*. 5ª Ed. São Paulo: Saraiva, 2000.

REZEK, Francisco. *Direito Internacional Público:* Curso Elementar. 10 ed. São Paulo: Saraiva, 2007.

ROSS, Alf. *Direito e Justiça*. São Paulo: Edipro, 2005.

ROSS, Nathan. *On Mechanism in Hegel's Social and Political Philosophy*. New York: Routledge – Taylor & Francis e-Library, 2008.

ROUSSEAU, Jean Jaques. *Do Contrato Social*. São Paulo: Martins Fontes, 1999.

SAGAN, Carl. *The Demon-Hauted World:* The Science as a Candle in the Dark. London: Headline, 1997.

SARAIVA, José Flávio Sombra (org.). *História das Relações Internacionais Contemporâneas:* da Sociedade Internacional do Século XIX à era da Globalização.2ª ed. São Paulo: Saraiva, 2008.

SASSEN, Saskia. *Losing Control?* Sovereignty in an Age of Globalization. New York: Columbia University Press, 1996.

SEITENFUS, Ricardo. *Manual das Organizações Internacionais*. 5 ed. Porto Alegre: Livraria do Advogado, 2008.

SCHMITT, Carl. *Political theology:* four chapters on the concept of sovereignty. Transleted by George Schwab. Chicago: University of

Chicago Press, 2005

SCHWARZENBERGER, Georg. The fundamental principles of international law. *Recueil des cours*, Volume 87 (1955-I), pp. 191-385.

SOARES, Guido. *Curso de Direito Internacional Público*. Vol. 1. São Paulo: Atlas, 2002

STEINER, George. *Linguagem e Silêncio:* ensaios sobre a crise da palavra. Tradução de Gilda Stuart. São Paulo: Cia das Letras, 1988

STIGLITZ, Joseph E. *Globalização:* como dar certo. Tradução de Pedro Maia Soares. São Paulo: Cia das Letras, 2007.

TEIXEIRA, Anderson Vichinkeski. *Teoria Pluriversalista do Direito Internacional.* São Paulo: Martins Fontes, 2011.

TOCQUEVILLE. Alexis. *Igualdade Social e Liberdade Política.*Tradução de Cícero Araujo. São Paulo: Nerman, 1988.

TOMUSCHAT, Christian. Reconceptualizing the Debate on *Jus Cogens* and Obligations *Erga Omnes* – Concluding Observations. In: TOMUSCHAT, Christian; TOUVENIN, Jean-Marc (org.). *The Fundamental Rules of the International Legal Order: Jus Cogens* and Obligations *Erga Omnes.* Leiden, Boston: Martinus Nijhoff, 2006.

TRIEPEL, Carl Heinrich. Les Rapports entre le droit interne et le droit international. *RCADI*, v. 1, 1923.

TRINDADE, Antonio Augusto Cançado. *Princípios do Direito Internacional Contemporâneo.* Brasília, UnB, 1981

VATTEL, Emer de. *O Direito das Gentes.* Tradução deVicente Marotta Rangel. Brasília: UnB – IPRI, 2004.

VERDROSS, Alfred. Le fondement du droit international. *Recueil des cours,* Volume 16 (1927-I), pp. 247-323.

VITORIA, Francisco de. *De Iuri Belli.* Tradução deCarlo Galli. Roma: Laterza, 2005.

VOEGELIN, Eric. *As religiões políticas.* Lisboa: Veja, 2002.

WEBER, Max. *Economia e Sociedade:*Fundamentos da Sociologia Compreensiva.Tradução de Regis Barbosa. Brasília: Editora da Universidade de Brasília, 1999. 2v.

WESTLAKE, John. *The Collected Pappers of John Westlake on Public*

International Law Edited by L. Oppenheim. Cambridge: Cambridge University Press, 1914

ZAUM, Dominik. *The Sovereignty Pradox:* The Norms and the Politics of International Statebuilding.New York: Oxford University Press, 2007

ZOLO, Danilo. *Globalización:* Un Mapa de los Problemas. Miguel Montes. Bilbao: Mensajero, 2006